浙江省哲学社会科学规划
后期资助课题成果文库

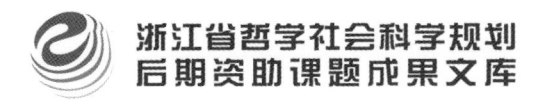

章太炎报刊实践与传播思想研究

Zhangtaiyan Baokan Shijian Yu
Chuanbo Sixiang Yanjiu

王磊 著

中国社会科学出版社

图书在版编目(CIP)数据

章太炎报刊实践与传播思想研究/王磊著.—北京：中国社会科学出版社，2018.12（2019.5重印）

（浙江省哲学社会科学规划后期资助课题成果文库）

ISBN 978-7-5203-3975-9

Ⅰ.①章… Ⅱ.①王… Ⅲ.①章太炎（1869—1936）-思想评论②报刊-新闻事业史-中国-近代 Ⅳ.①B259.25②G219.295

中国版本图书馆CIP数据核字（2019）第021061号

出 版 人	赵剑英
责任编辑	宫京蕾
责任校对	王佳玉
责任印制	李寡寡

出　　版	中国社会科学出版社
社　　址	北京鼓楼西大街甲158号
邮　　编	100720
网　　址	http://www.csspw.cn
发 行 部	010-84083685
门 市 部	010-84029450
经　　销	新华书店及其他书店

印刷装订	北京君升印刷有限公司
版　　次	2018年12月第1版
印　　次	2019年5月第2次印刷

开　　本	710×1000 1/16
印　　张	17.5
插　　页	2
字　　数	288千字
定　　价	78.00元

凡购买中国社会科学出版社图书，如有质量问题请与本社营销中心联系调换
电话：010-84083683
版权所有　侵权必究

目 录

第一章 绪论 (1)
一 研究缘起 (1)
二 学术史之综述 (8)
三 研究方法与研究资料 (17)

第二章 作为学问家报人的章太炎 (21)
一 章太炎与近代报刊关系之简述 (23)
二 章太炎步入报业原因探析 (26)
三 章太炎办报内容的三个方面 (31)
四 结语 (33)

第三章 1900年前章太炎的办报活动 (34)
一 章太炎办报之思想基础 (35)
二 维新遗产:"学会—报刊—学堂"三位一体 (40)
三 以报刊开浙江风气之先 (42)
四 结语 (44)

第四章 革命风潮之初盛:章太炎与《苏报》 (45)
一 作为《苏报》撰稿人的章太炎 (45)
二 1903年革命风潮中之《苏报》 (50)
三 "苏报案"对章太炎个人之影响 (53)
四 国内外舆论与"革命圣人" (55)
五 "苏报案"之影响力 (59)
六 结语 (61)

第五章 从革命到启蒙:章太炎与《民报》 (63)
一 章太炎及其主办之《民报》 (63)
二 章太炎主持《民报》后的新开拓 (70)

三　《民报》与革命舆论的构建……………………………（108）
　　四　启蒙与革命：《新民丛报》与《民报》在国内之传播
　　　　效力………………………………………………………（135）
　　五　结语……………………………………………………（138）
第六章　国粹与"学战"：章太炎与辛亥前的学术期刊………（140）
　　一　学术报刊：戊戌"学战"的一种延续………………（140）
　　二　对晚清舆论中的反传统思想之否定…………………（160）
　　三　"国粹"之传播效力…………………………………（171）
　　四　《教育今语杂志》：中国教育史上的隐秘一页………（175）
　　五　结语……………………………………………………（182）
第七章　舆论监督与报刊转型：章太炎与《大共和日报》…（183）
　　一　政党政治之实践与报刊转型…………………………（184）
　　二　《大共和日报》致力于舆论监督之努力——以民国元年为
　　　　中心………………………………………………………（193）
　　三　章太炎与民国元年之舆论界…………………………（201）
　　四　结语……………………………………………………（204）
第八章　学术民间化之新探索：章太炎与《华国月刊》……（207）
　　一　《华国月刊》之创建…………………………………（209）
　　二　《华国月刊》之表现…………………………………（215）
　　三　瞥观《制言》杂志……………………………………（229）
　　四　结语……………………………………………………（232）
第九章　章太炎传播思想探析……………………………………（235）
　　一　清末革命传播主题之下的启蒙因素…………………（235）
　　二　传播思想中的自由色彩………………………………（243）
　　三　一以贯之的爱国情怀…………………………………（245）
　　四　白话文：传播思想的化雅为俗………………………（249）
　　五　结语……………………………………………………（251）
结论…………………………………………………………………（253）
参考文献……………………………………………………………（259）
后记…………………………………………………………………（275）

第一章

绪　论

一　研究缘起

自晚清以来，也就是章太炎撰写政治时论的时代，对于他的关注与研究就开始了。研究他的专著、论文或者随笔、杂感之类的文章可谓汗牛充栋。特别是自中国大陆改革开放以来，东西方的交流逐步频繁，中国港、台地区和日本、欧美等国家的学术研究也日益引入我国内地。20世纪90年代之后，国内掀起了一股"国学热"，由于章太炎身为国学大师和国粹派的灵魂人物，又是近代"国故"一词的最早提倡者，所以对他的关注更加频繁起来。

如章太炎先生的嫡孙章念驰先生所言，研究章太炎之难处首要在其学术思想方面，他在近代学术方面的贡献和涉及面实在是太广博了，经学、史学、诸子学、民族学、语言学、哲学、社会学、佛学等方面可谓体大渊深。加之处于中西交通之时代，其思想熔中西、古今于一炉，对于当代学人来说，确实是如面对一座巨大宝藏而难以入手。虽然如此，我想前辈们如此丰厚的研究成果，一方面增加了学术史追踪的难度；另一方面对于后学来说也是一窥学术堂奥的门径。然而，从人物研究角度出发，我们不能无视亨利·詹姆斯的提醒："绝不要以为你了解人类心灵的全部秘密"，[1]史学研究者也会随着史学研究范式的转移而转换自己的研究视角，所以，对于作为革命者和国学大师的章太炎之研究，亦有可以开创之新领域。

---

[1] [美]布兰察德：《革命道德：关于革命者的精神分析》，戴长征译，中央编译出版社2004年版，出版说明。

(一) 在求是与致用之间

本书在初始阶段拟采用"政治与学术的双向展开"作为正题的一个导引,虽然现已取消这个导引标题,但还是有必要加以说明。德国学者马克斯·韦伯在他的著名演说《以学术为业》中提出的生命是否还有"终极意义"的命题,吸引着众多将要致力于学术事业的青年去思考人生和理想。韦伯演讲的1919年正处于西方学术已经达到空前专业化的阶段,而中国从戊戌到辛亥也在西方的挑战之下艰难地进行着学术转型。韦伯在《以学术为业》中提出:"教师不应是领袖。"① 结合他的另一篇演说《以政治为业》,韦伯分明向我们展现了二者之间的界限,他更强调在学术中保持价值的中立。但是,在现实之中,据李凯尔特对韦伯思想的阐释,李凯尔特指出:"政治和学术也同样继续对他产生吸引力,这种双重的关切,左右着他的全部生活和工作。"② 从韦伯的心迹和他对学术、政治界域的划分我们看到,纵使在西方,学者亦很难摆脱政治和学术的双向吸引力,更遑论中国。中国儒家文化传统中讲究仕与学的统一,即"仕而优则学,学而优则仕"③。章太炎在《菿汉微言》中对他的学术人生总结道:"遭世衰微,不忘经国,寻求政术,历览前史,独于荀卿、韩非所说,谓不可易。"④ 章氏树立的经国之志,正是通向经世致用的儒学为政之路。儒家极力推行忠恕之道,冯友兰指出:"在孔子那里,忠恕还是'内圣'之道,经过孟子的扩展,忠恕又成为'外王'之道。"⑤ "内圣""外王"之道成为儒者践行的至高理想人格,章太炎晚年"粹然成为儒宗",⑥ 他提倡《孝经》《大学》《儒行》《丧服》四部儒家经典,尤为重视《大学》的价值,他针对《大学》的"八条目"阐释道:"儒者之道,除修己治

---

① [德] 韦伯:《学术与政治:韦伯的两篇演说》,冯克利译,生活·读书·新知三联书店2005年版,第41页。

② 同上书,第133页。

③ 《论语》,张燕婴译注,中华书局2006年版,第295页。

④ 章太炎:《菿汉微言》,载于虞云国校点《菿汉三言》,上海书店出版社2011年版,第71页。

⑤ 冯友兰:《中国哲学简史》,涂又光译,北京大学出版社2010年版,第65页。

⑥ 鲁迅:《关于太炎先生二三事》,载于《鲁迅全集》(第六卷),人民文学出版社2005年版,第567页。

人，别无他法。'正心诚意修身'，修己之道也；'齐家治国平天下'，治人之道也。"①章太炎晚年注重学术的事功价值，目的正在于救世之需，他在《适宜今日之理学》这篇演讲中再次强调："儒家之学，本以修己治人为归宿。当今之世，讲学救国，但当取其可以修己治人，不当取其谈天论性。"②徐复观先生对儒家的修己与治人也作过阐释，他说："修己的、学术上的标准，总是将自然生命不断地向德性上提，决不在自然生命上立足，决不在自然生命的要求上安设人生的价值。治人的、政治上的标准，当然还是承认德性的标准，但这只是居于第二的地位，而必以人民的自然生命的要求居于第一的地位。"③章太炎为学术所订立的标准，他在《国粹学报》中将其归纳为："学以求是，不以致用，用以亲民，不以干禄。"④从章太炎为后世立下的学术规范可以看到，在他眼中求是是第一义，致用是第二义，欲要经世致用还必须借助于学术，但是致用的最终目的是为了人民。徐复观的见解可以说与章太炎的非常相似，《大学》的"亲民"之道可以说是新儒家代表学者的一种共识。徐复观先生则进一步论述了学术和政治之间的关系，他指出：

  所以一切学术思想一落在政治的领域中，便都在"民意"之前是第二义的，"民意"才是第一义。民意才直接决定政治，而学术思想只有通过民意的这一"转折"才能成为政治的。这不是贬损学术，而是说政治与学术各有其领域。学术的真价是要在学术的领域中去决定，而不是在政治的领域中决定。假定某一学术思想是要通过政治以发挥其效用，则必接受政治领域中的法式，而须要经过此一转折以成全政治中的民主。⑤

---

  ① 章太炎：《〈大学〉大义》，载于马勇编《章太炎讲演集》，河北人民出版社2004年版，第125页。
  ② 章太炎：《适宜今日之理学》，载于马勇编《章太炎讲演集》，河北人民出版社2004年版，第187页。
  ③ 徐复观：《学术与政治之间》，九州出版社2013年版，第200页。
  ④ 章炳麟：《〈国粹学报〉祝辞》，《国粹学报》1908年2月21日，第38期。
  ⑤ 徐复观：《学术与政治之间》，九州出版社2013年版，第137—138页。

徐先生的阐述可以看作对章太炎为学术订立之标准的进一步延伸，《民报》时期，章太炎反对代议制的原因正在于"恢廓民权"（《代议然否论》），与徐先生的"民意"是第一义颇为相类。如此，说章太炎开启了后辈新儒家的先声则并不为过。① 章太炎一生孜孜以探求学问的"求是"与"致用"之道，他在《说求学》这篇演讲中指明，"求学之道有二：一是求是，一是应用。前者如现在西洋哲学家康德等是，后者如我国之圣贤孔子、王阳明等是。顾是二者，不可得兼，以言学理，则孔子不及康德之精深，以言应用，则康德不及孔、王之切近。要之二者各有短长，是在求学者自择而已。"② 学者之中，章太炎认为只有顾炎武实现了学术与政治的两者兼擅，后世学者便不具备。在章太炎看来，"下验动物、植物，上至求证真如，皆求是耳。人心好真，制器在理，此则求是致用更互相为矣"③。章太炎的一生由"求是"与"致用"的互动，达至政治与学术的双向进路，这就为我们了解章太炎的思想和人生增加了难度，如章念驰先生所言，研究他的人"需要花双倍的功夫"。④ 当然，这条路径更为我们了解章太炎的办报人生指明了线索。作为戊戌至辛亥的那一代知识分子，如章太炎与康有为，他们都是作为"通才"而存在，很难做到政学的分途。不论是章太炎的人生轨迹，还是他所办报刊的宗旨和具体内容，都统摄在政治与学术的脉络之下，从人生历程和报业生涯来看，和章太炎最为

---

① 李泽厚先生对这个问题亦有所论述，他在《中国现代思想史论》中论述熊十力的哲学思想时指出："在生活感受和学识基础这两个方面，熊与上一阶段的谭嗣同、章太炎等人倒一脉相承，比较接近。"顺延这一哲学脉络思考，回到宋明儒学所提倡的"内圣""外王"之道，李泽厚认为："宋明理学所讲习者特重在'内圣'一面。这当然明白无误地标出了所承续的新儒学传统。宋明理学本是一种准宗教性的道德哲学。"李泽厚还认为孔门的"外王"之学同样可以吸收西方的现代因素，当然不仅包括民主政治，还应该包含"整个人类的物质生活和现实生存"。参见氏著《中国思想史论三部曲》，天津社会科学院出版社 2007 年版，第 454、470、474 页。李泽厚先生已经谈到熊十力和牟中山这两位新儒家是如何应对现实问题和外来挑战，通过对徐复观和章太炎思想的比较，本文所提出的观点亦可算作对新儒家之思想缘起探讨的一种延伸。

② 章太炎：《说求学》，载于汤志钧编《章太炎年谱长编》（增订本），中华书局 2013 年版，第 358—359 页。

③ 章太炎：《菿汉微言》，载于虞云国校点《菿汉三言》，上海书店出版社 2011 年版，第 45 页。

④ 章念驰：《我的祖父章太炎》，上海人民出版社 2011 年版，第 2 页。

相似的弟子就是汪东,从《民报》《大共和日报》再到《华国月刊》,无不留下了汪东的足迹,他可算作章太炎办报生涯的最得力支持者,他们师徒二人身上都体现着中国传统文人"立德、立功、立言"三不朽的精神。①

(二) 新闻学视野下之章太炎

《中国新闻年鉴(1983年)》相继介绍了一系列新闻界名人,章太炎自然身处其中,但是,这个介绍仅仅将章太炎定格在"以文章排满的骁将"阶段,完全省略了章太炎在报业史上的其他功绩,确实令人感到遗憾和不足。中国近代报刊可谓是舶来品,中国大陆的报刊最早是由传教士创办的,1873年在汉口出版之《昭文新报》乃是国人自办报刊之始,王韬于1874年在香港创办了《循环日报》,开启了"文人论政"的先河。1895年,中日甲午战争之后,"国人敌忾之心颇盛,强学会之《中外纪闻》与《强学报》,先后刊行于京沪,执笔者皆魁儒硕士,声光炳然。我国人民之发表政论,盖自此始。"② 清末时期,梁启超是向国人系统传播和介绍新闻学理论和思想最力者,梁氏在主持《新民丛报》期间,就已经提出报馆职责之说,他指出:"报馆有两大天职:一曰对于政府而为其监督者,二曰对于国民而为其向导者是也。"③ 蔡元培也将报刊的功能概括为两点:"新闻事业之天职,上以督促政府,下以指导社会。"④ 当时的学者受到西方新闻自由理念的影响,将民主(启蒙)和监督视为报刊的"天职",可见他们对于报刊价值的珍视。报刊对政府监督便形成一种舆论,而这种舆论"乃系对政治的批评,不是对政治的歌颂,此乃无间于古今中外之常理。"⑤ 在近代新闻思想的潮流之下,笔者结合章太炎一生办报之经历,将其历程总结为三个部分:革命宣传、舆

---

① 薛玉坤:《汪东:在政治与学术间徘徊》,载于《中国社会科学报》2011年8月4日,第17版。

② 戈公振:《中国报学史》,岳麓书社2011年版,第98页。

③ 中国之新民:《敬告我同业诸君》,载于《新民丛报》1902年10月2日,第17号。

④ 蔡元培:《〈民治报〉周岁题词》,载于高平叔《蔡元培年谱长编》(第三卷),人民教育出版社1999年版,第485页。

⑤ 徐复观:《学术与政治之间》,九州出版社2013年版,第3页。

论监督和保存文化。①

革命宣传主要集中于"排满为其先务"的辛亥时期（《排满平议》），民国建立之后，章太炎以民党自居，筹建报刊以实行监督政府之责，正如他自己所言："以少性婞直，功成不改，从事南北两政府间，少有辟韦，弹射不避交游贵幸，遂遭倾陷，横逆荐臻，孤立群贵之中，旁无一言之佐。"②对于传统学术和本国固有文化，章太炎始终保有一种使命感，以昌明学术为职志，章太炎曾指出："盖宇宙文化之国，能自建立者有三：中国、印度、希腊而已。"③章太炎研究国学不仅要"光复旧物"，更要达到"民德所以振起，国性所以高尚"。④晚年章太炎倡导读经，他认为："读经之利有二：一、修己；二、治人。治人之道，虽有取舍，而保持国性实为最要。"⑤从保存国粹到保存文化、整理国故，章太炎的最终目的还是在于保存国性。在新闻传播学视角下，学术界之前主要关注章太炎所从事的革命宣传，对于他所参与的学术期刊之研究则较为薄弱，进而言之，大凡报业史、新闻史、舆论史一类的著作，对于学术期刊的描述也仅仅是一笔带过，只有那些具体关注某个学派或者期刊的学者才会给予专门的研究。

在研究新闻史的学者中，林语堂先生较早地注意到了章太炎在辛亥革命前所办的学术期刊的价值，他在看到章太炎和孙中山共同发起的驱逐满人的宣传之外，认识到"还有号召整理或保存国粹的（章太炎、刘师培）"。⑥民国之后，伴随现代大学教育体制的确立，学术研究也依托大学等平台而开展。蔡元培在《中国现代大学观念及教育趋向》一文中描

---

① 章太炎办报的三个方面历程，笔者借用了山西大学学者焦中栋的提法，参考尚丽新《"纪念章太炎先生逝世七十周年国学国际研讨会"综述》，载于《文艺研究》2006年第11期，第164页。

② 章太炎：《终制》，载于汤志钧编《章太炎政论选集》（下册），中华书局1977年版，第730页。

③ 章太炎：《与人书》，载于马勇编《章太炎书信集》，河北人民出版社2003年版，第267页。

④ 章太炎：《与钟正楙论学书》，载于溥杰编校《章太炎学术史论集》，云南人民出版社2007年版，第95页。

⑤ 章太炎：《论读经有利而无弊》，载于马勇编《章太炎讲演集》，河北人民出版社2004年版，第211页。

⑥ 林语堂：《中国新闻舆论史》，刘小磊译，上海人民出版社2008年版，第99页。

述了民国建立以来大学教育的逐步繁荣。他指出：

> 随着一九一一年民国的成立，它把政府的控制权移到了民众手中——在大学内部也体现了这种新的精神。最早奏效的改革，是废除经科，从而使大学具备了成立文、理、医、农、工、法、商等科的可能性。作为上述这项方针的结果，一批大学建立了起来，几乎所有这些大学都完全或基本上贯彻了政府关于教育方面的指示。迄今为止，在北京（首都）有国立北京大学，在天津有北洋大学，在太原有山西大学，在南京有国立东南大学，在湖北有武昌大学，以及在首都还有其他一些大学，所有这些大学，皆直属中央政府，经费由中央政府拨给。①

蔡元培在出任北京大学校长之后，尤其注重学校师生的学术研究，他亲自创办《北京大学月刊》，在该刊发刊词中他指出："所谓大学者，非仅为多数学生按时授课，造成一毕业生之资格而已也，实以是为共同研究学术之机关。研究也者，非徒输入欧化，而必于欧化之中为更进之发明；非徒保存国粹，而必以科学方法，揭国粹之真相。"②当时，大学多举办学报作为学术交流和研究的平台，以北京大学为阵地的《新青年》《新潮》《国故》等杂志，后来又有东南大学和南京高师教师群体共同组成的《学衡》杂志，学术界围绕上述学术期刊和不同学派展开的研究已经十分丰富，相比之下，处于民间立场的《华国月刊》等杂志，大致因为影响力相对较弱，所以要显得寂寥得多。

透过章太炎作为报人这一视角，着力展现他如何将精深的学问和绵密的思想注入报刊的宣传之中，最终形成舆论，产生传播的效力，这样个人的思想就通过报刊这一平台影响公共舆论。笔者将章太炎界定为"学问家报人"或者"思想家型的编辑家"，在《民报》之中，章太炎高扬个人之价值，否定国家主义；在《国粹学报》之中，他极力反对那些欲用国家

---

① 蔡元培：《中国现代大学观念及教育趋向》，载于高平叔编《蔡元培全集》（第五卷），中华书局1988年版，第8页。

② 蔡元培：《〈北京大学月刊〉发刊词》，载高平叔编《蔡元培全集》（第三卷），中华书局1984年版，第210页。

之富强掩盖学术真价的人。在把握了章太炎思想特质的基础之上研究章太炎一生所举办之报刊，无疑丰富了"章学"研究的领域。作为报人，章太炎的办报实践以及对言论自由权的珍视皆具有典范价值和意义，他是中国社会由传统向现代过渡时期的报人，同时也是报界致力于政治与学术双向进路之典型代表，对他的研究代表着一种在新闻学视野下研究报人的新尝试。本书所揭示的章太炎一生办报的宗旨就是"恢廓民权"和保存国性（保存文化），然而，学术界并未关注章太炎的传播思想。目前，新闻学界对"传播思想"的界定大致为：指导报刊活动家进行报刊实践的根本思想、价值追求，以及在此过程中报刊活动家表达的对信息传播问题的见解、观念、概念、主张、原理、学说或哲学。① 这就为从新闻学视角研究章太炎的传播思想提供了一种可以参照的依据，本书第九章正是对章太炎传播思想的首次探讨。

二　学术史之综述

章太炎的弟子庞俊先生曾借戴震之言来称述章太炎的学术成就，他说："昔休宁戴氏之论学也，其言曰'学有三难，淹博难，识断难，精审难'。以是为衡，近世学者，兼此三长，厥惟章先生。语其卓绝，实为三百年来所未有，此天下之公言也。"② 钱穆先生1936年11月在燕京大学历史学会所做的演讲中对章太炎的学术成就进行了总结，他称章太炎为"通儒大师"，"儒者包括文哲政治社会，师者领导人走路非为私"。他还将章太炎的学术特点概括为两点：其一，博大而平实；其二，中国的学者。这是强调太炎是民族文化的保持者。③ 论及章太炎之政论，唐祖培先生将其归结为："王道、霸道，应时而兴，实非相反，未能偏废。……今日何日，举世尚霸，保全国族，非霸无功，但制侵敌，毋多杀伤。平平王

---

① 陈长松：《陈独秀前期报刊实践与传播思想研究（1897—1921）》，博士学位论文，暨南大学，2012年。

② 庞俊：《章先生学术述略》，载于《制言》1936年9月16日，第25期，广陵书社2009年版，第2675页。

③ 钱宾四：《对于章太炎学术的一个看法》，载于《史学消息》1936年第1期，第5—6页。

道，又乌可废，王道安民，霸道保族，果由斯道，民族无忧矣。"① "安民"和"保族"这两个方面可谓恰当地概括了章氏论政时的宗旨所在。章太炎的弟子但植之因为经常追随他，他们探讨政俗因革的机会较多，所以对章氏的政治思想了解较为深入，他在为章太炎作的传记中指出："世多喜先生言政之电书，然先生乘兴奋笔，辄削稿不存，非其至也。世又疑先生立论先后殊致，斯则未原始察终之故也。先生救时之议，卑而易行，因人施教，随情利导，时有先后，性有刚柔，则所以开示之者，不容执一端。"② 经由以上所述，我们便大致可以窥得章太炎学术之博大且精深，思想绵密且富有创见。下面首先将本研究所需要的新闻学（主要集中于报刊史方面）领域内的研究成果给予介绍，随后，从思想史和学术史两个方面对学界研究章太炎之成果进行简要的阐明。

（一）以新闻学开局面

在新闻学这一大的范畴之下，与本书相关的研究成果也颇为丰富，因为很多研究成果都属于"功夫全在诗外"的基础型著作，所以也只能略去不提。美国学者约斯特的《新闻学原理》促使人们思考新闻评论的作用以及对新闻自由的关注；由美国学者威尔伯·施拉姆和威廉·波特所著的《传播学概论》是新闻学领域类的经典之作，他使笔者关注作为传播媒介的报纸的价值以及作为传播对象的受众，体现在本研究之《民报》和《国粹学报》之中；美国学者约翰·R. 扎勒的代表著作是《公共舆论》，他在该书的结语中提到了"公共舆论的精英主导问题"，③ 促使笔者对《民报》所表现出的精英意识进行了探讨；这些方法论的运用都无形中体现于本研究的各章节中。关于中国报纸历史的著作，笔者主要采用了民国时期三位学者的著作，分别为：戈公振所著的《中国报学史》，白瑞华所著的《中国报纸》（1800—1912）以及上文所述的林语堂所著之《中国新闻舆论史》，后两部著作是国内新闻学经典译著，林

---

① 唐祖培：《太炎大师谒问记》，载于《制言》1936 年 9 月 16 日，第 25 期，广陵书社 2009 年版，第 2794 页。

② 但植之：《章先生别传》，载于《制言》1936 年 9 月 16 日，第 25 期，广陵书社 2009 年版，第 2668—2669 页。

③ [美] 扎勒：《公共舆论》，陈心想等译，中国人民大学出版社 2013 年版，第 350—375 页。

先生的著作更是"对美国的汉学研究发生过影响"。① 方汉奇先生是国内研究报刊史的著名专家，他所著的《中国近代报刊史》以及主编的《中国新闻事业通史》《中国新闻事业编年史》《中国新闻传播史》成为笔者了解中国近代报刊和报业的基础性资料。方汉奇先生撰写的《章太炎与近代中国报业》（《社会科学战线》2010 年第 9 期）一文，对笔者了解章太炎与近代中国报业的概况颇有启迪之功。中国台湾学者李瞻主编的《中国新闻史》虽然成书于 20 世纪 70 年代末，但是其中关于晚清报业的论文还是可与大陆学者的研究成果进行互相参照的。最后，关于中国近代报人研究方面，程丽红教授所著的《清代报人研究》对于笔者的启发在于，章太炎为何会走上报人之路，在本文第二章中给予了论述。

在中国近代史上梁启超对于新闻事业的贡献可谓居功至伟，他主持《时务报》，并先后创办《清议报》和《新民丛报》，其利用报刊对民众之启蒙以及致力于新闻理论、新闻思想、报刊文体等方面的探讨和宣传，最终达到之传播效果和影响力，非其他报人可比。晚清时期，虽然很多刊物冠以报纸之名，其实质乃是综合性杂志，《民报》《新民丛报》皆然，能否用西方所谓大众传播媒介概括中国之情形，尚是一问题，所以，将梁启超对新闻学的认识作为参照则较为切合实际。章太炎对于以上梁氏在新闻领域内所做的努力，恰恰非常缺乏，笔者在研究章太炎辛亥前的办报活动时，多有利用梁启超的新闻思想和实践来解读章太炎之行为，并努力寻找《民报》与《新民丛报》的相似之因子，尝试打开一条解读《民报》的新思路。

（二）以思想史立根基

章太炎思想研究领域之著述比较宏富，不能够做到完全列举，笔者择其对本研究启发较大者论述，中国大陆的学者姜义华、朱维铮、唐文权、罗福惠这四位先生以及王玉华教授，他们的著作可谓是开启笔者研究章太炎之路的启蒙钥匙。姜义华先生的《章太炎思想研究》较为全面地展现了章氏一生的政治活动与学术思想，他在论述章太炎与《民报》以及章氏在民国初年的政治作为时，运用史料十分丰富，对《民报》被禁和复

---

① 余英时：《中国知识分子论》，河南人民出版社 1997 年版，第 210 页。

刊等过程记述翔实。章太炎针对革命者提出的道德要求以及他在《民报》中所开展的道德宣传，具有现代性的启蒙价值，而不只是"一场夭折了的哲学革命"。① 姜义华先生另一部关于章太炎的著作是《章炳麟评传》，该著作是在《章太炎思想研究》基础之上的进一步思考和探索，视野较之前书更加新颖。姜先生在书后的参考文献中已经注意到章太炎主编或主持的 15 份报刊，② 这对于笔者颇有启示。朱维铮先生曾撰写了关于章太炎的三篇重要论文，其中《关于早年章太炎——章太炎著作按语一束》和《关于晚年章太炎——就"五四"后章太炎思想的札记》两文收入《走出中世纪》一书，第三篇论文《〈民报〉主编章太炎》则收录在《音调未定的传统》一书中，以上三篇文章颇富启迪的智慧，朱先生在《〈民报〉主编章太炎》一文中点明："在主编《民报》期间，贯穿章太炎思想的主要线索，是借用佛学语言阐述的平等观。"满洲人针对汉人的不平等统治，成为"章太炎给'排满'找到的历史理由"，朱先生还强调《民报》时期章太炎的思想"在如今仍然属于最易发生意见分歧的课题"。③ 唐文权和罗福惠两位学者合著的《章太炎思想研究》一书，将章太炎的思想作为一个完整的思想体系进行较为全面的研究，作者指出了章太炎思想中前后一致、持之以恒的三点内容，分别为"爱国思想不变""民本思想不变""依自思想不变"。④ 这对于理解章太炎一生的思想脉络有着很好的借鉴意义。王玉华教授所著的《多元视野与传统的合理化：章太炎思想的阐释》一书立足于 20 世纪 80—90 年代学者们的研究成果之上，用一种全新的视野阐释了章太炎那深邃而宏富的思想，其著作所揭示的章太炎思想之内核

---

① 姜义华先生在其所著《章太炎思想研究》中指出章太炎"本希望借助宗教形式克服理论力量的不足，促进理论的实现，可是，结果与他的主观愿望恰好相反，这样做，反而使他所致力的哲学革命走向信仰主义和僧侣主义，与政治革命实践及广大群众的距离更加遥远"。参见氏著《章太炎思想研究》，中国人民大学出版社 2009 年版，第六章"一场夭折了的哲学革命"相关内容。笔者以为，章太炎借助佛学学理来宣传革命道德，在当时产生了不小的传播效力和影响力，已经并非哲学革命可以涵盖的了，本文第五章中有详细的论述。

② 这 15 份报刊分别为《时务报》《经世报》《实学报》《译书公会报》《昌言报》《台湾日日新报》《亚东时报》《苏报》《民报》《国粹学报》《教育今语杂志》《学林》《大共和日报》《华国月刊》《制言半月刊》。参见姜义华《章炳麟评传》（下），南京大学出版社 2011 年版，第 738 页。

③ 朱维铮：《音调未定的传统》（增订本），浙江大学出版社 2011 年版，第 198—210 页。

④ 唐文权、罗福惠：《章太炎思想研究》，华中师范大学出版社 1986 年版，第 15—16 页。

将在下文略为述及。

台湾地区研究章太炎的学者主要有王汎森和汪荣祖两位先生，王先生在所著《章太炎的思想：兼论其对儒学思想的冲击》一书中阐述了章太炎在五四之前的思想，他提出章氏在政治上"是一重视刑名（兼又吸收道家思想）的新法家"的观点，① 可谓自成一家。汪荣祖先生著有《康章合论》与《章太炎散论》两部著作，他还在《中国文化》第21期中撰写《章太炎对现代性的迎拒与文化多元思想的表述》一文，该文是对章太炎思想从现代性的视角所作的阐释。学者们几乎都赞同章太炎是一位民族主义者，他的史学、政治思想等都是建立在民族主义基础之上的。不同学者也从各自的角度对章太炎思想的特质进行了归纳和阐释，学者郑大华认为："以章太炎、刘师培为代表的'国粹派'是近代中国第一个保守主义的文化团体。"他还对文化保守主义的思想进路给予描述，即"双重反省中西文化，一方面在维护的前提下反省传统，另一方面又在批判的基础上学习西方。"② 汪荣祖先生并不满意中外学者将章太炎视为"文化保守主义者"，他提出章太炎的文化观实基于"文化多元论"③。章太炎的这种多元文化观是建立在珍视中国文化特性基础之上的，是一种"重视国性之文化观"④。汪荣祖先生在此研究基础之上，以章太炎对西方文明所谓"现代性"的双重反省为视角，说明章太炎"要营建中国的现代性"，作者还进一步指明章太炎的文化观在五四新文化运动中被全盘西化派所批驳，因而人们"似乎忘记他是中国现代知识的开拓者，最先引用外国理论、批判传统、营建本国'现代性'的先驱之一。"⑤ 王玉华教授在他的著述中首次全面地对章太炎思想的理论基础进行了归纳，他指出："'多元主义'、'历史主义'（'历史相对主义'）与'人文主义'，可谓是章太炎思想体

---

① 王汎森：《章太炎的思想：兼论其对儒学思想的冲击》，上海人民出版社2012年版，第154页。

② 郑大华：《民国思想史论》，社会科学文献出版社2006年版，第102—104页。

③ 汪荣祖：《章太炎散论》，中华书局2008年版，第117页。

④ 汪荣祖：《康章合论》，载于汪荣祖《从传统中求变：晚清思想史研究》，百花洲文艺出版社2002年版，第384页。

⑤ 汪荣祖：《章太炎对现代性的迎拒与文化多元思想的表述》，载于《中国文化》2004年第21期，第116页。

系中的三大理论基点。"① 前两点根源于章氏的民族主义立场,而"人文主义"则由他的个性品质决定。以上所述的思想类研究著作,其对于章太炎思想特质的总结和归纳,对笔者了解章太炎的思想和人生,有着纲领性的指导意义,本文所引述的各位学者的思想观点则分布于各章节内容之中。

还有三部涉及章太炎学术思想的著作必须提及,陈平原先生在其所著《中国现代学术之建立:以章太炎、胡适之为中心》中指出:"由于五四新文化运动的大名如日中天,晚清一代的贡献多少受到了遮蔽。"他欲"突出晚清和五四两代学人的'共谋'",才最终"开创了中国现代学术的新天地"。② 陈先生还对章太炎提出的求是与致用这一学术宗旨进行了详细的考索,③ 见地独到。江湄教授在其撰写的《创造"传统":梁启超、章太炎、胡适与中国学术思想史典范的确立》一书中提出了平视"五四"与"晚清"学术价值的思路,她认为:"如果我们不用'传统/现代'、'进步/保守'的二元框架衡量"晚清,"就会看到其中蕴涵着不少从后现代之境看来是对'现代性'有所超越有所批判的思想因素。"④ 王锐博士于2014年出版的《章太炎晚年学术思想研究》一书可谓是对章太炎晚年思想研究的有力补充。以上三位学者的研究成果无不向我们阐明将章太炎晚年思想视为落伍、倒退是多么不合理,平视"晚清"与"五四"的学术价值,注重中国近代学术转型之内在理路,而不是将章太炎这样的学人进行前后截然不同的两极划分。本书在揭示章太炎办报活动的过程中,同样也得出与上述学者较为一致的结论,章太炎人生前后期的办报实践贯穿着一致的内在心路。

(三) 各章内容之学术追踪

本书的结构乃是按照章太炎所参与之报刊的先后顺序而展开,本书所

---

① 王玉华:《多元视野与传统的合理化:章太炎思想的阐释》,中国社会科学出版社2004年版,第254页。
② 陈平原:《中国现代学术之建立:以章太炎、胡适之为中心》,北京大学出版社1998年版,第4—6页。
③ 同上书,第28—69页。
④ 江湄:《创造"传统":梁启超、章太炎、胡适与中国学术思想史典范的确立》,社会科学文献出版社2013年版,第15页。

指之中国近代包含晚清、民国两个阶段,主要指章太炎办报的活动历程,笔者在第一章中将有具体阐述,当然,章太炎逝世之后舆论界的评价,研究之中也稍有关注。章太炎1900年之前的办报活动分为两章,主要关注他何以走上报人之路以及这一时期章氏办报活动的叙述;1900年之后的办报活动,从"苏报案"起,结束于《华国月刊》和《制言》杂志,设计了五章的内容进行阐述。下面对"苏报案"、《民报》和《国粹学报》的相关研究状况作进一步的阐明。

1.《苏报》与"苏报案"

学术界关于"苏报案"的研究,不仅有深度,而且有广度,百年以来,学者努力从不同角度解读这一事件。香港学者周佳荣先生著有《苏报及苏报案——1903年上海新闻事件》(该书1979年初版时原名为《苏报与清末政治思潮》),该著作是研究《苏报》和"苏报案"的奠基之作,正如作者在再版序言中所说:"至今仍是唯一论述《苏报》和'苏报案'的专书;学界新近发表的论著,在资料和观点方面,大体上都没有溢出此书的范围。"[①] 近年来,研究苏报案的新著相继问世,其中具有代表性的有王敏博士的《苏报案研究》(上海人民出版社2010年版)一书和学者徐中煜所著的《清末新闻、出版案件研究:1900—1911——以"苏报案"为中心》一书(上海古籍出版社2010年版),两部著作分别在新材料的搜集和研究视角方面都有突破,笔者的研究正是基于以上学者的研究成果,最终对章太炎在"苏报案"中的角色和地位进行重新检讨。美国学者Charlotte Furth(傅乐诗)在"The Sage as Rebel: The Inner World of Chang Ping-lin"("Essays on Conservative Alternatives in Republican China"Harvard University Press,1976)一文中提出章太炎是"革命圣人"的说法,笔者借用了他的说法,重新审视了章太炎在当时国内外舆论中的地位,进而,笔者认为章太炎可被称为"行动的自由主义"者。(参见本文第四章第五节内容)2013年出版的《邹容与苏报案档案史料汇编》为本书的写作提供了最新的资料参照。

2.《民报》与《国粹学报》

《民报》和《国粹学报》是本文着墨最多的两个章节,这是由章太炎

[①] 周佳荣:《苏报及苏报案——1903年上海新闻事件》,上海社会科学院出版社2004年版,第2页。

与这两份报刊之关系决定的。《民报》作为革命派在东京同盟会总部的机关报，同时也是革命思想和理念输出和宣传的主阵地，在辛亥革命史上自然意义重大，研究成果也较为丰富。单就《民报》而言，目前学术界研究最为翔实的著作是中国台湾陈孟坚先生的《民报与辛亥革命》一书，此书乃是超过百万言的巨著，他对于《民报》的解读可谓细致入微，并将统计方法纳入研究之中，对《民报》作者、文稿内容进行了极为精细的统计，全面地展现了《民报》之内容和影响，最终揭示了《民报》如何发挥影响效力及其对于革命动员之功绩。从章太炎与《民报》之间的关系这一角度来看，姜义华先生在《章太炎思想研究》中详细地叙述了章太炎主持《民报》的经过；中国台湾学者朱浤源先生在《〈民报〉中的章太炎》一文中为了便于研究章太炎的思想，"设计了一个用来研究思想的空模型"，① 在这一套研究架构之下，全面地展现了章氏在《民报》中的思想体系并给予了批判。从报刊发展的历程来看，对于《民报》的研究也存在诸多不足。海峡两岸学术界对于君宪派与革命派所办报刊的研究，以往侧重于两派的相异之处，关注《新民丛报》和《民报》的论战，两岸对于论战的结果都是给予革命派以褒扬，即认为这场论战是以革命派的完全胜利而告终的，得出这种结论，两岸学术界却是惊人地相似。中国台湾则顺延兴中会—同盟会—国民党这一革命史发展的脉络，建构其革命史的研究范式，在以国父孙中山为核心的研究程式之下，自然容易遮蔽其他革命元勋的历史功绩。在以革命党为正统的研究目的论预设之下，对于君宪派及其所办报刊，自然不能够十分公允地开展评判。中国台湾的相关研究著作有：朱浤源《同盟会的革命理论："民报"个案研究》、亓冰峰《清末革命与君宪的论争》以及上述陈孟坚先生的著作，大陆地区的研究则散见于各类历史学、新闻学相关著作中。笔者以为，君宪派所办的报刊时间要早于革命派，而且对于报刊和新闻宣传的探索也比较系统。梁启超主持的《时务报》和主办的《清议报》《新民丛报》在当时影响力非同一般，革命派的报刊很大程度上都受到了君宪派报刊的影响。笔者力图从形式、内容和思想性上论述两派报纸的相似因子，并重新对《新民丛报》和《民报》的传播效力做检讨和比较。传统学术界对于《国粹学报》之

---

① 朱浤源：《〈民报〉中的章太炎》，载于章念弛编选《章太炎生平与学术》，生活·读书·新知三联书店1988年版，第301页。

研究，多关注邓实、黄节、刘师培等主办者与报刊之关系，郑师渠先生所著的《晚清国粹派——文化思想研究》虽然是研究学派之文化思想，但其底色还是国粹派所办的《国粹学报》。郑先生认为章太炎是国学保存会的精神领袖，笔者以为章太炎同样是《国粹学报》的精神领袖，由于章太炎参与《国粹学报》在主办《民报》之前，所以，章氏将《国粹学报》的宗旨带入了《民报》之中，在内容上丰富了《民报》，但是，这并不阻碍革命的宣传。学者罗志田在其所著《国家与学术：清季民初关于"国学"的思想论争》一书中考察了国粹派人士在重建"国学"时围绕"用"的不同认知所展开的讨论，罗氏的著作高屋建瓴，一直探讨到民国时期学界关于"整理国故"的论争，对于笔者理解"国粹"一词含义之演变很有助益。在关注从《国粹学报》到《制言》杂志这一系列学术期刊时，左玉河研究员的著作《中国近代学术体制之创建》对于本研究有诸多启发，特别促进了笔者对于章太炎所主办之学术期刊的民间化地位的关注。

3.《大共和日报》和《华国月刊》

民国建立之后，章太炎分别担任过《大共和日报》和《华国月刊》的社长，这亦体现了章氏在政治和学术领域的双向进路，学术界以章太炎和这两份报刊为视角的研究较少，学者汪幼海撰写的《〈大共和日报〉与章太炎》是仅见的一篇论文，作者探讨了章氏与《大共和日报》之间的关系，并关注了章太炎在《大共和日报》时期的政治思想和新闻思想，汪氏已经看到《大共和日报》的办报原则并非"以政治宣传为唯一使命的纯党报所能具备的"。[①] 透过辛亥前后梁启超在新闻报刊理论方面的探索可以发现，梁氏较为关注政党报刊的转型，民国初建之后，《大共和日报》亦处于这种转型潮流之中。上述两份刊物的研究理路将在下一节内容中以创新之处的形式予以论述，并且笔者将在第七、八两章的前言及注释中略微述及学界的研究背景，此处不再详述。

4. 章太炎的传播思想

前面已经述及学术界并未对章太炎的传播思想进行研究，而主要集中于章氏的新闻思想，比如罗钱的硕士学位论文《章太炎新闻思想研究》、李德霞《章太炎在台湾的新闻活动考述》以及卢家银《章太炎的出版自

---

① 汪幼海：《〈大共和日报〉与章太炎》，载于《上海社会科学院学术季刊》1997年第2期，第174页。

由观考察》。章太炎在清末传播西学新知并致力于革命的宣传，非常关注民众的启蒙和民权的鼓吹；在办刊的实践中，他以多次的行动展现了他对新闻言论自由权的捍卫，表明了他传播思想中的自由主义底色和立场。作为一位受到民族主义思想熏陶的学者和报人，章太炎传播思想中的爱国情结是贯穿人生始终的。章太炎在坚持报刊文体古雅的前提下，通过在报刊登载演讲等形式，以白话文扩大其政治、学术思想的传播效力。以上所述的章太炎传播思想的四个特点，是本研究首次提出的，也可以算作对章太炎一生致力于新闻和报刊实践的一个总结。

三　研究方法与研究资料

笔者将本书主要的研究视角归结为"以新闻学开局面，以思想史立根基"这样一个提法，其含义即是将历史学与新闻学相关内容进行融合，而这种融合可能表现为对新闻学理念的无形运用上，诸如关注报刊的传播效果、传播对象以及形成之舆论等方面内容，又或者注重报人在争取言论自由方面所进行的努力，以上所述乃是建立在前文归结的章太炎思想特质的基础之上。本书所采用的研究方法即是史学研究最常用的手段——文献法，以此开展实证研究；另外，还采用了比较法，对与《民报》相关的《新民丛报》《新世纪》等刊物进行同异的分析和比较，突出报刊自身的特点，对《华国月刊》的研究也采用了同样的方法。

本研究在开展过程中，始终贯穿着两条主线。第一条即是中西"学战"这一线索。中国近代以来，面对西方列强现代工商业势力的冲击，传统士人和商人开始对中国传统的重农轻商的观点进行反思，在思想领域率先出现了"商战"之理念，中国台湾学者王尔敏先生对此问题关注较为深入，他进一步指出："故由'商战'观念意旨之深入思考，寻绎重点，终竟又创出'学战'观念。"[1] 学者黄兴涛和罗志田顺延这一思路，继续撰文探讨中西"学战"问题。[2] 陈平原先生将清末民初中国学术的现代转

---

[1] 王尔敏：《中国近代思想史论》，社会科学文献出版社2003年版，第210页。

[2] 可以参考黄兴涛、胡文生《论戊戌维新时期中国学术现代转型的整体萌发——兼谈清末民初学术转型的内涵和动力问题》，载于《清史研究》2005年第4期。罗志田《清季保存国粹的朝野努力及其观念异同》，载于《近代史研究》2001年第2期。

型视为戊戌和五四两代学者共同促进的结果，上文已经提及。黄兴涛教授在此基础上进一步探讨，认为："应该是将清末民初的学术转型视为戊戌—辛亥—五四三个阶段学者共同促成的结果。"① 黄教授关于清末民初学术转型三段式的总结，亦有民国时期学者的论述可以为之佐证，胡朴安先生在《民国十二年国学之趋势》中回顾道："《国故》与《华国》及东南大学之《国学丛刊》，皆《国粹学报》之一脉，而为太炎学说所左右者也。"② 在中国近代学术转型这一视野下，顺延中西"学战"这一思路，自《实学报》等戊戌前后的报刊始，中间经过《民报》《国粹学报》，最后再到《华国月刊》和《制言》杂志，章太炎从反对欧化主义者到反对全盘西化论者，都是这一思路的表现。章太炎在《民报》中宣传国粹与宗教亦能够得到合理之解释，从而避免了胡汉民等革命派人士将《民报》完全定性为政治刊物的单一化初衷。初始之时，中国"学战"的对象乃是西方的学说及传布它们的西方人士，后来，西学在中国本土和中国人中间有了"代理人"，所以国人"学战"的对象也随之扩大。第二条主线则是章太炎在办报过程中对维新遗产"学会—报刊—学堂"三位一体思想的灵活运用。"学会—报刊"共同开展的模式，表现在《民报》《国粹学报》《制言》杂志，中间牵涉章氏两次举办国学讲习会，本来汪东在创办《华国月刊》之后亦有进一步创办讲习会之设想，终因精力不济而未能实现，最终，举办国学讲习会的愿望还是在章太炎晚年定居的苏州得以实现。围绕这第二条主线，章太炎所主办的《民报》《华国月刊》《制言》杂志分别形成了太炎弟子的三次集结，在三份刊物的撰稿人中太炎弟子占到相当大的比例，笔者主要针对《民报》撰稿人群体进行了研究。另外，还关注了《华国月刊》中太炎弟子对其师思想的阐扬，囿于时间和精力有限，笔者未对《制言》杂志进行全面研究，只能留待将来。而且，由于笔者学力的有限，对章太炎的思想和学术的把握难以达至全面，在关注学术期刊的具体内容时难免会有所缺失。五四新文化运动之后，学界思潮、学派纷呈，争论活跃，笔者对于新旧交融时代学术之整体变迁亦未能

---

① 黄兴涛、胡文生：《论戊戌维新时期中国学术现代转型的整体萌发——兼谈清末民初学术转型的内涵和动力问题》，载于《清史研究》2005 年第 4 期，第 48 页。

② 胡朴安：《民国十二年国学之趋势》，载于桑兵、张凯、於梅舫编《近代中国学术思想》，中华书局 2008 年版，第 183 页。

细致追索，为进一步的研究留下了未竟的空间。

因为章太炎思想和学术的体系宏博，牵涉的学科门类较多，现就本书中需要用其他学科知识解决的问题举出两例。在论述章太炎主持《民报》之后报刊文风变化和章氏的文体特征时，笔者引用了学者陈雪虎对章氏文学所做的"雅俗之辨"的解读，他认为章太炎在文化高度上"形成更具包容力的文化的'齐雅俗'理念"，"对五四以后的文学大有影响，值得细细辨认和表彰"。① 另外，在探讨《教育今语杂志》的时代价值时，笔者揭示了该刊物在教育史中的价值，利用王国维的教育思想来解读章太炎的编辑理念，进一步挖掘了《教育今语杂志》被教育期刊史研究者所忽略的内在价值和意义。下面再略为补充两点本书的创新之处，《大共和日报》是章太炎所参与的政论型报刊中最接近现代报刊形态的一例，也是处于"党报"向"国报"过渡的形态，围绕《大共和日报》宣传共和制度和监督政府两项职能，可以看作对《民报》时期章太炎所秉持的"恢廓民权"的一种延续。学界以往普遍认为民国初年章太炎的政治思想和立场变化不定，他先倾向立宪派继而又转向支持袁世凯，与革命派为敌；传统革命史范式下将章太炎定性为资产阶级革命派，才产生了对章氏政治立场的误解。学者杨天石指出，辛亥革命时期，"中国的民族资产阶级，中国的民族资本家是反对革命的"，而辛亥革命的真正"领导力量就是共和知识分子"。② 若以共和知识分子这一角度来理解章太炎，那么，他在民国初年的政治立场便能够被更加理性地对待了。笔者以为，章太炎自甘处于民党地位，其政治立场是超越政党之上的，《大共和日报》也致力于消弭党争之宣传，章氏以维护国家利益为职志，利用报刊阵地监督政府，对于南北政权皆一致。经由此视角重新审视章太炎与民国初年的政治舆论，我们看到章氏的政治思想并不复杂，且政治立场也较为一致。《华国月刊》筹建之时，已经处于新文化运动的末期，然而，《学衡》杂志在那时正展开对新文化运动的批判和反思，学术界一般视"学衡派"为新文化运动的反对派，将这一视角引入《华国月刊》的研究之中，同样适用，对于《华国月刊》在学术界的影响力，笔者也仅仅处于这个新尝试的初

---

① 陈雪虎：《"文"的再认：章太炎文论初探》，北京大学出版社2008年版，第155页。
② 杨天石：《谁领导了辛亥革命》，载于余英时等《不确定的遗产》，九州出版社2012年版，第168—170页。

步阶段而已。

最后来看资料方面,《章太炎全集》第一辑、第二辑已分别由上海人民出版社于 2014 年、2017 年出版,汤志钧先生的《章太炎年谱长编》(增订本)由中华书局于 2013 年出版,其中下册增补了不少可资参考的新史料,上述两者是最近刊出之资料。下面将本书所运用到的与章太炎相关之资料集简要列举:汤志钧编《章太炎政论选集》(中华书局 1977 年版),谢樱宁《章太炎年谱摭遗》(中国社会科学出版社 1987 年版),姚奠中、董国炎《章太炎学术年谱》(山西古籍出版社 1996 年版),章念驰编订《章太炎讲演集》(上海人民出版社 2011 年版),钱须弥编《太炎最近文录》(上海国学书室 1915 年版)。本书涉及的与章太炎相关的主要报纸有《时务报》《经世报》《实学报》《译书公会报》《亚东时报》《台湾日日新报》《苏报》《民报》《大共和日报》《国粹学报》《教育今语杂志》《学林》《华国月刊》《制言》,其他相关报刊还有《新民丛报》《新世纪》(巴黎)《浙江潮》《江苏》《国民日日报》《民立报》《申报》《大公报》《新青年》《学衡》等。以上所述报刊为与本书相关性较大者,其他利用频次较少者不再详细列举,可检阅文后参考文献。本书在研究《民报》和《国粹学报》之传播效力时所涉及的日记、年谱、回忆录等著作也不再列举,同样可以参阅文后参考文献。

第二章

作为学问家报人的章太炎

　　章太炎先生，原讳学乘，字枚叔。后易名为炳麟。因为青少年时久蓄反清之志，仰慕顾炎武的为人行事而改名为绛，号太炎。名讳以号行，世人称之为"太炎先生"，自称则曰"炳麟"。祖籍浙江余杭仓前镇，生于1869年，卒于1936年。《中国新闻年鉴》在20世纪80年代开设了"中国新闻界名人"栏目，章太炎自然名列其中，但是章炳麟这一条目的介绍却十分简略，其全文为："章炳麟（1869—1936）1904年在狱中发起组织光复会。1906年出狱，担任同盟会机关报《民报》主编，兼为《汉帜》《复报》《国粹学报》等革命报刊撰稿，成为著名的'以文章排满的骁将'。"[①] 年鉴中的介绍确实简略，只强调了他在辛亥革命前任《民报》主编时宣传革命的功绩，对于戊戌时期、苏报案以及民国之后的办报活动都没有提及，显得十分单薄。据方汉奇先生的统计，"从1897年开始为报刊撰稿起，到1936年他去世之日止"，章太炎"参加过10家报刊的编辑工作，并且担任过其中5家报刊的主编"，[②] 担任主编的报刊分别是《亚东时报》《经世报》《民报》《华国月刊》《制言》杂志。新闻界将章太炎定位为名记者、报刊政论家以及思想家型的编辑家，[③] 本文从新闻学的大类出发，将章太炎称为报人，因为报人是指"从事新闻工作的人"。[④] 太炎

---

　　① 《中国新闻年鉴》编辑部：《中国新闻年鉴》（1983年），中国社会科学出版社1983年版，第572页。

　　② 方汉奇：《章太炎与近代中国报业》，载于《社会科学战线》2010年第9期，第213页。

　　③ 《中国新闻事业通史》将章太炎定位为名记者和报刊政论家，详细可参考方汉奇主编《中国新闻事业通史》（第一卷），中国人民大学出版社1992年版，第5、12—13页。将章太炎称为思想家型的编辑家的是蒋成德，参见他所著的《思想家型的编辑家：章炳麟、梁启超、鲁迅研究》，光明日报出版社2013年版。

　　④ 《汉语大词典》编辑委员会：《汉语大词典》，上海辞书出版社1986年版，第1227页。

弟子汤炳正先生在回忆中指出："鲁迅先生是把太炎先生看作是'有学问的革命家'，而我则是把太炎先生看作是'有革命业绩的学问家'。"① 单就章太炎一生的业绩来看，革命家和学问家的概括仅是侧重点不同而已，学术界亦存在争论。本书考虑到章太炎在办理报刊过程中体现了较强的思想性，所以将他称为学问家报人，其中已经涵摄了政治的因素。其实，深刻的学问和强烈的道德诉求决定了章太炎评介政治与人物以及进行舆论监督的价值取向，而章太炎的学问和个性受到了佛学的深刻影响，尤为值得注意。高一涵先生所撰写的《章太炎自性及与学术人心之关系》一文可谓揭示了章太炎评介人物、对待政府之真实心迹。作者这样论道：

> 虽然，论太炎先生于今日，宜证其自性不宜涉及世相，先生本不识世相者也，观想精微、高蹈太虚，世人莫测，以超越人界故。故余谓欲识先生，惟在证其自性之所诣，与其及于国学之影响奚若而止。人世之视先生，亦犹先生之视人世，何则？性根殊绝，各不了知故，故关涉世相以论先生则失之远矣。
>
> 盖意根含藏于阿罗耶，执阿罗耶为我，动则人我、法我二执，应时而生，不待告教。先生于世人多有微言，其根源即自此起也，其超出人世百筹者，以奉唯心论为太上，其所论说惟依自证及直觉而发，自心还证自心，非由外缘为助，故先生之视党人，亦如其视现政府焉，昔日如能附和党人，今日亦必附和当道。然自证己心非由外界，谓之本无执性，执性且不可见，奚有于从人。先生之议人，随议随忘，乃根其性所本有法，而不著世相者也。欲先生不议人也，必先扑灭先生之自性，然先生自性非真人独具之奇，乃庸众共循之则，故欲灭先生自性，非尽灭有性之人不为功，人性亡则乾坤息，乾坤一日存，则人性一日不灭，而先生之自性亦存，则言论自由之事，终不可无有。②

---

① 汤炳正：《忆太炎先生》，载于陈平原、杜玲玲编《追忆章太炎》，生活·读书·新知三联书店2009年版，第362页。

② 高一涵：《章太炎自性及与学术人心之关系》，载于《甲寅》1914年第1期第5版，第11—12页。

章太炎在《国家论》中称,"国家之自性,是假有者,非实有者",原因在于"凡云自性,惟不可分析、绝无变异之物有之",这就是章太炎所谓的"个体为真,团体为幻"。① 这就决定了章太炎对待政府、国家之态度,也是他办报宗旨中监督政府之内在心路。章太炎坚持"依自不依他"的原则,看待人物,自然不同凡俗,多为世人不解,然而,只要章太炎的自性不灭,他就不会放弃对言论自由的追求,这是章氏作为一个思想家报人所秉持的根本所在。

一 章太炎与近代报刊关系之简述

章太炎在中国近代史上所参与的报刊,主要涵盖他担任撰述、主笔、主编、社长、发行人等职务的那些报纸和期刊,以报刊内容侧重方向大致可以分为政论和学术两类,当然,很多报刊都是综合性质的,下面以表2-1形式表现。

表2-1　　　　　章太炎曾参与的近代报刊一览

序号	类型	报刊名称	创刊地址	起止时间	职务及任职时间
1	政论	《时务报》	上海	1896.8—1898.8	撰述（1897.1—1897.4）
2		《经世报》	杭州	1897.7—1898.1	主编之一（1897.8—不详）
3		《实学报》	上海	1897.8—1898.1	总撰述（1897.8—1897.10）
4		《译书公会报》	上海	1897.10—1898.5	总主笔（1897.10—1898.春）
5		《昌言报》	上海	1898.8—1898.11	主笔（1898.8—1898.11）
6		《台湾日日新报》	台北	1898.5—1911.11	特约撰述、记者（1898.12—1899.6）
7		《亚东时报》	上海	1898.6—1900.3	主编（1899.冬—1900.3）
8		《苏报》	上海	1896.6—1903.7	撰稿人
9		《民报》	东京	1905.11—1910.2	主编兼发行人（1906.9—1908.10）
10		《大共和日报》	上海	1912.1—1915.6	社长（1912.1—1913.1）

---

① 章太炎:《国家论》,载于《民报》1907年10月25日,第17号,第1—2页,科学出版社1957年版。

续表

序号	类型	报刊名称	创刊地址	起止时间	职务及任职时间
11	学术	《国粹学报》	上海	1905.2—1911.9	主要撰稿人
12		《教育今语杂志》	东京	1910.3—1911.1	撰稿人、编辑（1910.3—1911.1）
13		《学林》	东京	1909—1910	主要撰稿人
14		《华国月刊》	上海	1923.9—1926.4	社长、主编（1923.9—1926.4）
15		《制言》	苏州	1935.9—1940.3	主编（1935.9—1936.6）

根据方汉奇先生的统计，章太炎一生中"曾经为海内外的87家报刊（其中包括16家日报和71家期刊——内26家政论期刊）"撰写过文章。① 由表2-1可以看出有五种刊物章太炎并没有参与编辑，分别是《台湾日日新报》《苏报》《大共和日报》《国粹学报》《学林》。针对章太炎是否参与编辑《国粹学报》这一问题，郑师渠先生在其所著《晚清国粹派：文化思想研究》一书中已经做了简要辨析，本书即采用章太炎乃是国粹派和《国粹学报》的"精神领袖"这一提法，② 章太炎是《国粹学报》的主要撰稿人之一。表2-1中还提到《苏报》和《学林》杂志，章太炎虽然未曾担任编辑，但却与两份报刊关系至深。有学者指出："苏报案在中国近代史上具有重大意义。因为苏报案的发生，1903年被认定为晚清政治思潮由改良主义向激进主义转变的分水岭。"③ 章太炎是"苏报案"的最重要当事人之一，同时也是《苏报》的主要撰稿人，学者周佳荣称："因章炳麟的文章学问，素为浙江人所崇拜，故'苏报案'起，章氏入狱，对青年一代思想的影响，至为巨大。"④ "苏报案"不仅改变了章太炎的人生境遇，而且还增加了章太炎在国际社会的知名度，这在后面的章节将有详细的论述。《学林》杂志可以说是章太炎托付黄侃主办的一份学术期刊，这份期刊虽然只举办了两期，却表明章太炎对培养办报人才的重视，也是章太炎及其弟子独立创办学术期刊的开始，此次尝试对黄侃的影

---

① 方汉奇：《章太炎与近代中国报业》，载于《社会科学战线》2010年第9期。

② 郑师渠：《晚清国粹派：文化思想研究》，北京师范大学出版社1993年版，第19—20页。

③ 周勇：《历史遗产与历史责任》，载于周勇主编《邹容与苏报案档案史料汇编》，重庆出版社2013年版，第1页。

④ 周佳荣：《苏报及苏报案——1903年上海新闻事件》，上海社会科学院出版社2004年版，第1页。

响,将在后续章节中叙述。

从章太炎参与的报刊之地域分布来看,主要集中于上海和东京两大城市,在中国大陆的刊物则全部集中于江浙地区。虽然这是以个人报刊活动的视角为观察对象,却也符合晚清媒介的分布趋势,日本学者樽本照雄在仔细地分析了晚清民国时期出现的期刊之后,认为清末民初的期刊"在上海、北京和日本三地创办的约占总数的66%",1910年前创刊的则以上海和日本居多。[①] 创刊地址在上海的报刊有9例之多,若从城市空间发展的角度来看,如学者崔波对上海的分析,他指出:"从清末起上海租界风起云涌,各种新的信息生产方式不断地出现在这个远离清政府控制的大城市。可以说,清末民初上海地区所滋养的媒介摆荡于新与旧、公与私、前卫与陈腐之间,与中国传统知识或分或合,为后来的研究者留下了无尽的诠释空间。"[②] 学者许纪霖将西方公共空间理论引入知识分子转型的研究之中,他向我们展现了传统士大夫如何在城市之中转型为现代知识分子,他在《都市空间视野中的知识分子研究》一文中指出:"现代知识分子是现代大都市的产物。从传统士大夫向现代知识者的转变,就是知识分子不断摆脱自然的血缘、地缘关系进入都市公共空间的过程。"许纪霖先生还向我们列举了诸如上海这样的大都市中哪些公共空间是知识分子可以进行交流和自我认同的,比如"茶馆、咖啡馆、沙龙、书店、社团、同人刊物、公共媒体、出版社、大学和广场,等等。"[③] 由此,我们看到如章太炎这般的学者正处于传统向现代的过渡之中,而他所进行的报刊活动也正处于他自己生活的城市空间之中,许纪霖先生所列举的城市公共空间之场所,正是章太炎走出诂经精舍之后所融入的一个新世界,他的人生以此为舞台,显得更加多姿多彩。

章太炎自戊戌前走出书斋,踏入知识分子的救亡之途,与甲午战争之后中国面临被瓜分危机的形势密切相关,时代的潮流深深地吸引着关心时局和国家兴亡的知识分子。维新派在推行维新变法过程中所提倡的"办学

---

① [日]樽本照雄:《清末民初的翻译小说》,载于王宏志编《翻译与创作》,北京大学出版社2000年版,第152页。

② 崔波:《清末民初媒介空间演化论》,北京大学出版社2012年版,第75页。

③ 许纪霖:《都市空间视野中的知识分子研究》,载于许纪霖编《20世纪中国知识分子史论》,新星出版社2005年版,第428—429页。

校、创学会、办报纸"三位一体的启蒙模式,① 可谓对章太炎产生了至为深远的影响。通过报刊这一媒介平台,章太炎开展了"辅助教育,启发民众,指导社会,介绍新学,宣传主义,主持公论,监督新政,纠弹非法,为民喉舌"等许多神圣的工作。②

二 章太炎步入报业原因探析

章太炎涉足报业,关键在梁启超之邀请,章氏办报之经历亦深受康、梁维新变法时期办报思想之影响,梁启超在新闻理论和办报实践中的尝试与开拓对晚清历史影响巨大,章太炎的办报活动从梁启超那里吸收了不少经验,这在后文中将有阐述。章太炎在《自定年谱》1896 年中回忆道:"至是,有为弟子新会梁启超卓如与穗卿集资就上海作《时(务)报》,招余撰述,余应其请,始去诂经精舍,俞先生颇不怿。"③ 章太炎为何欣然同意就任《时务报》的撰述呢?下面对此作以剖析。若要探讨章太炎踏入报业之心路历程,首先必须从传统士大夫所具有的精神特质谈起。余英时先生对此有比较深入的研究,他在《士与中国文化》一书中曾这样分析道:

> 熟悉中国文化史的人不难看出:西方学人所刻画的"知识分子"的基本性格竟和中国的"士"极为相似。孔子所最先揭示的"士志于道"便已规定了"士"是基本价值的维护者;曾参发挥师教,说得更为明白:"士不可不弘毅,任重而道远。仁以为己任,不亦重乎?死而后已,不亦远乎?"这一原始教义对后世的"士"发生了深远的影响,而且愈是在"天下无道"的时代也愈显出它的力量。所以汉末党锢领袖如李膺,史言其"高自标持,欲以天下风教是非为己任",又如陈蕃、范滂则皆"有澄清天下之志"。北宋承五代之浇漓,范仲淹起而提倡士当"先天下之忧而忧,后天下之乐而乐",终于激

---

① 吴其昌:《梁启超传》,百花文艺出版社 2004 年版,第 46—51 页。
② 同上书,第 24 页。
③ 章炳麟:《太炎先生自定年谱》,载于沈云龙编《近代中国史料丛刊》(第六十八辑),文海出版社 1966 年版,第 15 页。

动了一代读书人的理想和豪情。晚明东林人物的"事事关心"一直到最近还能振动现代中国知识分子的心弦。①

余英时先生所列举的中国历史上自孔子以来所形成的"士志于道"的传统，其中各时代之杰出代表，时常为章太炎所称道，具体内容将在论述章太炎办报思想时提及。在"政统"和"道统"两种文化传统的脉络之下，我们看到，传统的士大夫除却可以选择"得君行道"和科考功名之外，亦可保有一种超越性的道德价值而存在。余英时先生认为处于道统和政统之间的"知识分子不但代表'道'，而且相信'道'比'势'更尊。所以根据'道'的标准来批评政治、社会从此便成为中国知识分子的分内之事"②。知识分子所负起的言论之责正是起源于此种传统。林语堂先生从新闻舆论发展史的视角分析了中国士人中所形成的"清议"传统，进而发展出一股公共批评的潮流。从汉代的"党锢"到宋朝的学生请愿，再到明朝的东林党人的"清议"，无不体现着舆论和皇权之间的"有组织的对抗"。③ 传统的士人几乎都不可避免地要首先从科举考试中找寻自己的人生定位，章太炎亦有类似的人生经历。

（一）章太炎与浙江士人的职业选择

章太炎在《自定年谱》十六岁时记载道："先君命赴县应童子试，以患眩厥不竟，先君亦命辍制义。"到十七岁时，他叙述道："初读四史、《文选》《说文解字》。自是废制义不为。"④ 章太炎在《自述治学功夫及志向》一文中简要地介绍了少年时代学习科场之文的经历，他说："余家无多书，年十四五，循俗为场屋之文，非所好也。喜为高论，谓《史》《汉》易及，揣摩入八比，终不似。年十六，当应县试，病未往。"⑤ 章太炎追慕古文辞，难以喜欢制举之文，这是从兴趣和爱好出发，然而，章太

---

① 余英时：《士与中国文化》，上海人民出版社2003年版，第2页。
② 同上书，第96页。
③ 林语堂：《中国新闻舆论史》，刘小磊译，上海人民出版社2008年版，第31页。
④ 章炳麟：《太炎先生自定年谱》，载于沈云龙编《近代中国史料丛刊》（第六十八辑），文海出版社1966年版，第13页。
⑤ 章太炎：《自述治学功夫及志向》，载于文明国编《章太炎自述》，人民日报出版社2011年版，第65页。

炎不喜举业可能更多地源自他的民族主义情感。章太炎少年时在外祖父朱有虔的教育下，方晓"明清遗事及王而农、顾宁人著述大旨"；通过阅读《东华录》等著述，"见戴名世、吕留良、曾静事，甚不平，因念《春秋》贱夷狄之旨"。① 章太炎后来回忆道："余之革命思想，即伏根于此。"② 章太炎正是受到家庭中所蕴藏的汉族民族主义思想的影响，才逐渐恢复了潜藏于心中的"贱夷狄"的民族意识。当然，章太炎的家族对于他的人生之路的选择保持了比较宽容的态度，章太炎在回忆先辈时说道："炳麟幼时闻先人余论，读书欲光复汉绩，先考亦不禁也。"③ 以上所述虽然为章太炎少年事迹，却能够向我们展示为何他在科举正途之外，努力打开另一番局面的心路。

章太炎是本人自愿放弃了科举之路，当时他17岁，时间是1884年，离清廷废除科举的1905年还有二十余年，所以我们不能用余英时先生所提出的"中国知识分子的边缘化"来解释章太炎的个案，④ 这就要求我们必须从更深层的文化背景进行探究。清朝既定江南之后，江浙地区的抗清活动也最为激烈，学者杨念群将江浙知识群体作为近代儒学区域类型之一进行研究，他在分析江浙知识群体的"谋生取向"时指出："反满深层思想背景的逐步深化，与作控驭应试规模的交互作用，使江浙一大批儒生长期游离于政治核心结构之外，而形成了一个颇为奇特的阶层。"在这样一种特殊的思想背景之下，杨念群继续分析了幕僚这一职业在江浙知识群体中的流行，他分析道："清廷通过控制学额规模及铲除异己的文化政策，迫使相当一部分江浙儒生无法通过'正途'进入'政治轴心'。而特科荐举的有限性，更无法使江浙儒生摆脱'边缘状态'的命运。在这种情况下，'由官而幕'似乎是为江浙过剩人才提供地方性流通渠道的

---

① 章炳麟：《太炎先生自定年谱》，载于沈云龙编《近代中国史料丛刊》（第六十八辑），文海出版社1966年版，第12页。

② 章太炎：《口授少年事迹》，载于文明国编《章太炎自述》，人民日报出版社2011年版，第70页。

③ 章太炎：《先曾祖训导君先祖国子君先考知县君事略》，载于《章太炎全集·太炎文录续编》，上海人民出版社2014年版，第212页。

④ 具体可参见余英时所著《中国文化与现代变迁》，三民书局1995年版，其中第三节"中国知识分子的边缘化"。

最佳变通途径。"① 清代的江浙地区，由于特殊的历史原因，士人游离于政治核心之外也比较常态化，在正途之外最普遍的职业就是幕僚。太炎弟子周作人在回忆录中记载了晚清时期浙江地区非正路的职业类型，他记载道："前清时代士人所走的道路，除了科举是正路之外，还有几路权路可以走得。其一是做塾师，其二是做医师，可以号称儒医，比普通的医生要阔气些。其三是学幕，即做幕友，给地方官'佐治'，称作'师爷'，是绍兴人的一种专业。其四则是学生意，但也就是钱业和典当两种职业，此外便不是穿长衫的人所当做的了。"② 章太炎的父亲和兄长皆为县诸生，父亲章濬也曾做过幕僚，并且为上官陈言献策。章太炎在回忆其先辈的事略中提道："用家贫，游江南浙西诸县，尝客清杭州府知府谭钟麟所。"③ 又根据汤志钧所引："同治初，左宗棠'督师至闲林镇，濬献地图，并陈善后策，颇见用'。"④ 章太炎的姻亲汪康年不仅是晚清时期的著名报人，也曾为张之洞府中的幕僚。被誉为中国近代历史上"文人论政"第一人的王韬，也曾经在1860年"向当局陈言如何对付造反者"。⑤ 由此，我们对于章太炎欣然踏入报界，并且两次上书李鸿章献言献策，企图借重督抚之力以实现革新，皆可以表示符合情理之理解。

（二）文人论政的传统

学者程丽红分析了晚清时期作为政治家报人群体的重要性，因为"政论报刊在晚清十余年间的报坛唱了主角"，所以报业史上也称这一时期为"政论时代"。⑥ 王韬在近代中国开辟了政治家办报的先河，维新派和革命派接续了这一传统，"担当救亡大业都始终是晚清政治家报人从事报刊活

---

① 杨念群：《儒学地域化的近代形态：三大知识群体互动的比较研究》，生活·读书·新知三联书店1997年版，第274—277页。

② 周作人：《知堂回想录》，三育图书有限公司1980年版，第52—53页。

③ 章太炎：《先曾祖训导君先祖国子君先考知县君事略》，《章太炎全集·太炎文录续编》，上海人民出版社2014年版，第212页。

④ 《光绪馀杭县志稿·人物列传》，载于汤志钧《章太炎年谱长编》（增订本·上册），中华书局2013年版，第2页。

⑤ [美] 柯文：《在传统与现代性之间：王韬与晚清改革》，雷颐、罗检秋译，江苏人民出版社2003年版，第23页。

⑥ 程丽红：《清代报人研究》，社会科学文献出版社2008年版，第227页。

动的共同出发点和归宿",如梁启超、章太炎这样进入近代报业的传统士人,"他们大都身份多元,报人、政治家、学者、教育家等身兼数职"。①中国香港学者李金铨先生在探讨中国近代史上文人论政的时代特征时指出:"近现代中国知识分子以报刊论政报国。这是儒家士大夫转型到现代知识分子的阶段。"②对于文人论政的含义,学者这样认为:"文人论政的基础在儒家文化中,其实质是站在知识分子的独立立场上,对政府和社会进行客观公正积极的评价与引导,即所谓'天下兴亡,匹夫有责'。它与西方的社会责任论并不完全一致,西方理论的主体是报纸,而中国是文人,也就是说,每一个读书人都有这样的责任。……明辨是非、敢言直谏,体现了中国古代读书人身上的风骨,因此当西方报纸传入中国以后,中国文人也很好地运用了这一新式武器。"③学者们都注意到了文人论政是"中国儒家文化的绵延与现代传播思想的移植"④,是中国近代报业受到西方激发而产生的最重要的内在思想因子。章太炎对于文人论政传统的认识,正是他从事近代报业的思想基础,章太炎在为民国著名报人史量才所写的墓志中充分体现了他的认识,他指出,"清议之权,自匹夫尸之,常足以贾祸","清议衰久矣,虽百计持之,仅乃振其标末,非有裁量刻至之事,如汉甘陵、近世东林比也"。⑤章太炎称清议可以贾祸,乃是点明史量才因为监督政府而获罪,所谓"清议衰久",正表明了他对于新闻舆论界难以施展监督之责的慨叹。章太炎在《〈实学报〉叙》中提出:"夫报章者,诚史官之支与余裔。"⑥章太炎已经认识到中国历史上的史官、言官可以说是在朝的论政文人的代表,现今履行报纸职责的依然是文人。我们看到,晚清的媒体精英知识人会表现出一种"体制化心态",

---

① 程丽红:《清代报人研究》,社会科学文献出版社2008年版,第230页。

② 李金铨:《序言》,载于李金铨编《文人论政:知识分子与报刊》,广西师范大学出版社2008年版,第3页。

③ 王润泽:《北洋政府时期的新闻业及现代化(1916—1928)》,中国人民大学出版社2010年版,第344页。

④ 倪琳:《近代中国舆论思想变迁》,上海交通大学出版社2012年版,第186页。

⑤ 章太炎:《史量才墓志铭》,载于《章太炎全集·太炎文录续编》,上海人民出版社2014年版,第320—321页。

⑥ 章炳麟:《〈实学报〉叙》,载于《实学报》1897年8月12日第1期,第5页。

"有意无意地流露出一种忠君报国的'谏士与谋士'身份"①，伴随民族意识的觉醒和政府统治合法性的危机，一部分文人将转向"革命"的宣传，所以在晚清的舆论中，"革命"与"排满"是文人论政传统的一种超越表现，章太炎也从寻求体制内变革转向了"革命"的鼓吹，时代造就他成为"支那的卢梭"。②

三 章太炎办报内容的三个方面

纵观章太炎一生所举办之报刊，就其报刊内容而言，主要集中在革命宣传、舆论监督和保存文化这三个方面，③结合表中所列，其实，章太炎所撰写的文章并非畛域分明，很多时候他的文章是将政治和学术融合为一体，所以，并非政论类的报刊中就没有学术的文章，这只是就其报刊之大类而言。

首先，就革命宣传而言，主要集中于1900年至民国成立这一阶段，"苏报案"和任《民报》主编是章太炎最重要的报业实践活动。对于"排满革命"的宣传，章太炎居功至伟，使他成为与孙中山、黄兴并称的革命元勋。在1900年之前，章太炎还有一段"以革政挽革命"，倾向改良的报刊活动经历。这一时期，章太炎积极宣传变法，提倡实学、西学，并翻译西书，还致力于学会的建设，直到1900年7月，唐才常在上海成立中国议会，推容闳、严复为正、副会长。章太炎"先作一状，请严拒满、蒙人入会，会友皆不谓然，愤激蹈厉，遽断辫发，以明不臣满洲之志，亦即移书出会。"④章太炎公开与清廷和保皇党人决裂，正如他自己所言："繇是言之，满洲弗逐，欲士之爱国，民之敌忾，不可得也。"⑤

---

① 倪琳：《近代中国舆论思想变迁》，上海交通大学出版社2012年版，第187页。

② 日本学者北一辉在《支那革命外史》中提出这一说法，转引自［日］岛田虔次《章太炎的事业及其与鲁迅的关系》，载于章念驰编选《章太炎生平与思想研究文选》，浙江人民出版社1986年版，第192页。

③ 尚丽新：《"纪念章太炎先生逝世七十周年国学国际研讨会"综述》，载于《文艺研究》2006年第11期，第164页。

④ 章太炎：《致〈中国旬报〉》，载于马勇编《章太炎书信集》，河北人民出版社2003年版，第54页。

⑤ 章太炎：《〈客帝〉匡谬》，载于《章太炎全集·訄书（初刻本）》，上海人民出版社2014年版，第120页。

其次，在舆论监督方面，主要体现在民国建立之后，章太炎任《大共和日报》社长的这一阶段则最为典型，《大共和日报》确立之方针在于监督政府，"铸造健全之舆论"，要努力做到"风听胪言，高位之所有事，直言无忌，国民之所自靖"。① 自共和报之后，章太炎没有再主持过政论型的报刊，但是，他以报刊为阵地，通过政论、电文等方式关注时局、建言献策，却是终其一生的。

最后，章太炎通过学术期刊这个平台以达到保存文化之目的。《国粹学报》之宗旨为："发明国学，保存国粹。"② 章太炎在主编《民报》时大力提倡国粹思想，他在《演说录》中阐明国粹蕴含在历史之中，包括"语言文字、典章制度和人物事迹"③，并力图用国粹激发国人的爱国情感，使之不得枯竭。新文化运动以来，针对学界出现的疑古思潮，章太炎认为民国以来，清代公羊之学虽然已经衰败，"而疑古之说代之，谓尧舜禹汤皆儒家伪托。如此惑失本原，必将维系民族之国史全部推翻，国亡而后，人人忘其本来，永无复兴之望"④。章太炎对于保存中国传统的文化存有一种责任感，这种情感源自他青年时代对于本国学术的自信，他在《自述治学功夫及志向》中总结道：

> 夫国于天地，必有与立，所不与他国同者，历史也，语言文字也。二者国之特性，不可失坠者也。昔余讲学，未斤斤及此，今则外患孔亟，非专力于此不可。余意凡史皆春秋，凡许书所载及后世新添之字足表语言者皆小学。尊信国史，保全中国语言文字，此余之志也。⑤

相比《民报》时期，章太炎更加注重语言文字的地位，他将历史与语言文字等视为决定国性的基本要素。章太炎在《〈华国月刊〉发刊辞》

---

① 斐青：《本报百六十日之回顾》，载于《大共和日报》1912年6月21日第1版。
② 《〈国粹学报〉略例》，载于《国粹学报》1905年2月23日第1期。
③ 太炎：《演说录》，载于《民报》1906年7月25日，第6号，第9页，科学出版社1957年版。
④ 章太炎：《自述治学功夫及志向》，载于文明国编《章太炎自述》，人民日报出版社2011年版，第69页。
⑤ 同上。

中对于国粹的认识，与《国粹学报》时期基本保持了一致，他认为"寝假至于亡国，而学术不息"，"国粹沦亡，国于何有？"① 关于学术与国家存亡的辩证关系，将在第六章中以"学战"的视角加以阐述，详见后文。中西"学战"的观念对于章太炎那一辈学者影响深远，直到《制言》杂志发刊时，我们依然能够看到章氏对于盲目崇拜西学者的批判，《〈制言〉发刊宣言》中指出："今国学所以不振者三"，第三即是"新学之徒以一切旧藉为不足观也"。② 章太炎始终站在民族主义的立场上看待中国文化的存在，他将中国的国粹视为"国性"所在，所以在 20 世纪 20 年代以后，章太炎最后所主办的两种学术刊物，继续以弘扬国学为职志，形成一种与官方学术期刊相颉颃的局面。

四 结语

章太炎是一位集政治家、学者、教育家于一身的报人，他在受到良好的传统经史教育之后，面对时代的救亡思潮，毅然走出书斋，开始了以文章启迪民智的报人生涯。章太炎之所以踏入近代报业，与他的家庭熏陶、浙江地域文化的深层脉络以及近代中国的思想潮流都密不可分，章太炎的办报活动贯穿了他的一生，政治与学术双向并进，在报业领域，他在革命宣传、舆论监督和保存文化这三个方面都取得了巨大的成就，他缜密的思想留给后人很多有益的思考，他对于国学的保存、研究和传播更具有深远的意义。

---

① 章太炎：《〈华国月刊〉发刊辞》，载于汤志钧编《章太炎政论选集》（下册），中华书局 1977 年版，第 780 页。

② 《发刊宣言》，载于《制言》1935 年第 1 期，广陵书社 2009 年版，第 5 页。

第三章

1900年前章太炎的办报活动

自1897年1月到1900年3月，章太炎所参与的报刊先后有《时务报》《经世报》《实学报》《译书公会报》《昌言报》《台湾日日新报》《亚东时报》。章太炎经由晚清著名报人梁启超和汪康年的邀请，分别加入《时务报》和《昌言报》的编辑工作，又由于和康有为、梁启超派的学术立场歧异而离开《时务报》。他从《实学报》和《台湾日日新报》的去职，同样由于和主办者思想观点难以一致，表明了章氏思想和性格中的耿介与直率。这里要特别提到《台湾日日新报》，该报是章氏在辛亥革命前所供职的唯一日报，他以记者和特约撰述的身份参与报务。旅台期间，章太炎撰写了大量政论和诗文。[1] 章太炎先后参与的这七份刊物，供职时间都较为短暂，大致都不超过半年。三年之中，章太炎熟悉了报业和报务，也是他成为政论巨子的萌发阶段，正如谭嗣同在致函汪康年、梁启超时称："贵馆添聘章枚叔先生，读其文，真巨子也。"[2] 戊戌前后，章太炎的思想逐步由改良转变为革命，在政治领域，章太炎积极宣传维新变法，他的政论融合了中西学说；在学术领域，他的研究正处于中国传统学术转型的萌发期，所以，章太炎的办报活动不仅体现了他的思想变迁，更处于学术思潮变迁的"存在之链"中。

---

[1] 大陆学术界研究章太炎与《台湾日日新报》关系的论文有三篇可以参考。分别为(1) 容谷：《章太炎旅台事迹考略》，载于《复旦学报（社会科学版）》1980年第5期；(2) 汤志钧：《章太炎在台湾》，载于《社会科学战线》1982年第4期；(3) 李德霞：《章太炎在台湾的新闻活动考述》，载于《台湾研究》2009年第3期。

[2] 谭嗣同：《致汪康年、梁启超书》，载于《谭嗣同全集》，生活·读书·新知三联书店1954年版，第371页。

一 章太炎办报之思想基础

戊戌变法前后,维新派所主持的《国闻报》和《时务报》在国人心中的影响巨大,使民众渐次接触到西方新的思想和学说,报刊的作用也逐渐为时人所注意。《亚东时报》中所刊发的昆山读者来稿正表明了这一点,作者称:"支那自前明以来,邸钞盛行,如顾亭林辈,往往阅之以资见闻,是以有《郡国利病书》之作。固士夫论议趋重报章之权舆哉。乃者寰海大通,益规仿泰西而有日报、旬报之设,其中惟《申报》最早,而继踵而兴者,亡虑数十百种。诚以报章体要,所以瀹民智、伸国力,通中外之机键,司政学之喉舌者,至切深而著明也。意者此数十年间,一洗悍陋迂拘之习而日进文明欤。"①陈虬在《论报馆足翊政教》一文中指出,泰西因为广设日报、月报而使君民之间得以互通,信息得以传播,"夫报则有行之者矣,夫一家之亲,有与共兴,一国之君,有与共成。故政谋之密勿,而布于文诰则行,教修之夙夜,而敷于庠序则明"。②对于报馆功能的认识,当以《时务报》主笔梁启超的见解最具代表性,他在《时务报》第一期的开篇社论《论报馆有益于国事》中论述道:"觇国之强弱,则于其通塞而已。血脉不通则病;学术不通则陋;道路不通,故秦越之视肥瘠,漠不相关;言语不通,故闽粤之与中原,邈若异域。惟国亦然。上下不通,故无宣德达情之效,而舞文之吏,因缘为奸;内外不通,故无知己知彼之能,而守旧之儒,乃鼓其舌。中国受侮数十年,坐此焉耳。去塞求通,厥道非一,而报馆其导端也。"③梁启超视报馆的首要职责在"去塞求通",报刊"宣德达情"之功用是为变法制造舆论,章太炎对于报刊的认识,可以说与上述各报的观点相差无几。章太炎在《译书公会叙》中曾指出他对于办报的看法,"以草莱数人,仅若秭米,而欲绅五洲书藏之秘,以左政法,以开民智,斯又夸父、精卫之续也。"④"左政法"与

---

① 徐友谅:《论海上各报之弊》,载于《亚东时报》1899年7月2日,第10册,第3—4页。
② 陈虬:《论报馆足翊政教》,载于《经世报》1897年8月,第1册,第30页。
③ 梁启超:《论报馆有益于国事》,载于《时务报》1896年8月9日,第1册,第3页。
④ 章炳麟:《译书公会叙》,载于译书公会报报馆编《译书公会报》1897年11月1日,第2册,中华书局2007年版,第3页。

"开民智"可谓是章太炎在戊戌前后对于报刊功能的最核心表述。那么，章太炎办报的思想来源又有哪些呢？从《经世报》和《实学报》这两份报纸的名字可以得到一些启示。

（一）晚清经世实学与传统学术的初次转型

王仁俊在《实学报启》中明确办报宗旨道："本报之设，以讲求学问、考核名实为主义，博采通论，广译各报，内以上承三圣之绪，外以周知四海之为，故名《实学报》。"① 章太炎在其撰写的《实学报叙》中也指出，"空不足持世，惟实乃可以持世"，"持之有故，言之成理"乃可称"实事求是之学"。② 那么，《经世报叙例》中也提到该报的发刊目的："迩者，倭衅甫平，君咨臣儆，不忘在莒，大破忌讳，中外报馆，悉许创开，于是胜流翔奋，新报骤起，若上之《时务》、澳门之《知新》、湖南之《湘学》、温州之《利济》，就所见者，皆忧时君子发愤而作……隐任《春秋》经世之责，无忘同舟共济之怀，助聪导察，庶几小补云尔。"③ 陈虬在《经世报叙》中进一步阐发道："今之言变法者，动欲步武泰西，一若中法举无可采。然试问俄、法、英、德、花旗、日本各雄国，植民之政，其教养生聚，有能出吾唐虞六府、《洪范》八政、《周官》三百六十属之外者乎？机器制造，术诚巧矣，然溯其源流，皆仅得吾周、秦诸子之绪余。是则亚洲之不振也。岂真中学之不逮泰西耶？抑亦吾学不修，久久而失其传耳。"④ 陈虬所言，目的在于托古改制，为国人学习西方技术制造合理化的舆论。晚清时期，"经世"和"实学"具有密切相连的内在逻辑，如学者所言："从'经世之学'意义上使用'实学'概念，是中国实学的基本内涵。"中国所谓实学，实际上就是从北宋开始的"实体达用之学"，所谓"达用"，在实学家那里，又有两层含义：一曰"经世之学"，即用于经国济民的"经世实学"；二曰"实测之学"，即用于探索自然奥秘的自然科学。⑤ 学者认为："近代新学在中国的发生发展，固然深受西学的刺激和影响，但它毕竟不是西学的简单位移"，"晚清经世实学的兴

---

① 王仁俊：《〈实学报〉启》，载于《实学报》1897 年 8 月 28 日，第 1 册，第 63 页。
② 章炳麟：《〈实学报〉叙》，载于《实学报》1897 年 8 月 28 日，第 1 册，第 3 页。
③ 《〈经世报〉叙例》，载于《经世报》1897 年 8 月，第 1 册，第 3 页。
④ 陈虬：《〈经世报〉叙》，载于《经世报》1897 年 8 月，第 1 册，第 5 页。
⑤ 葛荣晋：《中国实学思想史》（上卷），首都师范大学出版社 1994 年版，第 4—9 页。

起，为中国'古学'向近代'新学'的转变提供了内在的契机。"① 章太炎在晚清经世思潮和西学东渐潮流的熏染之下，面对"天地闭、贤人隐之世"，他批判道："往者士大夫不思经世之业，而沾沾于簿书期会，以为大故，震荡回薄，以有今日，此上天所以哀下民，使无佚乐。故议变法者，吾党之责也。"② 章太炎在这一时期秉持经世之志办报，他所撰写的文章也体现了经国济民的"实学"特点。政论则主要谈内政和时事、制度、舆地、史事沿革、译述西书，学术文章也能够针砭时弊、匡正旧说，颇"近切时事，上通经史诸子之微言"。③ 学界普遍认为《论亚洲宜自为唇齿》一文是章氏最早发表的一篇政论，学者马勇分析此文道："本文在写作方法上可以概见，章太炎后来数十年一贯风格，那就是标新立异，决不说别人常说的话，没有新话就不说。"④ 不论是办报，还是撰写政论，章太炎独立的个性都表露无遗，这是他"自贵其心，不以鬼神为奥主"之人生观的写照。⑤

此一时期，章太炎参与报刊的过程与晚清传统学术的转型有密切联系。学者杨念群根据清代江浙地区所形成的名物训诂与经典考据学的传统分析，他得出结论说："用数之有形阐释'理'之无形，用技艺'实学'拓展'格致'的传统界限，是江浙形成的'地域小传统'中深刻影响知识群体的两大思想特征。"杨念群先生以儒学的地域化作为研究对象，的确不同于传统的学术史著作，按照江浙所形成的用"实学"拓展"格致"的思路，他进一步认为："第二个思想特征则体现于江浙文人总是把理论的探讨落实于器技工艺或经典训诂的'实学'层面上。"⑥ 浙江地区经典训诂的"实学"传统在近代能够更好地与西方器物之学相吻合，所以章太炎的学术与思想正是在这样一种背景下孕育而出的。章太炎所主持的报刊、撰写的文章和举办的学会，无不体现着"实学"精神，章太炎的世

---

① 冯天瑜、黄长义：《晚清经世实学》，上海社会科学院出版社2002年版，第584—586页。
② 章炳麟：《变法箴言》，载于《经世报》1897年8月，第1册，第24页。
③ 《兴浙会章程》（续），载于《经世报》1897年8月，第3册，第6页。
④ 马勇：《章太炎邹容》，团结出版社2011年版，第26页。
⑤ 太炎：《答铁铮》，载于《民报》1907年6月8日，第14号，第114页，科学出版社1957年版。
⑥ 杨念群：《儒学地域化的近代形态：三大知识群体互动的比较研究》，生活·读书·新知三联书店1997年版，第310—311页。

界观和中西文化观也深受江浙"地域小传统"的影响。王尔敏先生以报刊为视角,看到了《实学报》对传统经学的解构,表现出的一种新气象,他曾概括道:"到甲午战后(1895),国人深具反省,遂至而有翰林王仁俊创刊《实学报》,湖南学政江标创刊《湘学新报》,鼓吹提倡'实学'……二人之共同点,则是绝不再重视经学,使此沿贯三千年的学术主体,从此被放弃不用。而转向于完全转换内涵的实学,正是表现这个时代走上学术转型之第一步。"戊戌时期正是中国传统学术转型之萌发期,章太炎的论说"俱已表现吸纳西方学问,开展世界眼光为一致目标"。① 这一时期章太炎所发表的文章,大部分都是经世之作,经学文章只有《今古文辨义》一篇,学术论文也充满新意,言前人所未言,见解独特。在《台湾日日新报》之中,章太炎撰有《摘楞严经不合物理学两条》《东方格致》等系列文章,他努力吸取西方近代自然科学和哲学知识,细心寻绎中国古代哲学遗产中的精华,对长期统治着人们头脑的正统哲学世界观展开了批判。② 章太炎在《台湾日日新报》和《清议报》中刊发的文章都集中在1899年旅台期间,他这一时期的文章充满了对康有为、梁启超等维新人士的同情,并表达了对清廷当局的不满,排满意识逐渐鲜明,但还没有完全走上革命的道路。

(二) 对维新变法之宣传

戊戌变法时期,章太炎认为维新之要务在于"以革政挽革命",所谓革政即是"礼秀民,聚俊材"。③ 章太炎利用报刊积极宣传变法维新,在《读〈日本国志〉》一文中,他称赞了日本经过维新之后出现的兴盛局面,"天特使日本盛衰兴替之际,前于今三四十祀,其亦哀夫黄种之不足以自立,而故留弹丸黑子以存其类也。及夫倾否之泰,哲王生焉。太阿既返,长子主器,顺天革政,蔚为望国。"④ 章太炎积极为变法宣传制造舆

---

① 王尔敏:《晚清实学所表现的学术转型之过渡》,载于《中央研究院近代史研究所集刊》,2006年6月,第52辑,第19—32页。

② 姜义华:《章太炎思想研究》,中国人民大学出版社2009年版,第68页。

③ 章炳麟:《论学会有大益于黄人亟宜保护》,载于《时务报》1897年3月3日,第19册,第6页。

④ 章炳麟:《读〈日本国志〉》,载于译书公会报报馆编《译书公会报》1897年11月15日,第4页,中华书局2007年版,第3页。

论，其目的正在于"使孤陋者不囿于见闻以阻新政"，① 章氏在《变法箴言》一文中对那些虚骄自满的持"西学中源"论者进行了批判，他说："自瀛海论作，而又知声光电化之学，其原亦具于周、秦诸书也，其过者以为欧人之艺，皆祖祢亚洲，比于伯宗之攘善，斯稍稍夸誕矣。"②《变法箴言》一文深刻地剖析了变法人士中存在的弊病，章太炎将其归纳为"华妙"和"猝暴"两类。"华妙之子，耻功利为不足卹，而骛心于教之流别，必假贷于浮屠以为宠灵。"章氏认为明季士人以谈禅为荣，"志节虽盛，而其气皆窊，无能济变。"相比之下，晚清士人"志节远不逮明人，而循其谈禅之轨，则士气愈委靡，民志愈涣散"，依靠他们变法更是无望。针对"言猝暴"者，章氏认为他们"见西法之效，以为驰骋上下，无曲折可以径行也；又取夫后王之政而暴施之于百年以前也"。章太炎认为"猝暴"之士所渴望之事有二，其一，"晞民主"；其二，"张议院"，这种构想"无异于行未三十里而责其百里也"。章氏认为"猝暴"者对于国政的态度是错误的，他们"守故而迂，求新而妄诞，其持之未有故，其言之未能成理，使听者眩于名实，愦眊不渫，则发政益懦缓无期会，而祸本以成"。最终，他总结道："病华妙者，吾惧其不以身殉也；病猝暴者，吾又惧其妄以身殉也。"③ 章太炎批判激进的"猝暴"者急于将西方制度引入中国，他对于国政的理解也是基于中国文化的特性，即所谓"言语、风俗、历史。三者丧一，其萌不植"。④ 章氏基于对国性的深刻认识而形成的文化观，在戊戌时期就已经萌发了，王玉华教授认为这是由章太炎的民族思想"所导致的'多元主义'与'相对主义'的价值理念"。⑤ 多元主义的文化观是章太炎一生所秉持的一种价值取向，第六章论述《国粹学报》时会继续提到。

《变法箴言》一文不仅宣传和反思了维新变法，章氏在此文中还对变

---

① 章太炎：《〈正学报〉缘起》，载于汤志钧编《章太炎政论选集》（上册），中华书局1977年版，第60页。

② 章炳麟：《变法箴言》，载于《经世报》1897年8月，第1册，第27页。

③ 同上书，第24—27页。

④ 章太炎：《哀焚书》，《章太炎全集·訄书（重订本）》，上海人民出版社2014年版，第328页。

⑤ 王玉华：《多元视野与传统的合理化：章太炎思想的阐释》，中国社会科学出版社2004年版，第189页。

法人士的道德和品行提出了要求,他指出:"变法者,非口说也,必躬自行之;躬自行之而不可济,必赴汤火冒白刃以行之。"这是讲求在经世实学传统指导之下的一种实行精神,他还强调:"当今之世,任变法者,吾未见其有面目黧黑、窍气不通者也;争变法者,吾未见其有面折廷诤、千人皆靡者也。嗟乎!人所以事事,赖此锐气与股肱之勤耳。"① 章太炎渴望具有雄毅之气的书生剑客,如同颜习斋、李刚主那样可以担负起社稷的重担。章太炎所提倡的"儒侠"精神和兵家之气魄在此时已经孕育,可以说,"儒侠"精神是章太炎在《民报》时期提倡以佛学鼓吹革命道德之"菩萨行"的一种过渡,这一问题将在第五章继续探讨。章太炎对变法人士道德的批判,可算作他在近代舆论中对党人道德批判的起点,章氏利用这一批判的武器,在近代历史中展开了对维新派—新党—革命党—政党党员(民国之后)的批判,他以道德为准绳,不避亲疏,由此,他还延伸至对学界人士的批判,这也是章太炎评论人物的最重要参照系。

二 维新遗产:"学会—报刊—学堂"三位一体

梁启超在《戊戌政变记》中总结了湖南、广东两省在维新运动中的表现,他在论湖南应办之事时指出:"欲兴民权,宜先兴绅权,欲兴绅权,宜以学会为之起点","至于新政之条理,则多有湖南所已办者,如矿务轮船学堂练兵之类,或克日开办者,如学会巡捕报馆之类"。② 梁启超在《时务报》中连载了《变法通议》,他在其中系统论述了学会、译书、各级学校对于国家、民众之利。从强学会、《中外纪闻》《强学报》到保国会、《时务报》,在他们的带领下,各地学会和报刊也纷纷建立,以时务学堂为代表的新式学堂也在各地出现,康有为、梁启超可以说是开维新风气的引领者和实践者。学者们也注意到维新运动中康有为、梁启超所确定的"报刊—学会—学堂"三位一体的连接方式。③ 根据梁启超的论述,本节标题将学会置于报刊之前,汤志钧先生所著的《戊戌时期的学会与报刊》也注意到了这一细节,他还辨明了学会与报刊之间的相互促进作

---

① 章炳麟:《变法箴言》,载于《经世报》1897年8月,第1册,第25页。
② 梁启超:《戊戌政变记》,岳麓书社2011年版,第194—200页。
③ 程丽红:《清代报人研究》,社会科学文献出版社2008年版,第171页。

用，他说："创办报纸以启迪民智，抑扬舆论；组织学会以团结'士群'，联结人才。以学会为'兴绅权'之'起点'，以报刊为'去废疾'的'喉舌'。且利用报刊宣传设立学会的必要，依靠学会以办理、销行报刊。"① 张玉法先生则进一步阐明了三者的职责分工，他说："大概说来，学会是运动的中心，书刊是宣传的媒介，学堂为讲学育才之地，宣讲则为结合志士、开通风气的门径。"② 章太炎深受戊戌时期变法思想的影响，他对于学会极为推崇，曾撰写《论学会有大益于黄人亟宜保护》一文表达自己对学会的肯定态度，他倡议"合耦同志，以建学会，于息壤之将陷，天保之未定，沈忧噍杀，朝夕讲贯"。章太炎之所以欣赏学会，原因在于建立学会乃由"士民任之"，"政府不能任"，所以不会出现处上位者"饩廪利禄以羁縻之"的情况，最终达到"昌吾学""强吾类"的局面。③ 章氏在《〈实学报〉叙》中更提出在全国普遍设置学会的想法，他说："吾不能，将设学会以羑致来者，嫥于江南则已陋，大淮以北，大汉以西，千里重跰而至者，则未有南荣趎其人也。"④ 章太炎参与举办的学会有兴浙会和译书公会，前者由章氏和宋恕、陈虬等于 1897 年 6 月发起于杭州，后者由章氏和恽积勋、董康等于 1897 年 10 月组织于上海。章太炎对于报刊的传播功能和形成舆论之效果，已经形成较为清醒的认识，他曾指出："今欲一言而播赤县，是惟报章。大坂之报，一日而籀读者十五万人；《泰晤日报》，一日而籀读者三十万人。以中国拟之，则不可倍蓰计已。"⑤

章太炎针对维新遗产中这三位一体的"学会、报刊和学堂"并非全部接纳，对于学会和报刊之实践，可谓贯彻其一生，而对于学堂则持批判态度。值得我们注意的是，章太炎批判学堂，而并不反对学堂，他所批判的学堂正是自维新以来由政府主导的教育改制之下的学堂。针对晚清"自

---

① 汤志钧：《戊戌时期的学会与报刊》（初版），台湾商务印书馆 1993 年版，第 17 页。

② 张玉法：《戊戌时期的学会（1895—1898）》，社会科学文献出版社 2000 年版，第 288 页。

③ 章炳麟：《论学会有大益于黄人亟宜保护》，载于《时务报》1897 年 3 月 3 日，第 19 册，第 3—5 页。

④ 章炳麟：《〈实学报〉叙》，载于《实学报》1897 年 8 月 28 日，第 1 册，第 4 页。

⑤ 同上。

京师立大学，各省立中学，各府县立小学，及专门各学"的局面逐步展开，①章太炎对学堂能否培养出救时人才提出质疑，他的质疑与其所秉持的传统学术教育的民间化立场密切相关。章太炎在《庚戌会衍说录》（又名《留学的目的和方法》）中详细地论述了他对于新式学校教育的见解，同时也谈到传统书院教育的价值。章太炎立论的观点是："中国几千年的历史，在官所教的总是不好；民间自己所教的，却总是好。"②他的这种学术立场在《国粹学报》中已经提出，可以参考第六章第一节子目下《作为传播媒介的论学信函》中相关内容。到了晚年，章太炎对于学校教育的弊病依然记挂于心，1924年8月他在《华国月刊》发表《救学弊论》一文，其中还称："人纪之薄，实以学校居养移其气体使然。"③章太炎并非反对学校教育，他于1901年8月在苏州东吴大学有过短暂任教，1926年他任国民大学校长，1929年任上海法科大学校长，本年章太炎还担任了上海中国医学院的首任校长。对于学会，章太炎更是推崇备至，且一生都在进行传统经、史的教育，东京、北京和苏州三次举办国学讲习会便是明证了。

三 以报刊开浙江风气之先

章太炎所创办的第一所学会是兴浙会，由他和董祖寿、连文澂等浙籍人士在杭州发起，据汤志钧先生的考释，他认为《兴浙会序》和《章程》很可能出自章太炎手笔，后来因为文中表现出的民族主义情绪，由许家惺重新撰写了章程，兴浙会也改名为兴浙学会。④那么，这份疑似出自章太炎的序文内容何以造成"嫌疑"呢？叙文中有称："当是时，金华屠，嘉兴残，二郡之间，僵尸蔽野，流血顷亩。嗟我浙人，盖无罪于天，而王师一至，芟夷斩艾，如草木焉。"⑤该文还表彰了浙籍历史名人共五人，分

---

① 康有为：《上清帝第六书》，载于汤志钧编《康有为政论集》（上册），中华书局1981年版，第215页。

② 独角：《庚戌会衍说录》，载于《教育今语杂志》1910年6月6日，第4期，第17页。

③ 章炳麟：《救学弊论》，载于《华国月刊》1924年8月15日，第1卷第12期。

④ 汤志钧：《戊戌时期的学会和报刊》（初版），台湾商务印书馆1993年版，第503—505页。

⑤ 《兴浙会序》，载于《经世报》1897年8月，第2册，第7页。

别是刘基、于谦、王守仁、黄宗羲、张煌言,皆是汉人中的杰出代表,其中刘基、黄宗羲和张煌言三人在异族相代之时都有所作为。该文经过《经世报》的宣传,应该能够激发浙江人民的民族主义情绪,当然,这也表明了兴浙会创办者的初衷。《经世报》与兴浙会联系紧密,他们共同构成了浙江士人宣传新法、新学的阵地。章太炎与浙江名士宋恕、陈虬共任撰述,"《经世报》主要结集浙藉人士,昌言经世,是以报章撰述,既以浙藉人士为多;所刊文献,也多浙省资料。"① 在苏报案爆发前,章太炎对于浙江新闻事业的贡献,主要集中在两个阶段。第一阶段即在戊戌前后,章太炎一方面撰写政论声援康有为、梁启超的变法运动,戊戌政变后,他在《台湾日日新报》中表达了对康、梁的同情并批评清廷的顽固势力。另一方面章氏积极致力于新学的传播,冯自由在《文学鼓吹与革命思潮》一文中对章太炎通过报刊宣传新学以开通浙江风气的功绩表示肯定,他说:"甲午中日战后,浙江风气大开,杭城诸士子日受外来思潮所刺激,渐知以办学设报为务,自余杭章炳麟迭主时务昌言亚东各报笔政,省中士绅以章氏邃于国学,多为感动,由是提倡设立学校研究中西科学者,颇不乏人。"② 第二阶段从章太炎1900年7月公开与清廷决裂到因"苏报案"而被关押上海西牢为止。章太炎通过撰写政论和《訄书》宣传革命,《苏报》时期的革命宣传影响犹烈,日本学者近藤邦康在研究辛亥革命思想起源的著作中指出:"浙江人崇拜章炳麟的学问,通过'苏报'事件,革命思想在浙江得到了普及,看了陶成章的《浙案记略》便可感到,在浙江派的革命运动中,似乎存在着一种相当接近章炳麟所谓的菩萨革命家的风尚——抗拒异民族王朝体制,作为民族之一员而反抗压迫,并以自己的流血牺牲来使人民发奋。"章太炎以知识分子的身份寻求与浙江会党的联合,并将自我的牺牲精神和革命思想的传播紧密结合,近藤邦康将"浙江派——光复会"作为革命派"三大主流派别"之一,③ 而浙江派的革命思想的核心传播者正是章太炎,而在"苏报案"之后,章太炎的声名和影响都波及了海外。柳亚子在《复报》刊发诗作《癸卯冬日有怀太炎威

---

① 汤志钧:《戊戌时期的学会和报刊》(初版),台湾商务印书馆1993年版,第514页。

② 冯自由:《文学鼓吹与革命思潮》,载于冯自由《革命逸史》(第五集),中华书局1981年版,第38页。

③ [日]近藤邦康:《救亡与传统——五四思想形成之内在逻辑》,丁晓强等译,山西人民出版社1988年版,第118—120页。

丹》，称："悲歌咤叱风云起，此是中国玛志尼。"① 章太炎在东京留学界的影响可以想见，这一时期是章太炎迈入职业革命家之酝酿阶段。

四 结语

宋恕在《〈经世报〉叙》中指出，"今赤县之民，有恒言曰：某学经，某学史，某学理，某学数，某学文，某学诸子，某学经世，经世别为学之一宗。于是世之昧于经、昧于史、昧于理、昧于数、昧于文、昧于诸子之学者，莫不以经世为逋逃薮。于是世之明于经、明于史、明于理、明于数、明于义、明于诸子之学者，激而避经世之名若污。"② 从宋恕的话中，我们可以看到晚清士民已经视"经世"为新学科的一种，致力于传统经、史之学的学者虽然极力"避经世之名"，但是，经世之学已经俨然成为客观存在的潮流。本文虽然谈论章太炎在 1900 年前的办报活动，却囿于资料和前人的研究成果，所以将章太炎的办报活动纳入晚清实学思潮中进行论述，并把章太炎办报中的学术表现放入戊戌维新时期中国传统学术转型的背景之下进行评述。这样做的目的是因为学术变迁所具有的"长时段"性，同时也为了后文论述章太炎与《国粹学报》之关系时引入"学战"理念埋下伏笔。戊戌变法留给新闻界的最重要遗产就是确立了"学会—报刊—学堂"三位一体的传播模式，章太炎批判性地继承了这一模式并且一生中都在实践。《民报》与东京国学讲习会，《制言》杂志与苏州章氏国学讲习会可谓是前后相承，一脉相传，他们在传播国学、保存文化、培养学术人才等方面对中国学术和文化作出的贡献是巨大的。章太炎在宣传维新变法之时，就开始关注维新士人中存在的弊病，进而开启了他对党人道德批判的先河，重视党人的道德问题，是章氏一生评价人物的一把重要标尺。从戊戌前后的办报经历到苏报案的爆发，章太炎在新闻界的影响也由江浙一隅而扩展至全国乃至海外，章太炎成为"革命圣人"也正是发端于"苏报案"，这将在下一章中详细论述。

---

① 亚庐：《癸卯冬日有怀太炎威丹》，载于《复报》1906 年第 3 期。
② 宋恕：《〈经世报〉叙》，载于《经世报》1897 年 8 月，第 1 册，第 6 页。

第四章

革命风潮之初盛：章太炎与《苏报》

"苏报案"在章太炎的人生历程中是具有转折性意义的重大事件，国内外舆论对此事件的关注，极大地增加了章太炎个人的声誉和知名度，他被塑造成"革命圣人"的形象。章太炎在为《苏报》撰稿之前，已经开始宣传革命，表现为他与保皇派的两次论战，章太炎分别撰写《正仇满论》和《驳康有为论革命书》与梁启超、康有为进行辩论，由于学界关注较多，本文则略去不论。《苏报》在国内革命宣传中树立了良好的典范，"苏报案"的发生更为革命风潮的高涨注入了强劲的动力，章太炎显然是那时的弄潮者。

一 作为《苏报》撰稿人的章太炎

伴随着革命风潮的高涨，时代需要革命理论素养深厚的革命理论家进行革命宣传和舆论动员。以章太炎、章士钊等人为群体的《苏报》宣传阵地便结集而成了。陈范接办《苏报》后，改变了《苏报》原来专发市井琐事、社会新闻的方针，成为政治色彩浓厚的报纸。[①] 1903年5月下旬，《苏报》社聘请章士钊为《苏报》主笔，聘请章炳麟、吴稚晖、蔡元培等人担任撰述。《苏报》中刊发的章太炎的文章篇目有《客民篇》《序〈革命军〉》《驳〈革命驳议〉》《康有为与觉罗君之关系》《狱中答〈新闻报〉》。[②]

[①] 薛理勇：《旧上海租界史话》，上海社会科学院出版社2002年版，第59页。

[②] 《狱中答〈新闻报〉》一文为章太炎在狱中所撰，托人带出刊发于《苏报》，据《申报》1903年7月7日所刊载的《发封〈苏报〉》一文，另查阅《苏报》停版前最后一期为1903年7月7日发行，是为第2513号。由此可知，《苏报》被租界工部局派巡捕封闭的时间应该是1903年7月7日。

《苏报》编辑者将章太炎之《驳康有为书》进行摘编后，以《康有为与觉罗君之关系》为名重新刊发，这是章太炎被牵涉"苏报案"的原因所在。现将其他文章分别作以叙述，《客民篇》一文在思想上可谓和章太炎是一脉相承，且文中又提到章太炎于《訄书》首倡"客帝"思想，很可能是章太炎所作。该文分析客民产生的原因在于："客民者即从客帝逼桫而出者也，此客帝盘踞之久也者，悉取主人而奴之，奴之眼光殆无往非其主人。故二百五十年亦无以为客，而必欲屏之也者，是非颠倒之既久，而乃以其主人跳踉之难制者，外之为客民。"① 该文名为说解客民，实为批判、攘逐客帝。这表明章氏已改变对"客帝"的看法，在《客帝》一文中，他还称道："且夫今世，则又有圣明之客帝，椎胸啮臂，以悔二百五十年之过矣。"② 在撰写1902年的《〈客帝〉匡谬》和1903年的《驳康有为书》之后，③ 我们看到，章太炎的思想自庚子之役后逐步发生了变化，在1903年爱国学社教学及学界风潮爆发之时，已可见其坚定的革命之志。笔者以为，《客民》一文最大的价值则在于其揭示了民权的伟大之处，在帝制的时代，它明确指出所谓"客民"应该攘逐"客帝"成为国家之主人。"非漫曰主人，主人己也，必先认明主人之位置，扩充主人之能力，而后享有主人之特权。然则国也者，果谁之国也耶？其能归之简单孤独、异族相凌之朝廷？抑归之胶黏集合同胞一体之民党也耶？近世有叫号于志士，旁魄于国中之一绝大名词曰：国民是其主人之位置，可不问而知，既有位置，则其能力，其特权，吾将次第以谋之，又乌有听人作主、自甘废弃之所谓客民、客民云云者哉？"最终，作者寄希望于所谓"客民"，未来"客民"称号必将"普被中国之将来之享主人之特权者"。④ 以小见大、借喻以讽今，其影响在当时应该是振聋发聩的，此文无疑又为

---

① 《客民篇》，载于《苏报》1903年6月3日，第2479号，载于罗家伦主编《中华民国史料丛编》，中国国民党中央委员会党史史料编纂委员会，1983年。

② 章太炎：《客帝》，载于《章太炎全集·訄书（初刻本）》，上海人民出版社2014年版，第68页。

③ 章太炎在1900年7月后手校《訄书》，后又撰写了《〈客帝〉匡谬》，反省了自己的"与尊清者游"和"苟且之心"。收入他1902年所"删革"的《訄书》，1904年在日本出铅印本，称"重订本"。

④ 《客民篇》，载于《苏报》1903年6月3日，第2479号，载于罗家伦主编《中华民国史料丛编》，中国国民党中央委员会党史史料编纂委员会，1983年。

第四章 革命风潮之初盛：章太炎与《苏报》

清廷控告《苏报》馆增添了一项罪证。然而，从"客卿—客帝—客民"这一系的论说，表现了章太炎在面对时局危机之下，力图从中国传统文化中寻找变革资源的探索，他不愧是"有思想的学问家"。[①]

《序〈革命军〉》一文虽然不长，但却是体现章太炎关于舆论宣传、报刊文体和革命含义的重要文献。章太炎针对清廷统治"宰割之酷，诈暴之工"，社会各阶层人士皆有逐满之责，其分工不同而已，"材者张其角牙以覆宗国，其次即以身家殉满洲，乐文采者，则相与鼓吹之。"章太炎看到了文学之士可以利用手中妙笔生花，通过报刊阵地鼓吹革命、制造舆论。章太炎充分肯定邹容之文风，称其以"跳踉搏跃"之言"震以雷霆之声"；并以激烈之讽刺令"嚚昧若罗、彭诸子，诵之犹当流汗祇悔"；以平易之语言"为义师先声，庶几民无异志，而材士亦知所返"，最终是书可以化及"屠沽负贩之徒"，在他们之中开启智识之心，播撒革命种子。[②] 章太炎论述了他所谓的光复和革命之含义，"抑吾闻之，同族相代，谓之革命；异族攘窃，谓之灭亡；改制同族，谓之革命；驱逐异族，谓之光复。今中国既灭亡于逆胡，所当谋者光复也，非革命云尔。容之署斯名，何哉？谅其所规画，不仅驱除异族而已，虽政教学术、礼俗材性，犹有当革者焉，故大言之曰革命也。"[③]

《革命驳议》刊发于《中外日报》1903年6月8日、9日两日，[④] 当时，上海著名的报纸如《申报》《新闻报》《中外日报》都从自己的立场报道了苏报案。《申报》立场守旧，《中外日报》与《新闻报》趋新。所以围绕着《革命驳议》一文，引发了包括《苏报》《申报》《新闻报》和香港的《华字日报》在内的一场报界论战。《革命驳议》一文从理论上而言并无创新之处，也不可能超出康有为《答华商书》的论述范畴。它继承了保皇立宪的立场，宣言革命必招致西方列强干涉，从而内乱不已。本

[①] 陈平原：《后记》，陈平原、杜玲玲编《追忆章太炎》，生活·读书·新知三联书店2009年版，第463页。

[②] 章炳麟：《序〈革命军〉》，载于《苏报》1903年6月10日，第2486号，载于罗家伦主编《中华民国史料丛编》，中国国民党中央委员会党史史料编纂委员会，1983年。

[③] 同上。

[④] 《中外日报》，日刊，1898年5月汪康年、汪大钧、曾广铨三人集资在上海创办《时务日报》，同年8月改为《中外日报》，由汪仲阁为经理，叶浩吾为主笔。持论颇具清议之风，支持政府开展维新并推动宪政改革。

文值得注意之处有两点，其一，《中外日报》批评革命之说则从反面说明了革命风潮的不可遏抑，此文认为从前持革命之议者"仅自与其徒党，议之于私室而已；近乃明目张胆，于稠人广众之中，公言不讳，并登诸报章，以期千人之共见"。① 其二，此文鉴于如前文所述章太炎《驳康有为书》中所言之"不自由，毋宁死"的呼号，从民智角度力图进行辩解和遏制。文中阐述道，人民对于"何者为自由，何者为不自由，彼初不知之，故以自由之说，诏中国细民而导其革命，是由享爰居以钟鼓，衣沐猴以文绣，徒觉其无益而已。"②

这一次，章太炎集合了众人之力集体作答，这在报刊史上也可以说是值得称道的，《驳〈革命驳议〉》一文乃章氏与柳亚子、蔡冶民、邹容合撰。③ 此文针对《中外日报》所贬抑之民权和自由高声呼吁："使革命思想能普及全国，人人挟一不自由毋宁死之主义，以自立于扶挏大地之上，与文明公敌相周旋，则炎、黄之胄，冠带之伦，遗裔犹多，虽举扬州十日、嘉定万家之惨剧，重演于二十世纪之舞台，未必能尽歼我种族。"对于国民依然启迪他们从奴隶根性中觉醒而为国家之主人翁，为"造成我新中国前途"而革命。但是，在奋勇的革命言辞之下，我们也看到了作者所表现出的理想主义的激进成分，"及大功告成，天下已定，而后实行其共和主义之政策，恢复我完全无缺之金瓯，则所革者政治之命耳，而社会之命，未始不随之而革也"。④ 这种革命宣传中的激进主义成分，与当时《苏报》积极致力于宣传无政府主义思潮是密切相关的，革命宣传中所蕴含的理想主义的信念则普遍存在于革命党人中间。

---

① 《革命驳议》，载于章士钊编《苏报案纪事》，见罗家伦主编《中华民国史料丛编》，中国国民党中央委员会党史史料编纂委员会，1983年，第113—114页。

② 同上书，第117页。

③ 四人合撰之说乃是根据柳亚子《我和言论界的因缘》一文的记载，此文刊于《逸经》杂志1936年第1期，第23—24页。章士钊后来在回忆录《疏黄帝魂》一文中说是他所作（见《辛亥革命回忆录》第一集，文史资料出版社1981年版，第250页）。从本文文风来看，确系不是一人而为，特别是最后一段和邹容的《革命军》里的文风几乎一致，所以笔者认为本文应该是四人合撰。

④ 汉种之中—汉种：《驳〈革命驳议〉》，载于《苏报》1903年6月12日/13日，第2488号/2489号，载于罗家伦主编《中华民国史料丛编》，中国国民党中央委员会党史史料编纂委员会，1983年。

第四章　革命风潮之初盛：章太炎与《苏报》

《新闻报》自 1893 年创刊之后，① 秉持的是维新倾向，1903 年之后开始倡言革命思想，针砭时弊，然而却在"苏报案"发生后，当年 7 月 5 日发表《论革命党》一文，攻击章太炎、邹容等人的革命行为。

　　章太炎、邹容、陈范当作《革命军》、序《革命军》、刊《革命军》之时，早已拼诸一死，岂有就缚而畏死之理哉？使三人果流血也，则可以为义勇队之光，可以树国民会之帜，天下万世或谅之也。顾以吾今之所闻于三人尚不能称其为大勇者，何哉？夫三人，辩士也，能为文章万言，岂不能对公堂一语？律师之请，其胆怯耶？一不可解也；三人者，守汉法者也，律师非汉法，三人以畏死而意在由律师强辩，然则律师律中之理未必即为三人意中之理，三人之宗旨在不畏死，律师之宗旨在脱离一死，辗转失真，二不可解也；三人欲杀满洲人，则满洲人之拿获三人治罪，三人无可辞也。如果始终不改流血宗旨，何为不自请解往北京以申其不认满洲之理，而必恃在租界听审，希图有所保全。然敢言者非恃其胆，恃租界之地耳！三不可解耳。章太炎、邹容、陈范皆壮士也……然而吾于其请律师代辩，又恃在租界听审，一冀幸免，则不壮之也。呜呼！吾不知革命诸人其思想果何等之思想。②

章太炎果真被此文激怒，他在狱中写了《狱中答〈新闻报〉》一文托人带出在《苏报》上发表，以示革命之志。他认为租界当局之所以不愿意将他和邹容引渡给清政府，原因在于："租界权利为外人所必争，坚持此狱，不令陷入内地。"③ 关于聘请律师问题，也确实不是章太炎等人主动提出，而是按照 1869 年租界会审公廨章程，第一次审讯的被告辩护律师博易、雷满由工部局出面代为延请，第二次审讯时被告的辩护律师是

---

①　《新闻报》创办于 1893 年，初期由中外商人合资，1899 年福开森（John C. Ferguson）购得股权。苏报案发生时，《新闻报》老板是福开森，总经理汪汉溪，总主笔金煦生，在 1900 年销数已达 12000 份。参见王敏《苏报案研究》，上海人民出版社 2010 年版，第 98 页。

②　《论革命党》，载于《新闻报》1903 年 7 月 5 日，转引自王敏《苏报案研究》，上海人民出版社 2010 年版，第 99 页。

③　章炳麟：《狱中答〈新闻报〉》，载于《苏报》1903 年 7 月 6 日，第 2512 号，载于罗家伦主编《中华民国史料丛编》，中国国民党中央委员会党史史料编纂委员会，1983 年。

爱立司、高易，第三次审讯被告的辩护律师是爱立司和琼司，后两次审讯的辩护律师大致是章太炎在中国教育会的朋友林獬、黄宗仰等人代请的。从文章最后章太炎针对新闻记者的话语来看，他的确十分气愤，所以他在文中不仅自剖昔日仇恨满洲之心迹，而且激烈地向世人宣告道："逆胡羶虏，非我族类，不能变法当革，能变法亦当革；不能救民当革，能救民亦当革。"① 这些言论又为清朝政府控告他增添了两条罪证，然而事实证明，这次《新闻报》的刺激行动，正是一场被清廷操纵的阴谋。据光绪二十九年闰五月十二日兼湖广总督端方致福开森转金煦生电："六犯皆系中国著名痞匪，竟敢造言污毁皇室，妨害国家安宁，与国事犯绝不相同，务将此义著为论说，登诸报端。该犯已干众怒，此报一出，众论翕然，不必游移。"② 又据光绪二十九年闰五月十三日福开森致兼湖广总督端方电："再金令世和未奉文电之先，已著《革命党论》讽激。"③ 可见，设计阴谋激发章太炎发表《狱中答〈新闻报〉》的幕后人正是端方和《新闻报》老板福开森、总主笔金煦生三人。

二 1903年革命风潮中之《苏报》

章士钊在回顾"苏报案"时曾指出："查清末革命史中，内地报纸以放言革命自甘灭亡者，《苏报》实为孤证。此既属前此所无，后此亦不能再有。"④《苏报》何以从市井小报转型为革命宣传之喉舌，这与1903年的"学界风潮"和迅速发展的革命形势密切相关，报馆馆主陈范转向革命之宣传，主要是受到当时革命浪潮之推动，还有一些具体的因素。⑤ 中

---

① 章炳麟：《狱中答〈新闻报〉》，载于《苏报》1903年7月6日，第2512号，载于罗家伦主编《中华民国史料丛编》，中国国民党中央委员会党史史料编纂委员会，1983年。

② 《光绪二十九年闰五月十二日兼湖广总督端方致福开森转金煦生电》，载于《中国近代史资料丛刊》编委会、中国史学会《辛亥革命》（一），上海人民出版社1957年版，第416页。

③ 《光绪二十九年闰五月十三日福开森致兼湖广总督端方电》，载于《中国近代史资料丛刊》编委会、中国史学会《辛亥革命》（一），上海人民出版社1957年版，第416页。

④ 章行严：《苏报案始末记叙》，载于《中国近代史资料丛刊》编委会、中国史学会《辛亥革命》（一），上海人民出版社1957年版，第388页。

⑤ 对《苏报》急速宣传"革命"的原因分析，可以参考徐中煜所著《清末新闻、出版案件研究：1900—1911——以"苏报案"为中心》一书，上海古籍出版社2010年版，第三章第三节相关内容。

第四章 革命风潮之初盛：章太炎与《苏报》

国教育会和爱国学社的建立，促进了《苏报》的转型。下面有必要对上述两组织进行简单之介绍，冯自由在回顾两组织建立之背景时称1901年至1902年"两年为上海新学书报最风行时代"，到1902年春，"旅沪志士余杭章炳麟，常熟黄中央（释名宗仰，别号乌目山僧），山阴蔡元培，阳湖吴敬恒诸人，以译本教科书多不适用，非重新编订完善，不足以改良教育，因联络海上有志之士，发起中国教育会为策动机关"。① 蒋维乔先生则认为该会乃是"表面办理教育，暗中鼓吹革命"，② 蔡元培任会长，中国教育会兼具教育国民和秘密传播革命的双重性质。1902年11月上海南洋公学发生学潮，致使全体学生罢课，在中国教育会的帮助下，退学学生于当月16日在上海南京路福源里成立爱国学社，蔡元培任总理，吴敬恒任学监，章太炎、蒋维乔、蒋智由等人为义务教师，章士钊则是退学学生的领导人物。爱国学社因经费不足，与《苏报》相约，"每日由学社教员七人轮流担任撰著论说一篇，而苏报馆则月赠爱国学社百金"，"《苏报》遂为爱国学社师生发表言论之园地"。③ 章太炎时任学社三、四年级之国文教员，章氏在《自定年谱》中回忆道："会公学生与任事者交恶，相率退学，鹤觑就租界设爱国学社处之。招余讲论，多述明清兴废之事，意不在学也。"④ 当时上海的张园成为爱国学社师生宣讲革命的重要平台，马叙伦在回忆录中记叙了当时张园演说的场景，"张园开会照例有章炳麟、吴敬恒、蔡元培的演说，年青的只有马君武、沈步洲也夹在里面说说。遇到章炳麟先生的演说，总是大声疾呼的革命革命；除了听见对他的鼓掌声音以外，一到散会时候，就有许多人象蚂蚁附着盐鱼一样，向他致敬致亲，象征了当时对革命的欢迎，正象现在对民主一样。"⑤ 可见，革命风潮来临之时，章太炎积极开展排满的革命宣传工作。章士钊受到章太炎、邹容革命思想的影响，"苏报案"由此而激发，章士钊在回忆中记叙

---

① 冯自由：《革命逸史》（初集），中华书局1981年版，第115—116页。
② 蒋维乔：《中国教育会之回忆》，载于陈平原、杜玲玲编《追忆章太炎》，生活·读书·新知三联书店2009年版，第151页。
③ 张篁溪：《"苏报案"实录》，载于《中国近代史资料丛刊》编委会、中国史学会《辛亥革命》（一），上海人民出版社1957年版，第368页。
④ 章炳麟：《太炎先生自定年谱》，载于沈云龙主编《近代中国史料丛刊》（第六十八辑），文海出版社1966年版，第19页。
⑤ 马叙伦：《我在六十岁以前》，生活·读书·新知三联书店1983年版，第20页。

了当时的情形，"先是炳麟与容偕吾同居一学社中，约为兄弟，甘心狙击"，邹容慨叹道："革命非公开昌言不为功，将何处得有形势已成之言论机关，供吾徒恣意挥发为哉？"① 1903年5月27日章士钊接任《苏报》主笔，《苏报》对革命之宣传则更加气势如虹。《苏报》所宣传之内容和揭评之事项为后世革命报刊树立了良好的典范，颇具启迪之功，其揭评内容大致包括五个方面。其一，批判官报，重视报馆之监督价值。其二，关注学界风潮，批评官方学堂。其三，批判国民之奴隶根性。其四，《苏报》还致力于宣传社会主义和无政府主义思潮。其五，《苏报》批驳保皇言论，矛头直指清帝。《苏报》刊发《康有为》一文，该文首先针对康有为所撰之《答华商书》进行批判，指出康氏"间接以乞怜于满清政府耳，以为革命风潮日甚一日，而逋臣有为不敢辜恩。有用我者，决能打消全国之激徒而保圣清子孙万世之业"。作者在文中言明："戊戌之保皇不能行于庚子之勤王，庚子之勤王不能行于今后之革命。革命之宣告殆已为全国之所公认，如铁案之不可移。"② 章士钊将章太炎所撰《驳康有为书》摘录而成《康有为与觉罗君之关系》一文进行刊发，章太炎的文章直指清帝本人，声动海内，其文中力揭保皇立宪之谬，最后称"载湉者，固长素之私友，而汉族之公仇也"③。章太炎的这篇文章可以称为《苏报》中"排满"舆论之最高代表，正如《苏报》在广告中所介绍的，"康有为《最近政见书》力主立宪，议论荒谬。余杭章炳麟移书驳之，持矛刺盾，义正词严，非特康氏无可置辩，亦足以破满人之胆矣。凡我汉种，允宜家置一编，以作警钟棒喝"。④

上述《苏报》所努力开展的五个方面之宣传，可以视为章太炎在主编《民报》之前的一种过渡形态，章太炎虽然只为《苏报》撰稿，但由于他和主笔章士钊的关系，使得他可以接触报社的核心组织和策划，《苏

---

① 章行严：《苏报案始末记叙》，载于《中国近代史资料丛刊》编委会、中国史学会《辛亥革命》（一），上海人民出版社1957年版，第387页。

② 《康有为》，载于《苏报》1903年6月1日，第2477号，载于罗家伦主编《中华民国史料丛编》，中国国民党中央委员会党史史料编纂委员会，1983年。

③ 《康有为与觉罗君之关系》，载于《苏报》1903年6月29日，第2505号，载于罗家伦主编《中华民国史料丛编》，中国国民党中央委员会党史史料编纂委员会，1983年。

④ 《新书介绍》，载于《苏报》1903年6月20日，第2496号，载于罗家伦主编《中华民国史料丛编》，中国国民党中央委员会党史史料编纂委员会，1983年。

报》自然也会对章太炎产生影响。章太炎在《民报》时期注重国民道德之改造和加强对留学生群体的宣传，并且关注无政府主义思潮的影响，都可以从《苏报》中找到相类似的因子。只有先了解《苏报》对革命的传播和"苏报案"对于章太炎个人之影响，我们才能够更好地解读章太炎在《民报》时期的作为。

三 "苏报案"对章太炎个人之影响

1904年5月21日，南洋大臣特派员上海知县汪瑶庭和英国副领事翟理斯宣布了"苏报案"的判决结果。关于章太炎和邹容的部分为："至邹容作《革命军》一书，章炳麟作《訄书》，并作《革命军序》，又有《驳康有为》一书，言语纰缪，形同悖逆。彼二人者同恶相济，罪不容恕，议定邹容监禁两年，章炳麟监禁三年，罚作苦工，以示炯戒。限满释放，驱逐出境。"① 在"苏报案"发生之后，邹容和沈荩的命运无形中影响了章太炎的生命轨迹。

在《狱中与威丹唱和诗》中章太炎回忆道："威丹既殁，白人稍善视余，使任执爨之役，因得恣意啖食。余之生，威之死为之也。"② 章太炎对于邹容的先己而去，表示无比的悲痛，并且隐隐地表露出自责之情。章太炎在狱中听闻沈荩被清廷杖毙之后，在《浙江潮》第七期（1903年9月11日出版）发表《狱中闻沈禹希见杀》以表哀悼之情，之后又在《浙江潮》第九期（1903年11月18日出版）发表了《祭沈禹希文》，深深地表达了对牺牲志士的缅怀和渴望暴风雨涤荡旧污之世的激切之情。同年，章太炎还为章士钊所著的《沈荩》一书撰写了序言。沈荩虽然和章太炎在上海有过交往，但并不能算至交，他对这位志士的就义为何这般挂怀，原因应该是章太炎在狱中听闻正是沈荩的死才促使北京的各国公使最终决定拒绝将章、邹二人引渡给清政府，这亦是生者对于死难者无形中留下的惠泽的一种酬答。章太炎在《祭沈禹希文》中指出："不有死者，谁申民

---

① 《照录来折》，载于周勇编《邹容与苏报案档案史料汇编》（下册），重庆出版社2013年版，第606页。

② 章太炎：《狱中与威丹唱和诗》，载于汤志钧编《章太炎政论选集》（上册），中华书局1977年版，第255页。

气? 不有生者, 谁复九世?"① 由此, 我们看到章太炎准备在狱中继续斗争, 不做无谓的牺牲, 为了死去的同志, 未来推翻清廷的重任还有待生者去完成。正如学者李振声所说: "就学问思想与个人精神生命实感之间的关联而言, 能达到章太炎这样深切程度的, 又能有几人呢? 这样一种与生命的决绝相扶翼的学问和思想, 的确不是常人所能承当的。"②

章太炎对于佛学之兴趣乃是有一个逐步接受的过程。章太炎在《自订年谱》中有过叙述, 起先三十岁时他对佛学是"不甚好", "偶得《大乘起信论》, 一见心悟, 常讽诵之"。到1904年他记述道: "始余尝观《因明入正理论》, 在日本购得《瑜伽师地论》, 烦扰未卒读, 羁时友人来致; 及是, 并致金陵所刻《成唯识论》。役毕, 晨夜研诵, 乃悟大乘法义。威丹不能读, 年少剽急, 卒以致病。"③ 他在狱中诵读最多的就是《瑜伽师地论》了, 他回忆狱中和邹容探讨佛经时的情景: "两个日会聚说经, 亦时时讲佛典。炳麟授以《因明入正理论》, 曰: '学此可以解三年之忧矣。'"④ 当然, 章太炎在狱中读佛典悟到大乘妙义, 乃是其一生中思想的重要转折点, 如学者麻天祥所论: "后因苏报案囚系上海, 在狱中研读法相宗典籍。法相宗烦难艰涩却具有高度理性思维特征的名相分析与这位朴学大师的思维方式相契合, 使他开始转向纯理性思辨的道路。他援西入佛, 以佛解庄, 为构建其法相唯识哲学奠定了坚实的基础。"⑤ 正是"苏报案"的人生之厄, 促使章太炎系统地学习了法相唯识宗著作, 有学者认为, "对于有的思想家和作家来说", "监狱倒是很好的写作工作室"。⑥ 所以也就有了后来章氏主编《民报》时期读者对他只作"佛声"的批评, 这不得不说是因缘际会了。佛学对于章太炎人生的影响, 可能在人生危难

---

① 太炎:《祭沈禹希文》, 载于《浙江潮》1903年11月18日, 第9期, 载于罗家伦主编《中华民国史料丛编》, 中国国民党中央委员会党史史料编纂委员会, 1983年。

② 李振声:《作为新文学思想资源的章太炎》, 载于《书屋》2001年第8期, 第22页。

③ 章炳麟:《太炎先生自定年谱》, 载于沈云龙主编《近代中国史料丛刊》(第六十八辑), 文海出版社1966年版, 第15—20页。

④ 章炳麟:《赠大将军邹君墓表》, 载于周勇编《邹容与苏报案档案史料汇编》(下册), 重庆出版社2013年版, 第447页。

⑤ 麻天祥:《佛学与人生——近代思想家的佛教文化观》, 中州古籍出版社1993年版, 第228页。

⑥ 唐文权、罗福惠:《章太炎思想研究》, 华中师范大学出版社1986年版, 第274页。

之时尤显得重要,"炳麟在狱三年无憔悴容,盖得力于内学也"①,后面还有日本人的牢狱等待着他。

四 国内外舆论与"革命圣人"

(一)舆论之关注

"苏报案"在审讯之时,已经成为国内外舆论关注的焦点,这也是因为此案牵涉中西的外交交涉和司法、风俗等方面的差异和碰撞,遂扩大了其作为新闻案件的影响。如本案的被告辩护律师琼司指出:"本案已经名声远扬,不仅在上海和中国引起人们的注意,而且英国、美国和其他国家对此也感兴趣,这对中国来说,牵涉比惩罚被关押者更重要的方面,这就是中国能否公正公平地审判被关押者。"另一位辩方律师西蒙也说道:"我同意我的朋友琼司所说的本案已具有公开性,自七月份以来,这些诽谤性出版物的一部分刊登在英国和欧洲报纸上,其结果是本案引起世界所有文明国家的关注。"② 目前初步发现中外参与报道"苏报案"的媒体有40多家。其中,外文报纸中关于"苏报案"的报道评论,《泰晤士报》37篇、《纽约时报》24篇、《洛杉矶时报》11篇、《字林西报》11篇、《华盛顿邮报》10篇、《文汇西报》9篇、《上海泰晤士报》8篇、《中法新汇报》8篇。甚至连很多新闻人不熟悉的《阿尔塔蒙特企业报》(美国)、《俄勒冈州晨报》(美国)、《海峡时报》(新加坡)、《新加坡自由新闻》(新加坡)、《悉尼先驱晨报》(澳大利亚)都对此有所报道。③《泰晤士报》称苏报案被关押者为"改革者"或者"主张改革的新闻记者",("Government and the Reformer Party", The Times, July. 1, 1903)《纽约时报》称章太炎等人为"中国的改革者",("Try to Suppress Chinese Reformers—Importance of the Supao Newspaper Case", The New York Times, Ju-

---

① 张篁溪:《苏报案实录》,载于《中国近代史资料丛刊》编委会、中国史学会合编《辛亥革命》(一),上海人民出版社1957年版,第385页。

② 《苏报案审讯记录》,载于周勇编《邹容与苏报案档案史料汇编》(下册),重庆出版社2013年版,第946—947页。

③ 《邹容与苏报案新闻报道》,载于周勇编《邹容与苏报案档案史料汇编》(下册),重庆出版社2013年版,第980页。

ly. 23, 1903) 或称为中国的"自由主义者"。（"Chinese Liberals Terrified", The New York Times, Aug. 3, 1903）① 同时，《纽约时报》还称赞"苏报案"的价值在于"对国内新闻业的发展将会产生影响，此乃这个国家最重要的思想启蒙途径"。② 王敏博士认为外文报纸在报道"苏报案"时乃是坚持西方的文化价值中心，笔者以为若是站在中国新闻事业现代性的角度来看，称章太炎为"自由主义者"并不为过，后文将略作探讨。

外文报纸的报道对"苏报案"起到了舆论督责作用，它们在引渡"苏报案"案犯问题上对上海各国领事和北京各国公使形成了舆论压力，并且积极报道案件进展情况，将信息反馈给各国人民，最终也对英、美等西方国家的决策产生了一定影响。现举几例加以说明，《捷报》针对美国总领事提出批评："至美总领事之徇私昧理，久与顽固诸华官通同一气，故于北京之杀沈荩，上海诸官之欲得《苏报》诸人，皆赞成之。……噫！美领事之用心亦险矣。"③《捷报》还批评各国领事在苏报案中表现出的无耻，"北京各公使，上海各领事，于《苏报》一案，未尝有所注意，吾固早已言之，而英署领事，默不一言，卒使各领事亦置之不问。如此举动，非特为西员之大耻，而各领事之对于被禁诸人，亦大失公平者也。六人被禁以来，已将四月，身在囹圄，一切自由之权，皆以消灭。最可怪者，受苦如此，而究未有一定之凭据，一定之罪状，长此以往，彼自亦不知何日得出此狱也，而上海输捐董事，亦久出捐以供六人牢狱之费。凡如此者，皆各领事无耻之行，有以致之。"④ 租界工部局的喉舌《字林西报》也表示对羁押人员的同情，"吾意诸人当可催促西官速结此案，惟闻六人中，有二人已经各领事商妥，照例治罪。然果确实，亦必在租界受罚，而必不使华官得以妄加非刑也。惟以吾观之，诸人当此炎暑之日，已经禁押多

---

① 王敏：《苏报案研究》，上海人民出版社2010年版，第124页。
② 《试图镇压中国的改革者——"苏报案"的重要性》，原载于《纽约时报》1903年7月23日，译文见徐中煜《清末新闻、出版案件研究：1900—1911——以"苏报案"为中心》，上海古籍出版社2010年版，第386页。
③ 《论北京总公使致上海总领事函》，载于《国民日日报汇编》（一），载于罗家伦主编《中华民国史料丛编》，中国国民党中央委员会党史史料编纂委员会，1983年，第113页。
④ 《苏报案不公之耻》，载于《国民日日报汇编》（二），载于罗家伦主编《中华民国史料丛编》，中国国民党中央委员会党史史料编纂委员会，1983年，第41页。

第四章　革命风潮之初盛：章太炎与《苏报》　　57

时，即使其有罪当罚，吾意亦不过如是"。① 法国媒体对于"苏报案"中的自首者以及他们反对清廷的勇气给予了肯定，"然诸报员等均能自首于雷霆威胁中，甚从容为辞，谓吾辈确是如此编纂，并尚有一苛刻反对满廷之宗旨。……今者吾等仍仰望吾北京代表者，体吾等下情，认可彼报员等云云"。② 若是从民族主义立场出发看待"苏报案"，则西方列强通过"苏报案"以强化他们在租界的领事裁判权和特殊利益是明显的，然而，这并不能否定当时外文报纸在反对工部局引渡章、邹等人方面所起到的舆论声援作用，从外文报纸对沈荩案件的大量报道和对章太炎和邹容作为"改革者"的同情便可以看到。据章太炎在1912年的回忆也可以佐证西方人士对狱中章太炎的关照之情，他说："予在牢中，有不相识之西人，亦时来视予。予在牢中，有西人携食物欲馈予，为巡捕所阻。"③ 经过国内外舆论的宣传，新加坡华侨也致电表示声援，据冯自由《华侨革命开国史》记述："当癸卯（一九〇三年）闰五月上海《苏报》案起，楚楠、永福及永福外甥林义顺愤清廷肆虐，特用小桃园俱乐部名义致电驻沪英领事，请援保护国事犯条例，勿将章、邹引渡清廷，以重人权。其后复集资翻印《革命军》五千册，改名《图存篇》，设法输入漳、泉、潮、梅各乡镇，广事宣传。"④ 在革命党人主办的报刊中更是积极宣传章太炎入狱的事迹，把他塑造成了"革命圣人"。柳亚子在《复报》第三号上发表《癸卯冬日有怀太炎威丹》，称章太炎为"中国玛志尼"。黄宗仰在《江苏》第六期（1903年9月21日出版）刊发了《寄太炎》和《再寄太炎威丹》两首诗以示纪念，《国民日日报》在1903年12月4日刊发署名前人的《赠太炎》一诗，在宣传章太炎和邹容革命业绩和无畏精神的同时，革命报刊利用"苏报案"的发生，揭露清政府的专制本质和奴役人民的罪行，在舆论上准备再次掀起一轮革命之风潮。

---

① 《论苏报事》，载于《国民日日报汇编》（一），载于罗家伦主编《中华民国史料丛编》，中国国民党中央委员会党史史料编纂委员会，1983年，第31页。
② 《论清国报员之祸》，载于《国民日日报汇编》（三），载于罗家伦主编《中华民国史料丛编》，中国国民党中央委员会党史史料编纂委员会，1983年，第651—653页。
③ 张庸：《章太炎先生答问》，载于汤志钧编《章太炎政论选集》（上册），中华书局1977年版，第263页。
④ 冯自由：《华侨革命开国史》，载于中国社会科学院近代研究所《近代史资料》编译室编《华侨与辛亥革命》，知识产权出版社2013年版，第52页。

（二）行动的自由主义者

余英时先生在《儒家"君子"的理想》一文中指出了西方世界对两种人生观的划分，进而总结了传统儒家的人生取向，他说道："在西方思想史上，自柏拉图、亚里士多德以来即有'静观的人生（vitacontemplative）'和'行动的人生（vitaactiva）'之分，而前者高于后者。……儒家自始即未走上此一动静两分的途径。它以自我为中心而展开的循环圈具有即静即动、即思即行的性格。"① 透过"苏报案"中章太炎的表现，我们看到他自从走出诂经精舍，踏上编辑报刊之路，从维新到革命"排满"，从反对专制奴役到争取言论自由，他关注并引领着舆论的潮流，进而去宣传自己的政治理想。章太炎一生"七被追捕，三入牢狱"，皆是因言获罪，在上海租界的会审公廨与清廷官员斗争，在东京地方裁判所为争取《民报》发行权利与日本政府对峙；民国之后，他以监督政府为职责，极力维护国家和人民之权利，进而被袁世凯幽禁；1927年，被国民党宣布为"反动分子"而通缉。这些行动都展现了章太炎的自由主义倾向，《纽约时报》称章太炎为"自由主义者"亦有可探讨之处。殷海光先生在总结自由主义者的个性特征时指出："一个真正的自由主义者，至少必须具有独自的批评能力和精神，有不盲从权威的自发见解以及不倚附任何势力集体的气象。"② 殷先生的概括完全可以作为章太炎人生和气质的写照。

梁启超在《清议报》时期，通过撰写《自由书》等文章比较系统地宣传了西方的三大自由，即思想自由、言论自由和出版自由。从那时起，中国的有识之士就开始积极争取言论自由的权利，章太炎耿介、独立的个性促使他从中国传统文人的"清议"传统自觉地过渡到对新闻自由的追寻。《民报》被封禁之后，章太炎在东京巡警总厅的斗争正表明他对言论自由权的珍视，他在警厅曾质问裁判长道："言论自由，出版自由，文明国法律皆然，贵国亦然，我何罪？"③ 可以说，章太炎是中国近代史上为数不多的具备自由意志的思想家。学者邓晓芒在阐释康德思想时指出：

---

① 余英时：《中国思想传统的现代诠释》，江苏人民出版社2003年版，第132—133页。
② 殷海光：《中国文化的展望》，商务印书馆2011年版，第269页。
③ 张庸：《章太炎先生答问》，钱须弥编《太炎最近文录》，国学书室，1915年，第111页。

第四章　革命风潮之初盛：章太炎与《苏报》

"康德认为，真正的自由应该是道德的，这就是道德自律。"① 章太炎努力鼓吹的革命者道德，正是建立在自由意志的基础之上，所以，章氏也是用自由意志指导实践的革命者。章太炎用生命的质感证实了他眼中的意志的运动方向，这种"意志脱离向暂时之善的堕落，转而喜爱永恒之善"②。从章太炎的人生历程来看，我们或许可以将他视为"行动的自由主义"者。③

五　"苏报案"之影响力

在"苏报案"交涉过程中，最为积极的地方官员乃是兼理湖广总督端方，在他所发出的电报中，我们能够看到清政府对于章太炎和邹容的态度，从侧面也可以窥见章、邹二人作为革命党人之影响力。"上海逆党凶悍已极，《苏报》专主杀满。四川巴县邹容所著《革命军》一册，章炳麟为之序，竟敢直书列圣庙讳，其悖逆语言不可胜计，为臣子者所不忍闻"。④ 又有称"上海逆首邹容著《革命军》，章炳麟作序，诋毁列圣，直斥庙讳，劝天下造反。"⑤ 据冯自由《革命逸史》记载："自蔚丹入狱后，所著《革命军》风行海内外，销售逾百十万册，占清季革命群书销量第一位。"又因为该书"通俗浅显，适合当时社会需要，几于人手一编，卒赖其言为驱胡建国之本，功不在孙、黄、章诸公下也。"⑥ 章太炎的政论与清末最畅销的革命小册子《革命军》相比，确实稍逊一筹，但是他为《革命军》作序也宣传和扩大了《革命军》影响，其功绩自然也不可小觑。章太炎自我评价称："余驳康书虽无效，而清政府至遣律师代表，与

---

① 邓晓芒：《人论三题》，重庆大学出版社2008年版，第73页。

② ［古罗马］奥古斯丁：《论自由意志：奥古斯丁对话录二篇》，成官泯译，上海人民出版社2010年版，第141页。

③ 《历史为什么没有选择自由主义——关于"中国近代自由主义"的对话》，载于郑大华、邹小站编《中国近代史上的自由主义》，社会科学文献出版社2008年版，第5页。

④ 《光绪二十九年闰五月初八日兼湖广总督端方致内阁大学士张之洞电》，载于《中国近代史资料丛刊》编委会、中国史学会《辛亥革命》（一），上海人民出版社1957年版，第446页。

⑤ 《光绪二十九年闰五月十三日兼湖广总督端方致"椿""正""闇"电》，载于《中国近代史资料丛刊》编委会、中国史学会《辛亥革命》（一），上海人民出版社1957年版，第455页。

⑥ 冯自由：《革命逸史》（第二集），中华书局1981年版，第49—50页。

吾辈对质，震动全国，革命党声气大盛矣。"①《江苏》杂志针对章、邹被禁锢评论道："今日《苏报》之被禁，章、邹之被锢，其势固已激荡于天下。然《苏报》何以被禁，章、邹何以被锢之一问题，出诸于一般国民者必多，则必应之曰：为逐满故。何为而逐满，则又必应之曰：为汉族受满族之荼毒已不胜其苦。……以次而互相问答，互相传说，一传十，十传百，百传千万。于是，排满之一主义，遂深入于四万万国民之脑髓中。"②又据上海《字林西报》评论："攻《苏报》者，非指为叛逆，即讥为疯狂。而不知人苟有心，真理不灭。《苏报》诸君子发为议论著于报端，而千万人观之，则其舆论之表同情者极不乏人。"③ 作为趋新士大夫的孙宝瑄，他也是章太炎的旧相识，从他的日记中我们可以看到在新旧思想交替之际，上层人士对于革命宣传者的看法则较为复杂。孙氏本人也表现出矛盾的认识，他首先肯定章太炎的行为，"今章炳麟亦以一人与一政府为敌，且能任意侮辱之，使不复得伸眉吐气，炳麟虽败亦豪哉！"④ 随后，他还指出章太炎："所为过激，然彼固以鼓动风气自认者也。孰知适足塞人聪智，阻人之开明，始愿不及也。"⑤ 由此，我们可以看到，新旧更迭之时代，正需要振聋发聩的启蒙之音。"苏报案"可以说正是晚清种族革命兴起的一个转折点，孙中山在《孙文学说》中评价"苏报案"道："此案涉及清帝个人，为朝廷与人民聚讼之始，清朝以来所未有也。清廷虽讼胜，而章、邹不过仅得囚禁两年而已。于是民气为之大壮。邹容著有《革命军》一书，为排满最激烈之言论，华侨极为欢迎；其开导华侨风气，为力甚大。此则革命风潮初盛时代也。"⑥ 孙中山还在《革命运动概要》中说："邹容之《革命军》、章太炎之《驳康有为书》尤一时传诵。同时内

---

① 章炳麟：《太炎先生自定年谱》，载于沈云龙主编《近代中国史料丛刊》（第六十八辑），文海出版社1966年版，第10页。

② 《咄！满汉两种族大争论》，载于《江苏》1903年6月25日，第4期，载于罗家伦主编《中华民国史料丛编》，中国国民党中央委员会党史史料编纂委员会，1983年，第119—120页。

③ 张篁溪：《苏报案实录》，载于《中国近代史资料丛刊》编委会、中国史学会《辛亥革命》（一），上海人民出版社1957年版，第381页。

④ 孙宝瑄：《忘山庐日记》，上海古籍出版社1984年版，第714页。

⑤ 同上书，第729页。

⑥ 孙文：《孙文学说》，载于《建国方略》，中国长安出版社2010年版，第70页。

外出版物为革命之鼓吹者，指不胜屈，人心士气，于以丕变。"① 可见，孙中山视"苏报案"为引发1903年革命初潮之重要事件。

笔者在第三章中已经提及，章太炎于甲午之后在江浙地区从事报业活动，他的道德文章深为江浙士子们敬仰，江浙风气大开。"苏报案"更是使章太炎的影响力剧增，根据冯自由的记载，"及章氏驳康有为政见书出。苏报案随之，革命言论轰动一世，民族思潮亦大膨涨于浙省各府县，言新学者遂多倾向革命一途"。② 在浙江金华，受到章太炎革命精神影响的主编张恭、刘琨、盛俊等人于1904年6月27日创办了《萃新报》；在重庆亦有受到章氏影响的报人卞小吾在1904年9月创办了《重庆日报》，后来卞小吾因支持四川人民收回川汉路权，被清廷逮捕，后被杀害于狱中。日本学者岛田虔次在其研究章太炎的论文中指出："在宣扬革命大义、掀起革命风潮这一点上，蜂起的孙文、黄兴，也不及太炎的言论。孙文在广州以及其他地区的起义以及《兴中会宣言》在当时也只不过是在边境或是在外国的局部地区的事件，还没有力量动摇中国一般知识分子的心灵。真正地去唤醒中国内地的知识分子的民族革命意识，而且使其对立于改革派的，无论怎么说，也应该是太炎的'苏报案事件'。"③ 笔者认为岛田虔次先生分析得很合乎情理，因为当时在国内的革命报刊主要集中在上海租界内和江浙地区，而孙中山所创办的《中国日报》毕竟在香港，在日本的留学生所办的刊物也不能在革命理论上有什么突破。所以，章太炎所主导的这一派革命报刊其价值并非海外的刊物可以比拟。

六 结语

章士钊、章太炎和邹容等人以《苏报》为阵地进行革命宣传，引发"苏报案"之发生，《苏报》与"苏报案"对海内外舆论之影响，成为革命初潮到来的重要准备。自1903年6月之后，章士钊对《苏报》的编排内容、版面等方面进行了一系列的革新，王学庄先生曾指出《苏报》"在

---

① 孙文：《革命运动概要》，载于《"中华民国"开国五十年文献》（第一编·第九册），中央文物供应社1963年版，第195页。

② 冯自由：《革命逸史》（第五集），中华书局1981年版，第39页。

③ ［日］岛田虔次：《章太炎的事业及其与鲁迅的关系》，载于章念驰编《章太炎生平与思想研究文选》，浙江人民出版社1986年版，第160—161页。

编排方面的一些具有创造性的改良,如用大号字或圈点来标明评论和新闻的关键内容,后来曾为《民报》《民立报》等革命报刊广泛运用"。① 不仅如此,《苏报》对《民报》的影响更体现在思想和内容方面,伴随张继和章太炎分别就任《民报》的发行人和主编,他们将《苏报》时期的一些宣传方式、方法和内容相继引入了《民报》之中,这些共通性的因子在后文的论述内容中将有所体现。②

　　章太炎在被拘押期间依然关心舆论界的发展,他对章士钊和张继等人在上海创办的《国民日日报》给予热情支持和指导,刘光汉、章士钊与蔡元培等人创办的《俄事警闻》也得到章太炎的帮助,此外,章氏对留日学生所办的《浙江潮》《江苏》等杂志也悉心指导。在狱中的三年,章太炎致力于佛典的研读和佛理精义的思索,同时还为《国粹学报》和香港的《中国日报》撰稿,这位"革命圣人"正在构想如何通过宗教提升人们的道德,章太炎在《民报》时期所开拓的革命宣传之新境界,可以说,在上海的西牢中已经埋下了种子。

---

① 丁守和主编:《辛亥革命时期期刊介绍》(第一集),人民出版社1982年版,第364页。
② 参见后文第五章中"君宪派所办报刊与《民报》的相关因子"一节内容。

第五章

从革命到启蒙：章太炎与《民报》

学术界关于《民报》时期之章太炎以及章太炎与《民报》关系等问题的研究，已经比较丰富，笔者在后文中将陆续提到。围绕《民报》时期章太炎的思想，君宪派与革命派以报刊为阵地的论战，学术成果也取得很多。但是，笔者发现，前辈学者的研究也存在一些问题，比如将君宪派与革命派的报刊活动视为完全的对立面，单就《民报》内的派别而言，学者又多褒扬孙中山一系。将章太炎及其弟子作为群体进行研究，我们清晰地看到，"学会—报刊"这一维新遗产在章太炎那里得到了很好的运用，这种模式上承戊戌下启民国，太炎弟子在东京得以第一次集结，开启了学术与革命传播的新局面。从东西方文化角度来重新检讨《民报》中章太炎一系的地位，可以使我们更加平等地看待《民报》中两大群体之间的关系。变换视角之后，我们发现《民报》的文体、传播对象、传播效力以及精英意识等问题，便亟待解决。如何看待章太炎和《民报》对革命舆论之构建，并非想象的那样简单，本研究并不局限于《民报》个案，将《新民丛报》与《民报》进行多角度的比较，梳理梁启超与章太炎之间在办报过程中的思想、理念之异同，力图从时代的共性处审视《民报》。从报刊的传播效力来看，《民报》致力于启蒙的不足，更使我们看到了《新民丛报》等报刊存在的价值。

一 章太炎及其主办之《民报》

（一）章太炎接手《民报》

1906 年 6 月 27 日，① 章太炎在西牢的三年刑期已满，孙中山派同盟

---

① 近代以来，海内外学术界皆认为章太炎在"苏报案"之后的出狱时间是 1906 年 6 月 29 日，本文采用刘泱育的研究成果将出狱时间定为 1906 年 6 月 27 日，详细内容可参考刘泱育《"苏报案"到底结束于何时?》，载于《国际新闻界》2011 年 2 月。

会东京总部代表龚练百、仇式匡、邓家彦等人前往迎接,随后章太炎在他们的陪同下,乘轮船前往日本。这是章太炎一生中第三次流亡日本了。

那么,孙中山为什么要请章太炎主办《民报》呢?原因大致有两个方面:其一,章太炎因为"苏报案"的发生而声名大振,在革命派及海内外各界人士中都有不小的影响力,且章氏有着丰富的办报经验,这在前面的章节中已经有详细的介绍。其二,章太炎国学精湛、学问渊深、文笔典雅,对西方学理也广泛涉猎并深有研究,所以孙中山等人聘请这样一位中西贯通的国学大师主办同盟会的机关报《民报》也是名至实归。孙中山在其所撰写的《中国革命史》中道出了其中的缘由:"余于乙未举事广州,不幸而败,后数年,始命陈少白创中国报于香港,以鼓吹革命。庚子以后,革命宣传骤盛,东京则有戢元丞、沈虬斋、张溥泉等发起《国民报》。上海则有章太炎、吴稚晖、邹容等,借《苏报》以主张革命。邹容之《革命军》、章太炎之《驳康有为书》,尤为一时传诵。同时国内外出版物为革命之鼓吹者,指不胜屈,人心士气,于以丕变。及同盟会成立,命胡汉民、汪精卫、陈天华等撰述《民报》。章太炎既出狱,复延入焉。"①另根据胡汉民的回忆,"章炳麟由沪狱出,至日本,《民报》已刊行半年,余让编辑事于章。精卫与余等已足制胜保皇党有余,故章未尝加入论战。章喜言佛学,其言政治则等于汉人以经断狱。整理国故,章所优长,而章不善用之;顾其文能模仿魏晋,故时人多重之。"②以上的评价是带有偏见的,更不符合历史事实,章太炎的政治论文为时人所重,并非仅仅因为文风模仿魏晋,而是其能够熔中西学理于一炉,并且能够逻辑严密、语言犀利地和论辩一方进行"战斗"。例如,在《民报》举办初期,面对君宪派译介西学的大师严复,胡汉民和汪精卫就显得很是窘迫。1904年严复译述的英国社会学家甄克斯的著作《社会通诠》正式刊行,他依据甄克斯社会形态三段式理论反对革命派所提倡的民族革命,在社会上影响很大。而胡汉民在《民报》第2号上发表的《述侯官严氏最近政见》亦不能透彻地进行批判。原因是"他们震慑于严复的权威、学识,都没有

---

① 孙中山:《中国革命史》,载于中山大学历史系孙中山研究室、广东省社会科学院历史研究室、中国社会科学院近代史研究所中华民国史研究室编《孙中山全集》(第七卷),中华书局1985年版,第64页。

② 胡汉民:《胡汉民回忆录》,东方出版社2013年版,第16页。

对严复的理论观点和政治立场进行直截了当的正面评论"。① 而章太炎的加盟并非如胡汉民所说章氏没有加入论战，他在《民报》第12号上发表的《〈社会通诠〉商兑》就是接续了胡汉民、汪精卫在《民报》初期与严复的论争，以更加缜密的思维对严复进行驳斥。光复会成员樊光在其回忆章太炎的传记中也证实了这种说法，他说："当时革命党则组织《民报》宣传革命，与之辩驳以抗之，但只胡汉民、汪精卫等主笔，何能抗衡梁启超手笔？追章先生任总编，亦邀刘光汉与胡、汪等均在内写稿，由成章先生为发行人，（后亦任一时期为主编），而总其成者则全为章先生。"② 当然，在办刊理念上章太炎与胡汉民、汪精卫之间的确存在分歧，他在回忆中记述道："余以胡、汪诘责卓如，辞近诟碎，故持论稍平。"章太炎本人对于所办《民报》的影响也倍感骄傲，他曾说："国内学子以得《民报》为幸，师禁之，转益郑重，化及全域，江湖耆帅皆愿为先驱。"③ 直到晚年，章太炎还在讲演中提到："自余主笔《民报》，革命之说益昌，入会之士益重，声势遂日张。"④ 当然，理念的不同，并非宗旨的相异，下面则继续论述章氏主办《民报》的理念。

（二）章太炎主办《民报》之理念

1. 《民报》革命宗旨的变与不变

章太炎自《民报》第7号起，始任编辑兼发行人，⑤ 除却停办后复刊的第25、26号以及中间因为脑病而暂停主持的第19至22号（第19号由张继负责，后面3号则由陶成章接手），主编之中他是主持时间最长久的。章太炎主持《民报》之后，他所撰写的部分文章是否继续代表了《民报》

---

① 姜义华：《章太炎思想研究》，中国人民大学出版社2009年版，第163页。

② 樊光：《光复会领袖章炳麟、陶成章合传》，载于章开沅、罗福惠、严昌洪编《辛亥革命史资料新编》，湖北人民出版社2006年版，第120—121页。

③ 章炳麟：《太炎先生自定年谱》，载于沈云龙主编《近代中国史料丛刊》（第六十八辑），文海出版社1966年版，第11页。

④ 章太炎：《民国光复》，载于马勇编《章太炎讲演集》，河北人民出版社2004年版，第182页。

⑤ 汤志钧所编的《章太炎年谱长编》和日本学者小野川秀美编的《民报索引》均认为《民报》自第七号为章太炎主编，学者王劲已有考证，可参考王劲《章太炎主编〈民报〉始自第七号》，载于《兰州大学学报》（社会科学版）1984年第1期。

所坚持的革命宗旨，对此学术界存在不少质疑的声音。具有代表性的著作就是陈孟坚所著的《〈民报〉与辛亥革命》，他认为："章太炎在《民报》中先后写文六十六篇，其中三十八篇文稿对于革命传播一无贡献，这些文稿多与鼓吹革命或阐扬三民主义无关，他大多数时间是在谈所专长的国粹（历史、人物、思想、典制）和佛学。故从定质分析去看他所扮演的角色，是混杂性的和游离性的。"① 朱维铮先生亦看到了《民报》时期章太炎关注重心的变化，"以'排满'为主题的论文，只占他在《民报》时期的论著的一小部分，而且，主要内容都是回答论敌的攻击"。② 其实，不仅现在的学者存有困惑，当时《民报》的读者就有质疑了。读者梦庵③当时就质疑"《民报》宜作民声，不宜作佛声也"，章太炎的回答坚定地认为提倡佛教并不违背《民报》的六大主义，"人果学佛，蹈汤赴火……作民德者，舍此无他术也"。④ 其实，章太炎早在《演说录》中已经表明了他对未来主办《民报》的指导思想，"至于近日办事的方法，一切政治、法律、战术等项，这都是诸君已经研究的，不必提起。依兄弟看，第一要在感情。没有感情凭你有百千万亿的拿破仑、华盛顿，总是人各一心，不能团结。……要成就这感情，有两件事是最要的：第一是用宗教发起信心，增进国民的道德；第二是用国粹激动种性，增进爱国的热肠。"⑤ 在第三章中笔者已经略微叙述了章太炎的革命观，他的革命即是"光复旧物"，他也不排斥邹容在《革命军》中提出的关于革命涵括社会习俗、文化变迁的内容，所以他的民族主义思想不仅仅指代"排满""反帝"这一层面的内容，这就决定了他的革命宣传中势必会有"国故民纪"的层面，这是由他对传统文化的高度责任心决定的，他绝不能容许"支那闳硕壮美

---

① 陈孟坚：《〈民报〉与辛亥革命》（上册），正中书局1986年版，第424—425、565页。
② 朱维铮：《音调未定的传统》（增订本），浙江大学出版社2011年版，第210页。
③ 梦庵，日本人武田范之，他在《东亚月报》第二号（明治四十一年六月出版）。"文苑"栏《寱语》中提出对章太炎《大乘佛教缘起说》的质疑。参见汤志钧编《章太炎年谱长编》（增订本·下册），中华书局2013年版，第664页。
④ 太炎：《答梦庵》，载于《民报》1908年6月10日，第21号，第127—129页，科学出版社1957年版。
⑤ 太炎：《演说录》，载于《民报》1906年7月25日，第6号，第4页，科学出版社1957年版。

第五章　从革命到启蒙：章太炎与《民报》

之学，而遂斩其统绪""国故民纪"绝于他之手中。① 章太炎常常举出他所敬仰的清初学者顾炎武搜集、考证金石资料的例子，他说："若顾宁人者，甄明音韵，纤悉寻求，而金石遗文、帝王陵寝，亦靡不殚精考索，惟惧不究，其用在兴起幽情，感怀前德，吾辈言民族主义者犹食其赐。"② 民国之后，章太炎参与政府对革命有功之人的稽勋工作，他在《稽勋意见书》中对《国粹学报》的创办人邓实有如下的描述："著《国粹学报》，发挥民族主义甚祥，鼓吹革命，足与《民报》比肩，以出版上海，故不能明斥清廷，然其流衍于人心者至矣。"③ 章太炎及国粹派同人大致都认可国粹可以激发民族主义的情感，皆有利于革命思想的形成和传播。④ 章太炎的民族主义不仅涵摄国粹，同时亦包括宗教，他在《驳神我宪政说》一文中指出马良所信仰的天主教中同样包括民族主义内容，其救民精神与大乘佛教是有共通性的，他说，"释教以王贼并称，而罗马教所奉《旧约·出埃及记》一篇，亦即民族主义，纤此净土天宫之想，以其头目脑髓持救汉民，则僧徒所有事""为民请命，是其故常"。⑤ 章太炎高扬宗教救世的理念，所以在他心目中像《大乘佛教缘起说》这般被梦庵称作对革命宣传最无贡献的文章，都具有弘道的效果，他阐述道："此《缘起说》，亦诚不离名相，有同史考，所谓提要钩玄而已。其他微旨，散在《民报》诸篇。"⑥ 那么，《民报》的革命宗旨有哪些？是否如章太炎所说的将微旨"散在《民报》诸篇"了呢？还有待继续探讨。

我们从《民报》前6号中已经可以窥见其刊物的宗旨，这些宗旨内容是与同盟会的三民主义、四大纲领相统摄的。孙中山在《民报》第一号

---

① 章太炎：《癸卯狱中漫笔》，载于文明国编《章太炎自述》，人民日报出版社2011年版，第49页。

② 太炎：《答梦庵》，载于《民报》1908年6月10日，第21号，第127—129页，科学出版社1957年版。

③ 章太炎：《稽勋意见书》，载于汤志钧编《章太炎政论选集》（下册），中华书局1977年版，第643页。

④ 对于这个问题，笔者在本书第六章《〈民报〉宗旨与〈国粹学报〉相通》和《〈国粹学报〉在学术界之影响力》两个小节中有进一步的论述。

⑤ 太炎：《驳神我宪政说》，载于《民报》1908年6月10日，第21号，第46页，科学出版社1957年版。

⑥ 太炎：《答梦庵》，载于《民报》1908年6月10日，第21号，第128页，科学出版社1957年版。

《发刊词》中概略地提到了《民报》之宗旨，他起先立足于三民主义的演进之理，阐释道："余维欧美之进化，凡以三大主义：曰民族，曰民权，曰民生。罗马之亡，民族主义兴，而欧洲各国以独立，洎自帝其国，威行专制，在下者不堪其苦，则民权主义起。"又说："今者中国以千年专制之毒而不解，异种残之，外邦逼之，民族主义、民权主义殆不可以须臾缓。"可见，他认为晚清中国急迫之务首在于民族主义和民权主义，所以他强调先解决政治斗争的问题。看似孙中山的民族主义只包括针对"异种"的"排满"和针对"外邦"的"反帝"，好像没有给章太炎的宣扬国粹留下什么余地，但是他在文章的最后部分还提到："惟夫一群之中，有少数最良之心理能策其群而进之，使最宜之治法，适应于吾群，吾群之进步，适应于世界，此先知先觉之天职。"[①] 孙中山所谓的"最良之心理"和"策其群"，正是对《民报》所需要的编辑人提出的要求，这种人才不仅应该有汪精卫、胡汉民这一类可以绍介西方政治理念的留学生，还应该有对中西文化都淹博贯通的宏学硕儒。这样，我们可以看到章太炎的佛学同样是为了唤起"沉梦不起"的国民，相比胡汉民宣传的国际法，只是路向不同而已。除同盟会的三民主义和四大纲领之外，《民报》的革命宗旨亦见于该报附在报末的《本社简章》第一款，称为六大主义，即颠覆现今之恶劣政府，建设共和政体，维持世界真正之平和，土地国有，主张中国、日本两国之国民的连合，要求世界列国赞成中国革新事业。[②] 胡汉民进而撰文将此主义分为对内、对外两大部分进行阐发，刊载于《民报》第3号，根据他的阐释，我们看到章太炎的文章之中从表面看来有不合建设民主共和之义的，如《代议然否论》中斥责代议制度和政党。陈孟坚先生认为"其实质与《民报》和同盟会的主张不同，为《民报》中的畸形论调"。[③] 大陆学者金冲及、胡绳武在论述章太炎与后期《民报》关系时认为："在政治上，他最突出的主张，是批判资本主义的议会制度，主张限制政府的权力，采取各种措施来保证平民应享的权利，以达到'恢廓

[①] 孙文：《发刊词》，载于《民报》1905年11月26日，第1号，第1—3页，科学出版社1957年版。

[②] 《本社简章》，载于《民报》1905年11月26日，第1号，无页码，科学出版社1957年版。

[③] 陈孟坚：《〈民报〉与辛亥革命》（上册），正中书局1986年版，第557页。

民权'的目的。"① 他们的观点显然认为章太炎的宣传依然在"恢廓民权"的道路上前行，我们还可以这样理解，如朱浤源所说，"排满与仇满不过只是革命宣传的工具""哲学在宣言革命的《民报》之中，只有工具性的价值"。② 章太炎对于《民报》的六大主义也有过补充说明，大陆学者赵金钰对此已经做过研究，这里不再赘述。③ 正是出于哲学思考的深沉和宏远，章太炎这样的思想家面对国家和社会呈现出的各种危机，必然有所思考，否定代议制度便是一例，这些设想我们不必把它们当作可行的现实来看待，若是把它们当作批判的工具来看就能合理地理解章太炎的良苦用心。否定代议是维护民权，又在于揭露清廷预备立宪的虚伪性，所以他的用心从根本上还是围绕《民报》中"民"这一核心展开的。

以上的论述，我们看到章太炎在宣传中所坚持的革命与学术的两条路径，1906年底章太炎与孙中山、黄兴等共同制定了同盟会《革命方略》，所以很难想象他所撰写和编辑的内容不围绕《民报》的办报宗旨开展。在保持前6号《民报》所宣传的民族、政治革命内容之外，章太炎所带来的这些新气象无疑为《民报》的内容和风格增添别样的光彩。章太炎在《民报》封禁事件之中与日本当局进行了有力的斗争，为了维护《民报》的合法权益，他再次展现了"苏报案"时那种不屈不挠的斗争精神，最终他在被短暂拘禁后获释。汤国梨在回忆录中特别提到《民报》经费的困难，太炎曾经因为无法偿还报社债务，被拘押数月。"刑满释放，太炎以再接再厉的精神，印发传单，继续鼓吹革命，要求贯彻《民报》发

---

① 金冲及、胡绳武：《辛亥革命史稿》（第二卷），上海人民出版社1985年版，第225—226页。

② 朱浤源：《同盟会的革命理论：〈民报〉个案研究》，"中研院"近代史研究所，1995年，第232—241页。

③ 赵金钰在介绍《民报》的论文中，指出章太炎对于胡汉民所解释的《民报》六大主义作了相应补充，章氏针对第四条补充道："'维持世界真正之平和'者，已明讥不维持世界之伪平和。真正平和云何？曰：使欧美人不得占领亚洲，使亚洲诸民族各复其故国而已。"又针对第六条，他继续补充说："'要求世界列国赞成中国之革新事业'者，此本含混言之，要之列国政府必不赞成，惟列国之个人为可。"（太炎：《答祐民》，载于《民报》1908年7月10日，第22号，第131页，科学出版社1957年版。）赵氏的论文载于丁守和主编《辛亥革命时期期刊介绍》（第一集），人民出版社1982年版。

表的六项主张。"① 这些都表现出章太炎对《民报》的珍视,也表明《民报》在革命宣传中的价值所在。有学者指出:"章太炎以经学大家,兼通内典,旁治训诂,富于民族思想,为文博征经史,评骘政教,陈义甚精,其发挥三民主义理论,殊途同归。"② 当然,学界对《民报》时期章太炎的研究还有不少未竟的领域,正如朱维铮先生所说:"那十年间,实践向章太炎提出了那么多问题,促使他的理论活动涉及到宗教、哲学、法律、历史、国家制度等等领域,形成了自己的思想体系;但由于旧的传统和新的思潮纷集于这一体系之中,因而它又充满着矛盾。……《民报》时期章太炎的思想,在当时影响很大,在后世争论很多,在如今仍然属于最易发生意见分歧的课题。"③ 章太炎与报刊的关系自然也属于这个未竟的课题,在下一节内容中,笔者将通过反观《民报》传播对象来揭示章太炎宣传国粹、宗教以及鼓吹侠风之后所达致的效果;另外,还将从《民报》和《新民丛报》的相似因子来审视那个时代综合性杂志(或者称作期刊)的普遍特点。最终,我们能够明了《民报》在注入新的内容之后,其在传统趋新士大夫和新式的知识分子中间更别具一番影响力了。

二 章太炎主持《民报》后的新开拓

(一) 新气象之总体概述

首先,在思想内容方面,章太炎喜谈学术思想,尤喜谈内典(佛学)与历史典制。学者陈孟坚总结为国粹和佛学。④ 学者曾永玲延续了陈氏的说法,朱浤源认为可以称为代表东方世界的国学,这和国粹基本是一致的,参见下一小节《〈俱分进化论〉对〈民报〉的思想统摄》相关内容的叙述。而孙中山一派则是代表西方世界的洋学。其次,主撰人员的地域分布方面,章太炎为代表的华中派,包括光复会和兴中会,而孙中山派为同

---

① 汤国梨:《太炎先生轶事简述》,载于陈平原、杜玲玲编《追忆章太炎》,生活·读书·新知三联书店2009年版,第77—78页。

② 徐詠平:《东京〈民报〉之研究》,载于李瞻主编《中国新闻史》,台湾学生书局1979年版,第211页。

③ 朱维铮:《音调未定的传统》,浙江大学出版社2012年版,第198页。

④ 陈孟坚:《〈民报〉与辛亥革命》(上册),正中书局1986年版,第424、456页。

第五章 从革命到启蒙：章太炎与《民报》

盟会，即华南派。第三，主撰人员构成方面，由上一层面决定，朱浤源详细做以划分，倾向章太炎的有汪东、陶成章、刘师培、汤增璧、易本羲、宋教仁、陈去病、柳亚子、黄季刚、苏曼殊、周作人、田桐等人；而孙中山派则有胡汉民、汪精卫、朱执信、廖仲恺、叶夏声、冯自由、马君武、雷昭性等人。第四，文风方面，章太炎派相比孙中山派文体更加典雅。第五，政治观方面，章太炎派提倡激烈的种簇革命，而孙中山一派则倡导民族、民权、民生三大革命并行，这一点与政党的政治取向有关。最后，思想基础方面，章太炎派倡导主体性道德哲学、无政府主义、俱分进化论，而孙中山派提倡民生主义、马克思主义、进化论。

章太炎自从《民报》第七号任主编之后，给《民报》带来了不少的新气象，内容方面可以归纳为三个方面：（1）反满革命，包含①用历史恢复汉种记忆，②揭露汉奸之非，③批判政闻社为首之立宪派，④将传统侠风融入暗杀风潮；（2）革命的启蒙（人是革命的主体），包含①高扬革命道德，②宣传无神宗教，③对无政府主义的宣传和批判；（3）哲学论证主体性道德哲学。章氏加入《民报》之前，《民报》的宣传主要围绕其革命宗旨而开展，同时，以汪精卫和胡汉民为代表的孙中山派人士同梁启超为代表的《新民丛报》进行了激烈的论战。章太炎并非没有参加论战，他刊发的《国家论》就是针对梁启超等君宪派的；另外他与严复围绕《社会通诠》的辩论同样激烈。在《新民丛报》停刊之后，梁启超等君宪派人士"是企图从言论转到实际的表现"，[①] 他们又举办了《政论》杂志和《中国新报》，[②] 章太炎所主持的《民报》继续担负起抗辩之责。

1907年3月4日孙中山被日本政府驱逐离开日本，随后胡汉民、黄兴和汪精卫跟随孙中山南下，指导华南地区武装的起义。学者陈孟坚比较关注这个变化对于《民报》的影响。他归纳出两方面变化："其一，伴随同盟会领导重心的南移，其舆论重心相应南移。其二，同盟会的工作重心由'文学鼓吹'转向革命行动（革命起义）。"陈孟坚主要引述了冯自由《革命逸史》中《中国同盟会史略》（第二集）、《南洋各地革命党报述略》

[①] 李新丽：《中国近代报刊与人的现代化——以梁启超的报刊活动为考察对象（1896—1907）》，复旦大学博士学位论文，2009年，第87页。

[②] 《政论》上海保皇党政闻社的机关报，1907年10月7日创刊，由蒋智由主编。《中国新报》清末君主立宪派的刊物，1907年1月20日创刊，在日本东京出版，月刊，由杨度、陈家瓒等主编。

（第四集）、《胡汉民讲述南洋华侨参加革命之经过》（第五集）中之相关内容进行补充说明："1907年8月20日，同盟会在新加坡创办《中兴日报》。其后革命报相继以踵。同盟会主将，自中山先生以下，胡、汪与田桐等《民报》旧侣，多曾南集参与报务。于是，革命思想宣传，以及对保皇会报刊的笔战，新加坡、仰光、曼谷等地，遂渐次取代东京，成为新的核心和高潮地区了。《民报》自此以后，转向守成和衰落的后半期。"① 以上，作者所言颇为夸大了孙中山一派在南洋进行舆论宣传所能达致的效果，自1907年3月孙中山南下之后，黄兴、汪精卫、胡汉民、田桐等亦相继南下，共同谋划举义。东京同盟会总部依然坚守，由刘揆一担任庶务，代行总理职务，但是由于孙中山带领部分同盟会核心干部南下，造成了领导重心的南移，谭人凤在回忆中说："中山舍广义而取狭义，组织南路同盟为大本营，而于东京本部从不过问，殊不谓然。"② 笔者认为不能因为同盟会领导重心的转移，就得出《民报》及东京革命派群体失去舆论核心地位的结论。不论是东京所拥有的留学生数量还是革命派所办报刊，都可称为革命思想的策源地和革命舆论的中心，而唯一能够与之相比较的就是国内的上海，而并非在所谓南洋地区。

《民报》自第14号始，因为胡汉民和汪精卫的南下，所以，报刊之中已不见他们的文章。从章太炎主编《民报》的第7号开始，到第十三号，乃是章太炎与胡汉民、汪精卫的合作时期，学者陈孟坚指出："《民报》发行到第12号的前夕，发行网与发行量，都趋近巅峰。"③ 这正是章太炎与胡、汪等人共同努力的结果。孙中山一系撰稿人的南下，促使章太炎开始重新组织《民报》撰稿群体，以章太炎的弟子和同人为核心的新阵营应运而生。《民报》第13号之后，至第24号，此一阶段为章太炎一系完全主导《民报》阶段，所以以上所述《民报》表现出的六点新气象则更为明显。在这一时段内，《民报》第20号至第22号为陶成章接任主编阶段，陶氏对《民报》的编排内容进行了一次革新，欲图"自二十期起改定篇次，专以历史事实为根据，以发挥民族主义"，目的乃是"期于激动

---

① 陈孟坚：《〈民报〉与辛亥革命》（上册），正中书局1986年版，第255页。
② 谭人凤：《石叟牌词叙录》，载于《近代史资料》，中华书局1965年版，第39页。
③ 陈孟坚：《〈民报〉与辛亥革命》（上册），正中书局1986年版，第254页。

感情，不入空漠"。① 这种分歧始于光复会与同盟会对三民主义认识之分歧，陶氏所提倡的"历史事实"正属于章太炎所倡导的对国粹之宣传，由此，也可见孙中山和章太炎对宣传内容之侧重点存在认识上的差异。民族主义为他们共同关注之命题，而对于民权和民生两大主义，章太炎一系人员则关注较少，特别是民生主义之下的社会革命问题则涉及更少。前文已述及孙中山在《民报》第1号《发刊词》中提出："余维欧美之进化，凡以三大主义：曰民族，曰民权，曰民生。"② 孙中山按照进化论的观点，视欧美各国社会的发展脉络"民族—民权—民生"这一顺序为普世皆可通行的社会进阶之理，章太炎赞同社会主义的平等之政，他说："然随顺进化者，必不可以为鬼为魅、为期望于进化诸事类中，亦惟择其最合者而倡行之，此则社会主义，其法近于平等，亦不得已而思其次也。"③ 章太炎对社会主义的认识与他对中国古代政治制度优劣之分析密切相关，他在《演说录》中指出："其余中国一切典章制度，总是近于社会主义，就是极不好的事，也还近于社会主义。"他进一步认为："我们今日崇拜中国的典章制度，只是崇拜我的社会主义。那不好的，虽要改良；那好的，必定应该顶礼膜拜，这又是感情上所必要的。"④ 章太炎对社会主义的这种认识之初衷，乃是要和中国的传统政治资源进行会通，而不是要全盘地引进所谓的社会革命。章太炎对于未来国家和社会的思考，首先就体现他在《民报》第7号刊发的《俱分进化论》一文。

（二）《俱分进化论》之指导意义

1. 《俱分进化论》对《民报》的思想统摄

学术界将《民报》之办刊宗旨及源流大致分为两派，学者朱浤源认为："在同盟会内部，也至少有代表国学的（或东方世界的）章太炎系与代表洋学的（或西方世界的）孙中山系。由于西方文明在十九、二十世

---

① 《本社特别广告》，载于《民报》1908年4月25日，第20号，科学出版社1957年版。
② 孙文：《发刊词》，载于《民报》1905年11月26日，第1号，第1—3页，科学出版社1957年版。
③ 太炎：《俱分进化论》，载于《民报》1906年9月5日，第7号，第13页，科学出版社1957年版。
④ 太炎：《演说录》，载于《民报》1906年7月25日，第6号，第12—13页，科学出版社1957年版。

纪蔚成时尚，得到举世风从的效果，孙中山系很自然就成了主流。章太炎系虽有若干重要差异，但基本上仍未悖离孙中山系主体理论。"① 这是从革命派内部所宣传的思想文化的特质出发，而将章太炎和孙中山两派作以划分，即分为东方文明和西方文明，也即从革命理念宣传的目的和内容加以区分。朱浤源还从《民报》作者群的角度将作者划分为华南派与华中派，"在这人数相当的两区域的撰稿人中，又分别有一年龄较长之人：华南地区为孙中山、华中地区为章太炎。这两个人都坚决主张革命，但主张的内容则有明显差异"。② 曾永玲在其论文《〈民报〉的两个思想流派》中，从思想特质上将《民报》分为宣传三民主义这一旗帜的孙中山派和以"宗教""国粹"相号召的章太炎派，作者认为："章太炎这一派的理论基础是虚无主义，从十四期以后，很多文章宣传悲观的虚无思想。"以揆郑的《人世之悲观》为代表，"有的文章完全陷入了虚无缥缈的学究似讨论"。③《民报》对三民主义的宣传不是本文主要讨论的内容，单就章太炎派而言，笔者以为，曾永玲所谓的"虚无主义"并没有真正理解章太炎的思想本质，所以就不能对其指导下的《民报》进行理性的解读。从章太炎的"俱分进化"思想到"五无"学说，这样深邃的思想其真谛为何，有学者这样揭示道："这种学说，充满了浓厚的悲悯恻怛之情，我们实可以称之为'慈悲的人本主义'，它与西方传统的人文主义思想是截然不同的，章太炎走的实是一条与西方的人文主义者根本不同的人文之路。高蹈太虚，进入'五无之境'，一了百了，固然可以使人类脱离苦境，但这一玄想，未免离现实社会太遥远了，未免太不合事理与人情了，就连章太炎自己也未必深信，他只反映了章太炎对于人类命运的同情与关怀。"所以，章太炎最终还是希望人类可以构筑"入世的宝筏"。④ 研究《民报》时，按照思想源流和特质将其分为不同的派别，这具有很显著的意义，避免了《民报》构建宣传舆论时的单一化倾向。

章太炎在《民报》第7号，也就是他主编的首期《民报》，发表了

---

① 朱浤源：《同盟会的革命理论：〈民报〉个案研究》，"中研院"近代史研究所，1995年，第2页。
② 同上书，第5页。
③ 曾永玲：《〈民报〉的两个思想流派》，载于《学术研究》1986年第2期。
④ 王玉华：《多元视野与传统的合理化：章太炎思想的阐释》，中国社会科学出版社2004年版，第232—233页。

《俱分进化论》。为什么他要首先提出"俱分进化"的思想理论呢？经过三年的牢狱生活和对佛学的研读、思索，章太炎对于社会、文明和人生都有了新的思考，进化论也自然成为他所反省的内容之一。学术界大都是从哲学史的角度来阐释章氏提出《俱分进化论》的意义和影响。从哲学层面而言，有学者分析道："与当时对进化论的普遍接受有所不同，章太炎以一种批判反省的眼光审视进化论。他对进化论的态度，是对其意义作了限定：进化论本质上是一个自然规则，无涉人道或价值领域，一旦在人道领域弥散开来，越界使用，则'进化论'就转化为'进化教'。"[①] 从"俱分进化论"产生的影响而言，有学者认为，章太炎"找不到善恶、苦乐的社会根源，他的'俱分进化论'不是向前看，而是朝后退，由此对社会进化的前景悲观、失望，从而走向了虚无主义"。[②] 和学者曾永玲一样，许多学者都认为章太炎在《俱分进化论》提出之后，走向虚无、悲观。对于这种悲观，章开沅先生的阐释则比较合理，他对俱分进化论的理解是："并非绝对排拒近代文明，而是比较清醒地看到近代文明日益显露的弊病，并且为人类文明发展的前途担忧。如果说这是悲观，那就是一种深沉的悲观；而深沉的悲观比肤浅的乐观，往往在思想境界上要高一个层次。肤浅的乐观易被世俗理解与接受，而深沉的悲观则往往专属于哲人。"[③] 笔者以为，所谓"悲观色彩"仅仅只是章太炎在思想认识上达到的高度，并非代表他在革命实践中也表现消极，在实际的革命宣传工作上，他正准备以《民报》为阵地开展一场"思想启蒙"运动，或者可以称为"思想革命"。[④] 而这些都表明章太炎的哲学思考是建立在近代以来中国内外形势剧烈变化的"忧患意识"之上的。[⑤]

章太炎在《俱分进化论》中提出了进化"非由一方直进，而必由双方并进"，"若以道德言，则善亦进化，恶亦进化；若以生计言，则乐亦

---

① 杨国荣：《中国哲学史》，中国人民大学出版社2012年版，第360页。
② 郑杭生、江立华：《中国社会思想史新编》，中国人民大学出版社2010年版，第316页。
③ 章开沅：《辛亥学脉世代绵延：章开沅自选集》，中国社会科学出版社2011年版，第240页。
④ 参见蒋成德《思想家型的编辑家》第三章"鲁迅：以'思想革命'来办刊物"，见氏著《思想家型的编辑家：章炳麟、梁启超、鲁迅研究》，光明日报出版社2013年版。
⑤ 章开沅先生的《辛亥学脉世代绵延：章开沅自选集》以及姜义华先生所著《章炳麟评传》中都提出：章太炎在近代知识分子忧患意识基础之上提出了"俱分进化论"的构想。

进化，苦亦进化"。章太炎概览了西方学理，观察了日本的当下社会，总结了中国的历史，得出"中国自宋以后，有退化而无进化，善亦愈退，恶亦愈退，此亦可为反比例也"。① 根据这种退化史观，在章太炎的逻辑思维中认为：中国人的道德和人性皆处于退化状态，所以目前的革命任务不仅仅在于革命排满，还在于"第一，是用宗教发起信心，增进国民的道德；第二，是用国粹激动种性，增进爱国的热肠"。② 章太炎认为厌世观念分为两种，其中第二种"以世界为沉浊，而欲求一清净殊胜之区，引彼众生，爰得其所，则不惮以身入此世界，以为接引众生之用，此其志在厌世，而其作用则不必纯为厌世"。③ 如上描述，正是章太炎自我的人生写照，这种"志在厌世"乃是一种精神世界，而"接引众生"又是经世之志，这正是度尽人间苦厄的菩萨精神。章太炎欲通过思想的启蒙，在众人之间实现平等，"佛教最重平等"④，"尽欲度脱等众生界，而亦不取众生相，以一切众生，及与己身，真如平等无别异故"⑤。为了追求平等，必然要攘逐压迫、奴役汉人之满人。由此，我们大略可以看到章太炎主办《民报》的思想脉络，从《革命之道德》到《五无论》《四惑论》再到《代议然否论》，这是章太炎对于人性、道德，对于社会、国家制度以及人类的公理的一个系统反思，正是这种反思促使他欲在政治上要建立平等和民主的国家。

2. 章太炎提出《俱分进化论》的政治意蕴

自从严复译介成《天演论》以来，此书所宣传的社会进化论思想逐步成为君宪派的指导思想，康有为首将公羊三世说和进化论思想融合，创化出一条可以进化至大同世界的普遍规律："盖自据乱进为升平，升平进

---

① 太炎：《俱分进化论》，载于《民报》1906年9月5日，第7号，第2—9页，科学出版社1957年版。

② 太炎：《演说录》，载于《民报》1906年7月25日，第6号，第4页，科学出版社1957年版。

③ 太炎：《俱分进化论》，载于《民报》1906年9月5日，第7号，第2—9页，科学出版社1957年版。

④ 太炎：《演说录》，载于《民报》1906年7月25日，第6号，第9页，科学出版社1957年版。

⑤ 太炎：《俱分进化论》，载于《民报》1906年9月5日，第7号，第13页，科学出版社1957年版。

为太平，进化有渐，因革有由，验之万国，莫不同风。……孔子之为《春秋》，张为三世：据乱世则内其国而外诸夏，升平世则内诸夏外夷狄，太平世则远近大小若一。盖推进化之理而为之。"① 梁启超则顺着其师康有为的这一思想脉络继续开拓，他在《论君政民政相嬗之理》一文中阐释道："博矣哉！《春秋》张三世之义也。治天下者有三世：一曰多君为政之世，二曰一君为政之世，三曰民为政之世。……未及其世，不能躐之；既及其世，不能阏之。"又针对严复之思想品评说："且天演之事，始于胚胎，终于成体。泰西有今日之民主，则当夏、商时合有种子以为起点；而专行君政之国，虽演之亿万年，不能由君而入民。子之言未为当也。"② 梁启超在主办《新民丛报》时期，继续宣传社会进化思想并为推行其君主立宪构想服务，自《新民丛报》第8号始，他发表《中国专制政治进化史论》一文，宣称："进化者，向一目的而上进之谓也，日迈月征，进进不已，必达于其极点，凡天地古今之事物，未有能逃进化之公例者也。"③ 梁启超在《新史学》中提出了历史阶段的进化乃是螺旋式上升的观点："就历史界以观察宇宙，则见其生长而不已，进步而不知所终，故其体为不完全，且其进步又非为一直线，或尺进而寸退，或大涨而小落，其象如一螺线。"④ 由此，我们看到君宪派的领袖人物都很重视变法和立宪的理论基础的构建，他们以历史进化论作为世界观的指导，"康有为和严复都强调循序渐进，并认为这是个直线发展的过程。……梁启超对历史进化阶段性的认识，比之康有为和严复，是更为细致和辩证了"。⑤ 面对《新民丛报》的宣传攻势，能够对君宪派的政治设计从思想起源上提出异议的只能是章太炎了，所以《俱分进化论》提出之后所形成的政治影响更具有深远的意义，但是却往往为研究者所忽视。

---

① 康有为：《论语注》，载于姜义华、张荣华编校《康有为全集》（第六集），中国人民大学出版社2007年版，第393页。

② 梁启超：《论君政民政相嬗之理》，载于吴松等《饮冰室文集点校》（第一集），云南教育出版社2001年版，第84—86页。

③ 中国之新民：《中国专制政治进化史》，载于《新民丛报》1902年5月22日，第8号，第19页。

④ 中国之新民：《新史学》（二），载于《新民丛报》1902年3月10日，第3号，第58页。

⑤ 陈卫平：《世纪末的新世界观》，载于高瑞泉编《中国近代社会思潮》，上海人民出版社2007年版，第85页。

章太炎的"俱分进化"思想是对严复、康有为的"单线进化"思想和梁启超的"螺旋式进化"思想的反思和超越,也是他的革命观的延展,从而为他和严复关于《社会通诠》之社会形态发展三阶段的论争奠定了基础。需要提及的是,章太炎的革命观中亦融入了进化论思想,他认为:"以合众共和结人心者,事成之后,必为民主。民主之兴,实由时势迫之,而亦由竞争以生此智慧者也。"① 章太炎颇为赞同邹容《革命军》中所揭示的革命进化之理:"革命者,天演之公例也。革命者,世界之公理也;革命者,争存争亡过渡时代之要义也;革命者,顺乎天而应乎人者也。"② 当然,章太炎并没有因为阐扬革命而放弃冷静地思考社会问题,他的"俱分进化"亦是对于西方世界的一种反思。

章太炎所提出的"俱分进化"思想并非其独创,而是他借鉴了东西方学理,结合自己的人生所闻并经过缜密思考后得出的思想结晶。在晚清时代的中国,确实表现出了独具特质的前瞻性。顺着"俱分进化"的思路,在章太炎眼中,不论康有为、梁启超维护的君主立宪制也好,还是孙中山等革命派宣言的民主共和也好,都是作为西方经验的政治制度,都是从西方的土壤中进化而来的,如何适应中国的环境,还是值得反思的。他也力图从中国的传统政治制度中找寻可以和民主制度接榫的基础,这种具有浓厚历史主义情结的立场,促使他以《民报》为阵地开始了自己对未来国家制度的构建之旅。

章太炎通过对近代以来东西方发展历程的反思,从人类的道德和人性出发,由个体的人扩展到群体,直到对国家及其制度的思考和批判,可以说章太炎主办《民报》时期的宗旨和思想特质都统摄于《俱分进化论》所构想的思想体系之中,他之所以没有将主要精力放在宣传三民主义上,原因有两个:其一,孙中山一派的宣传干将们以胡汉民、汪精卫为核心在前六期《民报》的宣传中已经取得了很大的成绩,他们在宣传三民主义中依然发挥着重要作用;其二,基于上述,章太炎可以腾出精力研究学理,他对于"革命道德""人的启蒙"以及未来人类的思考,都为革命派的宣传注入了丰厚的理论底色和缜密的思想。这不仅不会阻碍对于三民主

---

① 章太炎:《驳康有为论革命书》,载于《章太炎全集·太炎文录初编》,上海人民出版社2014年版,第184页。

② 邹容:《革命军》,载于张梅编注《邹容集》,人民文学出版社2011年版,第7页。

义的传播，且能够给予处于高度理想主义状态的革命宣传以理性的反思。

（三）略论前六期《民报》之办报旨趣

《民报》前六期的发行人为张继，而实际任编辑事务的为胡汉民，此一时期，《民报》撰稿人群体以孙中山为核心，在积极宣传三民主义理念的同时，激烈地与《新民丛报》展开论战，围绕共和与专制等一系列问题，《民报》在第三号附了一则号外，题为"《民报》与《新民丛报》辩驳之纲领"，共开列十二项。争论主要围绕民权立宪和开明专制以及三民主义的实施等问题。[①] 其间，这一派的人员包括：胡汉民、汪精卫、朱执信、廖仲恺、叶夏声、冯自由、马君武、雷昭性。

孙中山一系的撰稿人员全部是南方人士，以广东人为最多，9人中占有6人，其中马君武为广西人，亦可看作属于两广地区。前文所述朱浤源先生称之为华南派则比较恰当。上述9人皆有留学日本之经历，且大都学习法政、经济等文科专业，在日本的大学中他们接受欧美政治、法学等专业知识，另外，孙中山的西学知识也对他们中的不少人产生了重要影响，所以，在《民报》中形成了代表西方世界的洋学派。胡汉民对国际法之研究，力驳了君宪派的革命必遭瓜分之说；汪精卫以民族主义和民权主义力驳梁启超之国家主义，亦取得初步之胜利；朱执信对民生主义之宣传，功绩仅次于胡、汪；廖仲恺从事翻译工作，大量介绍无政府、社会主义和虚无主义，鼓吹暗杀、虚无思想；《民报》在宣传三民主义之外，同时还针对清廷之伪立宪进行揭评，还通过明清历史人物和旧闻以恢复汉族之民族记忆。以上宣传之努力为章太炎主持《民报》后的工作奠定了基础，因而，章氏认为前六期《民报》已经对政治、法律、战术等方面进行了研究，他接手之后欲图开展对国粹和宗教宣传之新局面。当然，我们不应忽视胡汉民等人在致力于革命宣传时所忽略的因素，他们一味强调报刊的革命性，甚至连教育民众也是为革命宣传开路，这种工具理性的意味太重，他们忽视了人的启蒙。相比《新民丛报》，他们做得十分不够，章太炎主持《民报》后通过宣传革命道德，力图进行思想的启蒙，可以算作对前期《民报》的一个有益补充。

[①] "《民报》与《新民丛报》辩驳之纲领"的十二项内容可以参考陈夏红编《辛亥革命实绩史料汇编·舆论卷》，中国大百科全书出版社2011年版，第195—196页。

（四）太炎弟子的首次集结

前面已经提及倾向于章太炎一方的《民报》撰稿人员，其中章太炎的弟子有汪东、汤增璧、黄侃和周作人，加上其他人士，《民报》已经不再局限于政治的论争，而具有鲜明的东方文化倾向。据陶冶公回忆，除章太炎之外，担任编辑的还有"但焘、汪东、黄侃、汤增璧、刘光汉、陶成章（继章太炎任主编）诸人"。① 新的血液的输入，表明章太炎欲在孙中山、黄兴等同盟会领导携部分撰稿人南下之后，力图重新罗织鼓吹力量，开拓后期《民报》宣传的新局面。笔者将章太炎及其弟子因为办报而集结为团体的史实归纳为三次，第一次即《民报》时期，第二次是《华国月刊》时期，第三次则为《制言》杂志时期。

1. 扩大撰稿人群体

《中国新闻年鉴》在1983年这一期中开始以"新闻界名人介绍"为题，逐步介绍对中国新闻事业具有影响的人物，本期选介了辛亥革命前的133位新闻界名人。② 这其中就包括章太炎一派《民报》编辑和撰稿人员9位，分别为章炳麟、汪东、刘师培、黄侃、陈去病、柳亚子、苏曼殊、田桐、宋教仁。由此，我们可以看到后期《民报》阵容的整体规模，并不比前期《民报》逊色。③ 方汉奇先生总结了《民报》整个写作班子所具有的特点，他说："以章太炎、陈天华、宋教仁、朱执信等人为核心组成的《民报》编辑部的这个班子，是一个朝气蓬勃的年轻的宣传班子。十个主要的编辑撰稿人，平均年龄还不到二十五岁。其中，年纪最大的章太炎三十九岁，其次是陈天华，三十一岁。年纪最小的汪东，才十六岁。其余的都只有二十来岁。除了章太炎和刘师培外，全部是弘文、法政、早稻田等几个大专学校的在校学生，是这一时期留学日本的革命知识分子。这个班子也是一个十分强有力的宣传班子，它既有章太炎那样的有学问、有声望、有影响的老宣传家，也有'汲引新流，涤除陈旧，以法理之言胜'

---

① 陶冶公：《〈民报〉在日本遭封禁始末》，载于陈夏红编《辛亥革命实绩史料汇编》（舆论卷），中国大百科全书出版社2011年版，第280页。

② 《中国新闻年鉴》编辑委员会编《中国新闻年鉴》（1983），中国社会科学出版社1983年版，第565页。

③ 《中国新闻年鉴》该期同样列举《民报》孙中山一系人员，包括孙中山、廖仲恺、胡汉民、汪兆铭、陈天华、冯自由、朱执信。

（曼华《同盟会时代民报始末记》）的年轻的革命宣传家。"① 自从1907年3月孙中山南下后，《民报》的两大主力干将胡汉民和汪精卫也随之南下，策划武装起义。章太炎便有意增加《民报》的力量，据《刘师培年谱》的记载："1907年2月13日，刘师培听从马君武建议，应章太炎等人的邀请，同时也由于清政府对安徽公学的严密监督，乃携其妻何震、姻弟汪公权并苏曼殊一起，东渡日本。"② 刘师培在《民报》临时增刊《天讨》上发表了《普告汉人》一文，随后《民报》第13号刊发了他的《利害平等论》，显然，这是章太炎的安排。除宋教仁、汪东之外，章太炎一系的撰稿人员几乎都是在《民报》第13号之后逐步加入的，这一力量对比的变迁正和孙中山派人士的南下相关。如前所述，汪东在章太炎的授意下，撰写了《法国革命史论》，成为与康有为直接交锋的革命派猛将，汤增璧激扬侠风更使《民报》增色不少，可以说这些都是在章太炎这一核心领导组织之下逐步开展的。章太炎一派《民报》编辑和撰稿群体所具有的时代特征，可归纳为：他们几乎都接受过中国传统儒家的经典教育，绝大多数为留日学生，或者有过游学、考察日本之经历，这样，他们在日本亦能够间接接触西方之思想观念，促使他们在中西文化的交融中思索现实。"文人论政"应是中国士大夫传统与现代知识分子精神的结合，近现代中国知识精英以报刊论政报国思想的体现——"书生报国无他物，惟有手中笔如刀"。③ 然而，在东京这个海外的舆论场之中，《民报》馆成为革命排满的思想策源地，革命派同人寄希望于建立共和制的新国家。如刘师培、宋教仁这些"主要是有传统功名，但又具备一定新知的新型士大夫"，④ 他们集结在章太炎为主编的《民报》社之中，从而使报馆成为多功能机关，既是化解阻力、赢得支持的舆论阵地，又是其成员的重要联络点。学者程丽红指出："非但政治家，而且众多民间的自由知识者也以报刊为媒介，集合同道，共同发言，形成以报刊为中心的特定的舆论群体。"⑤ 方汉奇先生对此曾有进一步的总结，他说："如果说，办报、办

---

① 方汉奇：《中国近代报刊史》（上册），山西教育出版社2012年版，第327页。
② 万仕国：《刘师培年谱》，广陵书社2003年版，第97页。
③ 倪琳：《近代中国舆论思想变迁》，上海交通大学出版社2012年版，第185页。
④ 许纪霖：《近代中国的公共领域：形态、功能与自我理解——以上海为例》，载于苏智良主编《近代新文明的形态》，上海辞书出版社2004年版，第72页。
⑤ 程丽红：《清代报人研究》，社会科学文献出版社2008年版，第171页。

学、办会'三位一体'是改良派办报活动的特点的话,那么,集宣传机关、联络机关和指挥机关于一身,则是革命派办报活动的特点。"①

通过对《民报》同人中章太炎一派的分析,我们才会明白为何章太炎主导的这一派被朱浤源先生称为代表国学或东方世界的原因,传统文化的因素的融入使《民报》成为一份内容丰富的综合性杂志,而并非一份局限于革命斗争的刊物。国学在近代民族国家兴衰存亡中的重要作用,却就在这一立论形式中被尖锐地提了出来。而这一问题,却正是冯自由、胡汉民、汪精卫等人鼓吹革命时所疏忽的。相较于《新民丛报》,其办刊宗旨主要以国民教育为主要目标,政论居于次要地位,而且其内容远比《民报》要丰富。《民报》融入国学的内容之后,其传播的对象亦有所变化,那些对传统文化和学术保持一定情感的青少年经由国学之途,则更容易接受民族主义的思想;那些海外华侨和国内的会党通过历史人物事迹的宣传,同样更能够明晓反清的意义和革命所需要的气节。正如孙中山先生在论述民生主义时所指出的,"并且社会问题,隐患在将来,不像民族民权两问题,是燃眉之急,所以少人去理会他。"②若从民众之文化程度和对新思想之接受程度而言,《民报》前期对于社会革命的宣传的确不为很多人所了解。我们不能因为国粹和宗教这些内容看似离革命宣传较远就进行简单的否定,这将在下面一节《〈民报〉传播对象研究》中进行论述和辩驳。

2.《民报》文风之新特点

章太炎以及其弟子、气类相投之同人的逐次加入,《民报》的文风逐渐向典雅的文辞转向,除章太炎之外,刘师培、陶成章、柳亚子、汪东、黄侃、汤增璧等人皆有此倾向。这种倾向的形成大致有两点原因,其一,编辑和撰稿人深受传统旧学影响,注重文章之文辞;其二,在主编章太炎魏晋文风熏染之下,其弟子和同人亦追求文风的古典雅致,在思想性上汪东、黄侃和汤增璧等也深受章太炎之影响。

提到报刊之文体,人们总是想起梁启超那"笔锋常带感情"的文风,

---

① 方汉奇主编:《中国新闻事业通史》(第一卷),中国人民大学出版社1992年版,第988页。

② 民意:《纪十二月二日本报纪元节庆祝大会事及演说辞》,载于《民报》1906年12月20日,第10号,第87页,科学出版社1957年版。

第五章 从革命到启蒙：章太炎与《民报》

梁启超的文风在传播效果上颇受近代学术界人士的推崇，他所主办的报刊有着较为深厚的民众基础。章太炎对追慕日本口语文学的梁启超所倡导的新文体持不同看法，梁启超的文风直到辛亥革命后依然为章太炎所诟病，他在《诛政党》一文中提到梁启超"文不足以自华，乃以帖括之声音节凑，参合倭人文体，而以文界革命自豪"。① 章太炎对于中国文学和文论自有独到的见解，他之所以歆慕汉魏、六朝文体，同样有所宗主。章太炎在《国故论衡·原学》一文中提出："世之言学，有仪刑他国者，有因仍旧贯得之者"，② 他本人显然属于后者。章氏在阐明各代文辞流变时，称"魏晋之文，大体皆埤于汉。独持论仿佛晚周。气体虽异，要其守己有度，伐人有序，和理在中，孚尹旁达，可以为百世师矣。"③ 若从魏晋文本身的特质出发，也并非与革命宣传完全违碍，有学者就认为："在那样一个战斗的年代，自然需要魏晋之文内容上的敢于批评现实以及风格上的清俊通脱。"④ 章太炎也并非不知通俗易懂的文辞有利于革命思想和传播，在上一章中我们已经述及章太炎在给邹容的《革命军》作序，当时邹容"自念语过浅露，就炳麟求修饰"。章太炎肯定地说："感恒民当如是。"⑤ 但是，若是从文辞和文学性的角度，章太炎的内心又充满了矛盾，使他不得不对自己曾经所撰写的一些政论有所取舍。他曾经向邓实道出了自己的想法："仆之文辞，为雅俗所知者，盖论事数首而已，斯皆浅陋，其辞取足便俗，无当于文苑。向作《訄书》，文实闳雅，箧中所藏，视此者亦数十首，盖博而有约，文不奄质，以是为文章职墨，流俗或未好之也。"⑥ 章太炎这种在"雅""俗"之间的矛盾心理，学者陈雪虎有着很详细的论述。他通过分析章太炎所撰写的《文学论略》，从文学批评的角度对章氏

---

① 章太炎：《诛政党》，载于姚奠中、董国炎《章太炎学术年谱》，山西古籍出版社1996年版，第186页。

② 章太炎：《原学》，庞俊、郭诚永疏证《国故论衡疏证》（下），中华书局2011年版，第646页。

③ 同上书，第554页。

④ 刘克敌、卢建军：《章太炎与章门弟子》，大象出版社2010年版，第102页。

⑤ 章太炎：《邹容传》，载于《章太炎全集·太炎文录初编》，上海人民出版社2014年版，第222页。

⑥ 章太炎：《与邓实》，载于马勇编《章太炎书信集》，河北人民出版社2003年版，第253页。

文风进行了考量，他认为在章太炎眼中，"雅"是一种文学创作的基本规律，也是对作者的基本要求；从"轨则"上入门，写作才能进入正途。"俗"则是"左道旁门"，显然是否定性的概念和评价。①陈雪虎继续分析，认为章太炎所坚守的文体立场，与晚清的文化环境之间存在紧张的关系："根据他的积极求'雅'的要求，其结果往往形成艰深古奥的文风，令人读不断、看不懂，实践上仍然存在着诸多缺憾。也就是说，章太炎所认可和追求的'文'，在近世以来尤其是晚清以来的文学通俗化风潮中，一直处于被压抑的边缘地位，遇到现实文化生活的巨大挑战。他本人也一直在寻求破解这种困局的方法。"②章太炎之所以要打破这种困局，是因为"他也认识到，在现实世界中，尤其在当代社会斗争和革命日渐危急的情况下，革命宣传和思想启蒙又不得不注意到大众化、社会化的总体趋势。章氏既强调求真纯质，也看重便俗致用"。③章太炎在文学实践中所坚持的雅俗论，与他的思想中所表达的"学在求是，不以致用，用在亲民，不以干禄"的志向也是一致的。④那么，章太炎在革命宣传和思想启蒙中亦有倾向于"俗"的努力，可以概括为两个方面：其一，用白话文宣传革命和学术思想，具体表现为，在《民报》中刊发《演说录》，在《复报》中发表的通俗歌谣《逐满歌》，又有学者汤志钧从日本学者那里看到的《佛学手稿》，⑤章太炎所编订的《国学振起社讲义》和主办的《教育今语》杂志，以上这些都是他致力于民众宣传的作为。其二，章太炎在《民报》中的政论延续了《驳康有为书》和《序〈革命军〉》等文章的风格，较之《訄书》的文笔古奥，他的政论也可以说是"所向披靡"了。关于《民报》的革命传播效果，在下面的小节中将详细探讨。

---

① 陈雪虎：《"文"的再认：章太炎文论初探》，北京大学出版社 2008 年版，第 113 页。

② 同上书，第 131 页。

③ 同上书，第 150 页。

④ 章太炎：《与钟正楸论学书》，载于傅杰编校《章太炎学术史论集》，云南人民出版社 2007 年版，第 94 页。

⑤ 详细内容可以参看汤志钧《汤志钧史学论文集》，上海社会科学院出版社 2013 年版。其中涉及章太炎《佛学手稿》和作者分析章太炎的白话文之相关内容，具体在《章太炎〈佛学手稿〉序》一节中。

第五章 从革命到启蒙：章太炎与《民报》

学者对于辛亥革命时期章太炎的文风多有评点和批判，下面举出三例作以简单分析。黄波认为章太炎政论的最大败笔是："揣摩其动机，并以此作为攻击之靶，极尽丑化能事。……康章之争中，章氏一方之所以显得气势更盛，正是由这种时代氛围和大众心理决定的，与文章好坏关系甚微。"①汤传福和黄大明也得出较为相似的看法，他们认为章太炎的《驳康有为论革命书》一文搞的是"原心定罪"那一套，他俩又总结认为："后来革命派与保皇派的辩论文风，沿袭的也是章太炎的那个路数，人格轰炸重于说事拉理。"②马艺则对章太炎报刊政论特色作了一个概括，优点是旗帜鲜明、气势雄壮、博征经史、内容深刻，说理绵密、逻辑性强；不足是文字艰涩，费解难读。③

以上所引述的三例针对章太炎政论的评价乃是从新闻史角度出发的，学者们认为章太炎的《驳康有为书》有违新闻评论理性的原则，文风太显激进；但是，学者们也看到了他在《民报》时期文风的转变，这时章太炎转而批评胡汉民等人的文风"辞近诟谇"，他自己则要"持论稍平"，这在本章开头已经提及。学者们言及章氏在《民报》时期的文风都会得出"艰涩难读"的一致结论，台湾学者陈孟坚将《民报》文稿分为三类七等，而章太炎之文稿则多属于文言文中的第6级典雅文言和第7级艰深文言，这与大陆学者评价是一致的。笔者针对学者们所论章太炎政论所具有的激进文风和艰涩难读两个方面，将进行一些澄清，艰涩难读和传播效果方面的论述将在下面的小节中进行。

章太炎之所以在"苏报案"前后的文风中表现出激进的一面，这与晚清时期社会环境、政治纷争以及报刊的角色都有密切的联系。研究新闻史的学者们以西方的新闻理论来衡量当时中国的报刊言论，只能得出"越轨"的结论。另外，新闻史的研究者因为没能把握章太炎思想的真谛，所以才会得出上述结论，正如汪荣祖先生的分析，"反满的语言暴力像杀人的枪炮一样，不过是政治革命不可避免的手段，并不是一种信念"。④前

---

① 黄波：《重审"苏报案"》，载于《南风窗》2010年第11期。
② 汤传福、黄大明：《纸上的火焰：1815—1915年的报界与国运》，广西师范大学出版社2013年版，第148—150页。
③ 马艺：《中国新闻传播史论》，新华出版社2007年版，第99—101页。
④ 汪荣祖：《章太炎对现代性的迎拒与文化多元思想的表述》，载于《中国文化》，2004年5月30日，第21期，第108页。

文已经提及晚清时期各政治派别创办机关报深受俄国的民党影响，而此时西方国家已经进入大众化报刊发展时期，政党报刊的党派色彩已经渐趋淡化。正是基于此种纵向发展中国的滞后性，所以我们应该对辛亥革命时期的政论进行重新审视。在政论中率先表现出激进思想的应该自梁启超始，戊戌变法之后，他在日本主编《清议报》，倡言革命、鼓吹破坏，以言论讥刺慈禧以及守旧派大臣，毫不逊色于章太炎在《苏报》中的表现。梁启超对于新闻学有着较为全面的理解和阐释，他将报刊与政党、舆论联系起来，提出了"党报"的概念，即"以一党之利益为目的者，一党之报也"。① 学者徐松荣认为："梁氏将报刊和宣传联系起来，提出两种宣传方法，浸润和激烈，所谓激烈，就是大声疾呼，高歌猛进，使读者猛省。为此有时要发报端之议论，以矫枉过正。"② 在梁启超看来，并非议论可以激烈就意味着报刊内容就可以失去真实性，他在《〈时报〉发刊词》中提出论说的四项标准"公、要、周、适"，所谓公即是指"不偏徇一党之意见"。"非好为模棱，实鉴乎挟党见以论国事，必将有辟于亲好辟于所贱恶，非惟自蔽，抑其言亦不足取重于社会也，故勉避之。"③ 由此，我们看到了梁启超新闻理论的日趋成熟，同时也看到他对于"党报"和"国报"之间存在一种紧张，这当然与当时变法和救亡的国情相关。这种党报观同样影响着革命派同人对于报刊作用的认识，学者徐耀魁将孙中山及其同人的新闻思想归纳为五点内容，其中前两条为："1. 承认报纸的党派性，主张创办机关报，利用报纸鼓吹和宣传革命纲领、革命主张；2. 重视报纸在革命斗争中的作用，把报纸看作是革命斗争的锐利武器。"④ 政党报刊的作用主要就在于宣传政治思想，美国学者拉斯韦尔将宣传定义为："通过操纵有意义的符号控制集体的态度。"说服和宣传都是有意图的传播，由一个信源所进行，以改变受众成员的态度。⑤ 明确这一点，就可以明晰宣传的工具性价值和它与新闻真实性之间的距离。通过简略地叙

---

① 梁启超：《〈清议报〉第一百册祝辞并论报馆之责任及本馆之经历》，载于吴松等《饮冰室文集点校》（第二集），云南教育出版社 2001 年版，第 757 页。

② 徐松荣：《维新派与近代报刊》，山西古籍出版社 1998 年版，第 223 页。

③ 梁启超：《〈时报〉发刊词》，载于张之华编《中国新闻事业史文选（公元 724—1995 年）》，中国人民大学出版社 1999 年版，第 132 页。

④ 徐耀魁：《西方新闻理论评析》，新华出版社 1998 年版，第 377 页。

⑤ 许静：《传播学概论》，北京交通大学出版社、清华大学出版社 2013 年版，第 166 页。

第五章　从革命到启蒙：章太炎与《民报》

述梁启超个人新闻思想的转变和内在紧张，我们可以理解作为革命派领袖人物的章太炎在报刊政论中的激进表现，这不是他个人的问题，而是时代造就的，如何处理党性、舆论和宣传之间的关系，如何将宣传的效果和评论的客观性统一起来，是辛亥革命时期各党派报刊所共同面临的问题。当然，伴随着西方和日本新闻学著作的译介，以及梁启超等人对于新闻思想的介绍，使得当时的学者逐步对于新闻宣传的特点有了更加全面的了解。章太炎的政论文风由激进转向平和，与新闻学自身的发展和学者对于报刊功能认识的深化，皆有千丝万缕的联系。大众报刊与政党报刊担负不同的时代作用，就如同关注社会的启蒙和鼓吹政治的变革、革命一样，《申报》和《新民丛报》《民报》都应该存在于由传统向现代转型的社会之中。

（五）《民报》传播对象研究

据《近代中国的留学生》一书的记载："孙中山曾十分形象地讲过，对辛亥革命作过重大贡献的有三部分人，一是华侨，二是留日学生，三是会党；具体则是华侨出钱，留日学生搞舆论宣传，会党出力。"[1] 学者桑兵认为"一般而言，革命党在国内选作发动对象的主要是新军、学生和会党"。[2] 这也代表了学者们的普遍看法，三股革命力量成为革命派报刊宣传和策动的重点群体。单就《民报》而言，由于它本身发行于东京，所以它对东京的留日学生影响更大，《民报》同时也兼及对海外华侨之鼓吹，但并非重点，对华侨革命思想之宣传由革命派在南洋和北美所举办的报刊开展。《民报》作为同盟会的机关报，它在东京倾向于革命的报刊群体中处于思想核心的地位，这种革命传播途径颇有向国内辐射之势。日本学者樽本照雄根据大陆出版的期刊汇编资料进行统计，（当时汉语期刊在世界各地出版，已经有全世界的空间）在上海、北京和日本三地创办的占总数66%左右。可以说从清末到民初在上海创刊的还是占多数。20世纪初在日本创刊的比较多，而20世纪头十年以后则在北京创刊居多，可以

---

[1] 李喜所：《近代中国的留学生》，人民出版社1987年版，第168页。
[2] 桑兵：《晚清学堂学生与社会变迁》，广西师范大学出版社2007年版，第355页。

说北京取代了日本的地位。① 所以，学者李喜所称："辛亥革命的舆论宣传工作主要由留日学生来完成的。……他们满怀革命激情，办起了为数众多的报刊杂志。"② 在辛亥革命的前十年间，革命派所创办的报刊集中于东京、上海和海外各埠，它们对于革命的宣传可谓是群策群力的结果，《民报》也只是它们中间比较特殊的一个角色，我们必须明确这一点。

1. 《民报》的精英意识

笔者将在下一节《君宪派与革命派舆论中的相同因子》小节中提到君宪派和革命派在办报宗旨中都持有一种"优位意识"，即表现为一种自上而下启蒙的理念，孙中山将办报启迪国民称为"先知先觉之天职"。③ 学者王天根针对清末民初政治转型之下的革命思想传播归纳道："孙中山等将国人分为'先知先觉'、'后知后觉'、'不知不觉'三种类型，虽大抵上就政治宣传而言，但面对中国数千年农耕文明之下的宗法制，其社会分层尚有一定的合理性，大多数不识字的民众仍处于愚昧状态。"通过报刊的启蒙和宣传，最终实现"通中外"和"通中西"的效果，然而，就维新派和革命派自我定位其开民智的角色也有不同，"维新派多视自己为统治阶层中的改革力量，而革命派则视自己为社会意义上的民众代表人物。"④ 学者罗福惠更是将辛亥时期新式知识分子所创办的报刊称为"新的文化传播利器"，⑤ 按照他的理解创办新式报刊的知识分子就是属于社会的精英阶层。我们从章太炎在日本的裁判庭上为《民报》辩护的言辞可以看见他对于该报传播对象的认识，当裁判长问："你出报的目的是给甚么人看的？"他回答："我是给中国学者看的。""为甚么只给中国的学者看呢？"答道："我的文章，海内第一，只有学者可以懂得，别的人就不能懂。""你可给日本人看么？"答道："中国人尚且不能个个都懂，何

---

① ［日］樽本照雄：《清末民初的翻译小说》，载于王宏志编《翻译与创作》，北京大学出版社2000年版，第152页。

② 李喜所：《近代中国的留学生》，人民出版社1987年版，第166—168页。

③ 孙文：《发刊词》，载于《民报》1905年11月26日，第1号，第3页，科学出版社1957年版。

④ 王天根：《清末民初报刊与革命舆论的媒介构建》，合肥工业大学出版社2010年版，第193、229—230页。

⑤ 罗福惠：《辛亥时期的精英文化研究》，华中师范大学出版社2001年版，第328页。

第五章　从革命到启蒙：章太炎与《民报》

况日本人。"① 章太炎的辩护词，虽然是为了缩小《民报》传播的影响力，减轻它在日本的传播效力，但是我们能够感受到在章太炎眼中《民报》不是针对普罗大众的媒介，当然，从当时报刊阅读受众的数量与人口的比例也可以得出这一结论。所以，章太炎任主编后的《民报》，其阅读受众除新军、学生和会党之外，学者和趋新的士大夫之中的阅读人数可能会增多，正如前面引述汪东的回忆，他说："尤其太炎的文辞渊雅，立论以经史为根据，这样就使当时的士大夫阶级在思想上发生了很大震动。"② 肃亲王善耆曾对汪精卫等人说："我生平最爱读《民报》，出一期我读一期。……我想民党内有如此的人才，可以言革命矣。"③

以往，学术界认为章太炎的典雅文风，古奥难解，影响了《民报》的发行和传播，如果我们换一个角度思考，则不会这么认为。章太炎的文章虽然艰深古奥，当时的下层民众和普通读者可能难以读懂，但在读书人普遍具有国学根底的 20 世纪初年，章氏文章常见于《民报》，恰能证明革命派并非不学之士。④ 从《民报》的发行数量来看，其最高销售数量 1907 年第 18 号达 12000 份，估计阅读人数为 120000 人次；相比之下，《新民丛报》的最高销售数量在 1903 年，达到 14000 份每期，估计阅读人数为 140000 人次。⑤ 据估计 1905 年中国内地十八省的人口大约为 2.75 亿，1911 年时中国人口总数（不包括内外蒙古、西藏）大约为 3.25 亿。⑥ 因此，我们根据《民报》《新民丛报》这两份发行量较大的报刊的阅读人数和晚清中国人口的比例，显然，只有少数中上层人士才能读到这些报纸。

---

① 《十月二十六日〈民报〉裁判情形报告书》，原载于《中兴日报》1908 年 12 月 18 日/19 日，转引自武昌辛亥革命研究中心组《辛亥革命史事长编》（第 6 册），武汉出版社 2011 年版，第 128 页。

② 汪东：《同盟会和〈民报〉片断记忆》，载于中国人民大学新闻系编《中国近代报刊史参考资料》（下册·校内用书），1979 年版，第 573 页。

③ 冯自由：《中华民国开国前革命史》，广西师范大学出版社 2011 年版，第 411 页。

④ 罗福惠：《辛亥时期的精英文化研究》，华中师范大学出版社 2001 年版，第 340 页。

⑤ 同上书，第 341—342 页。

⑥ 本数据根据美国驻华公使柔克义（William Woodville Rockhill）（1905—1909）对于中国人口的研究。参考葛剑雄等《人口与中国的现代化（1850 年以来）（二）》，学林出版社 1999 年版，第 56 页。

2. 注重对留学生、新军进行革命之宣传

表 5-1　章太炎主编《民报》所关注的革命宣传对象及相关文章一览

宣传对象	文章标题	作者	期号、出版日期
军人	《革命军与吴重憙》	无俚	第十一号、1907年1月25日
	《军人贵贱论》	太炎（章太炎）	第十一号、1907年1月25日
	《刺客校军人论》	寄生（汪东）	第十六号、1907年9月25日
	《革命军约法问答》	太炎（章太炎）	第二十二号、1908年7月10日
学生	《纪十一月四日东京满学生大会》	去非（胡汉民）	第九号、1906年11月15日
	《哀陆军学生》	太炎（章太炎）	第二十二号、1908年7月10日
	《陆军学生之无告》	摸郑（汤增璧）	第二十三号、1908年8月10日
	《马良请速开国会》	太炎（章太炎）	第二十三号、1908年8月10日
华侨	《美洲华侨致公堂宣言书》	来稿	第二十一号、1908年6月10日

章太炎在革命宣传之中非常注重所能发动的国内革命力量，除会党主要依靠同盟会成员在国内进行策动之外，《民报》在宣传之中尤其重视对于新军和学生的鼓动。针对军人（主要指清廷所训练之新式陆军），以章太炎和汪东的文章最为典型。章太炎按照民族主义的标准将军人分为贵、贱两类，其划分之实质依然站在革命道德的立场上。他首先明确军人的职责及其尊贵之因由："兵者，为国爪牙，以捍卫其人民土地，使他族毋得陵逼而宰制之，此兵之所以贵。"他将满洲政府所练之陆军与革命党人所举之义师相对立，从而认为抵御外族乃是军人的可贵之道，阻止义师者"亦在当贱之列"。① 章太炎总结了历史上的征兵和募兵制，认为它们的"设军之意，只以御敌，非以防民"。假若军人"无御虏之用"，"反被用于虏以防制吾民"，则越发猥贱。② 最终，军人不仅为社会所轻贱，同样也为满洲政府所贱视，陆军军人若想一刷耻辱，变贱为贵，则需要助义军光复旧物或者不与义军为敌。此文，起到了很好的宣传效果，汪东在《刺客校军人论》中更是强调军人的作用，"苟言其用，则犹当急军人而缓刺

---

① 太炎：《军人贵贱论》，载于《民报》1907年1月25日，第11号，第19页，科学出版社1957年版。

② 太炎：《军人贵贱论》，载于《民报》1907年1月25日，第11号，第21页，科学出版社1957年版。

客"，军人对于清廷可以起到犁庭扫穴的作用。① 这种针对满洲政府所属之军队和义军的共同宣传，再结合同盟会所制定的《革命方略》，大大加强了对清廷军队的分化瓦解作用。

在《哀陆军学生》一文中，章太炎延续了他对于历来中国学校教育只能培养"求利禄者"的不满，本文表面乃是指出陆军学生对于清廷练兵处所颁发的章程不满，处于"进退道穷"的局面；实质乃是从反面讥刺陆军学生不应接受清朝之功名，而应该发扬军国民的精神，鼓舞陆军学生加入汉人革命排满的行列。② 太炎弟子汤增璧则在其师文章的基础之上，进一步鼓吹留学日本的士官生被清廷、日本政府和清朝驻日公使共同压迫的惨痛事实，最终呼吁道："呜呼！山穷水尽，尚有归途，陆军学生忍令上国衣冠沦于夷狄哉？有黄帝之裔，其毋上书陆军部，请彼量材录用矣。"③ 章太炎及其弟子针对新军和学生的宣传，主要目的就是激化他们与清廷之间的矛盾，使他们从道德和感情上与清政府逐步疏远，不至于成为革命义军的阻力。在《马良请速开国会》一文中，章太炎将东、西方的留学生与清廷立宪的关系进行了揭露，他指出："盖闻东方学生之言开国会者，期以三年……西方学生之言开国会者，期以二十年。淹速之度，相去绝远，何也？东方学生，以为吾习法政既成，暖暖姝姝，足以自喜，他日习者猥众，则其贱与帖括房行无异，乘其未集，以高材捷足掩袭得之，犹可以取富贵。西方学生，以为吾习法政未成，今富贵为东方学生袭取，吾辈归国以后，特徇资除授耳，未能据要津也，故力遏其流，以待明王之梦。"④ 章太炎站在革命立场进行宣传，目的是阻止新式人才为清政府所用，留学生归国后为政府服务却是普遍存在的，因为"日本教育了成千上万的中国学生，他们回国后从事写作、教书或在政府工作，有些人兼

---

① 寄生：《刺客校军人论》，载于《民报》1907 年 9 月 25 日，第 16 号，第 98 页，科学出版社 1957 年版。
② 太炎：《哀陆军学生》，载于《民报》1908 年 7 月 10 日，第 22 号，第 24—29 页，科学出版社 1957 年版。
③ 揆郑：《陆军学生之无告》，载于《民报》1908 年 8 月 10 日，第 23 号，第 55 页，科学出版社 1957 年版。
④ 太炎：《马良请速开国会》，载于《民报》1908 年 8 月 10 日，第 23 号，第 50 页，科学出版社 1957 年版。

而行之，帮助促进并巩固中国急速的转变"。① 有如学者所言："正是这个分布广泛的游日知识分子群，从不同层次，以不同方式侵蚀着腐朽的封建教育的肌体，输送着近代教育的血液。"② 学者任达认为："这一严正的评价，同样可以引申到清末各个方面的现代化进程。"③ 当我们以现代化的视角审视留学生与清政府之关系时，或者大而言之，留学生与当时中国的关系，我们若以革命派的观点来看这个问题，只能说明，"当知识分子在革命中越来越起重要的作用时，理性反而被感情所压倒"。④ 这也是学者朱浤源所提出的《民报》革命理论存在六大特征，其中第四、第五两项正符合上述知识分子在宣传中所持的情感，"4. 破坏性高于建设性，5. 宣传性高于平叙性。"⑤ 宣传伴随着作者的个人意图和情感，而这种意图可能在激进的环境和群体之中震荡开来，从而产生更大的宣传效果。

最后，我们不能忽略在革命宣传中人的因素，报刊乃是形成思想和舆论的载体，革命派的报刊通过同盟会会员以及热心人士输入内地，革命思想同样也依靠同盟会会员进行传播。例如针对国内新军，据何振对广州新军的回忆："盖是时邹鲁为省咨议局书记，省咨议局即今省参议会地址，与新军二标为近邻，吾人每于旁（傍）晚率士兵外出散步，借以宣传及灌输其革命思想时，邹亦常参与其间演说，或作暗示宣传，而军中一切消息如攻击反对党蒋琦、吴文华辈之稿件，亦多于是时交邹手转登《可报》。"⑥ 又针对国内学生，根据胡适在《四十自述》中的回忆："但我在公学三年多，始终没有人强迫我减辫，也没有人劝我加入同盟会。直到二十年后，但懋辛先生才告诉我，当时校里的同盟会员曾商量过，大家都认

---

① ［美］任达：《新政革命与日本：中国，1898—1912》，李仲贤译，江苏人民出版社 2006 年版，第 103 页。

② 田正平、霍益萍：《游学日本热潮与清末教育》，载于《文史》，第 30 期，中华书局 1988 年版，第 171 页。

③ ［美］任达：《新政革命与日本：中国，1898—1912》，李仲贤译，江苏人民出版社 2006 年版，第 63 页。

④ ［美］费正清等：《剑桥中国晚清史》（1800—1911·下卷），中国社会科学院历史研究所编译室译，中国社会科学出版社 1985 年版，第 488 页。

⑤ 朱浤源：《同盟会的革命理论：〈民报〉个案研究》，"中研院"近代史研究所，1995 年版，第 288 页。

⑥ 何振：《广州新军之动态》，载于中国社会科学院近代史研究所《近代史资料》编译室编《辛亥革命资料类编》，知识产权出版社 2013 年版，第 14 页。

我将来可以做学问，他们要爱护我，所以不劝我参加革命的事。"① 我们从上述两例可以看到，国内的新军和青少年学生，他们不仅受到来源于报刊和书籍的直接熏陶，而且还有同盟会会员的鼓吹和宣传教育。

3. 《民报》传播效果之局限性

《民报》的传播主阵地在日本，由于清廷禁止《民报》向内地的发行和运输，所以《民报》只能以各种秘密的方式输入国内，这就减弱了报刊的宣传力量，这一点在本章第四节中将继续论述。张玉法先生在分析同盟会对辛亥革命的贡献时指出："同盟会是在民族主义的大范围下与反满势力结合而发展的，兼主民权主义的是少数人，更兼主民生主义的不过孙中山及其左右数人。"他还总结了革命势力在武昌起义爆发后趋于分化的原因，其中第二方面，即是"革命的宣传在海外较普遍，国内对革命的主义大都一知半解，以为不过排满而已"。② 其实，就革命派而言，他们的宣传不仅受制于侧身海外的客观现实，他们在策略和意志方面也存在不足，革命党人"在火热的意识形态争论中，排满思潮沸沸扬扬，掩盖了其他问题"。"革命党人重视的是要赢得这场辩论，不大重视解决有关共和政体、土地政策和外国人在中国现代化中的作用等棘手问题，所以他们得不偿失：打赢了意识形态上的一场小遭遇战，却丢掉了争取对新中国的领导权"。③ 迈克尔·加斯特一针见血地指出："1905—1908 年的思想战线大辩论令人奇怪地脱离了中国的生活。辩论的内容不但忽视了百分之八十住在农村的人口，而且也脱离了城市新兴的运动。"④ 以上学者的分析，虽然是从革命的实践结果而得出，却也适合革命传播领域存在的问题；革命派在海外的报刊的确将重心放在了与君宪派的政治论争之上，对于启蒙民众和解决现实问题还不如君宪派的报刊以及国内众多的商业报刊和白话报做得多。⑤ 比如《民报》之中，章太炎一派的编撰者对中国国情了解得稍

---

① 胡适：《四十自述》，中国文联出版公司 1993 年版，第 56—57 页。
② 张玉法：《清季的革命团体》，"中研院"近代史研究所，1982 年，第 460 页。
③ [美] 费正清等：《剑桥中国晚清史》（1800—1911·下卷），中国社会科学院历史研究所编译室译，中国社会科学出版社 1985 年版，第 488 页。
④ [美] 费正清等：《剑桥中国晚清史》（1800—1911·下卷），中国社会科学院历史研究所编译室译，中国社会科学出版社 1985 年版，第 489 页。
⑤ 关于报刊与下层社会的启蒙，可以参看李孝悌《清末的下层社会启蒙运动：1901—1911》，河北教育出版社 2001 年版。

多一些，他们之中也仅有刘师培刊发《悲佃篇》和黄侃撰写了《哀贫民》，这也是《民报》中仅见的关乎下层民生的文章。不论是孙中山一系关注三民主义，还是章太炎一派关注国粹、宗教，他们"都带有十分浓厚的唯美色彩"。①

若从清末媒介空间的演化角度来看报刊之传播效果，则报刊之传播效果必然要受到社会、政治和经济的限制，美国学者柯文（Paul A. Cohen）把19世纪中国历史看成由若干不同层带所组成，分为"最外层带—中间层带—最内层带"，在最外层带传统的冲击—回应模式显然最为适用。②所以，笔者以为晚清报刊的传播效果乃根本受制于这一客观因素，在最外层带的城市之中能够阅读到报刊的频率远远大于后两者，这与当时《民报》中所表现出的精英意识也是相呼应的。从余英时到罗志田都观察到传统士人阶层逐渐被知识分子取代时出现的这样一种局面，"士为四民之首意味着士在社会上扮演领导角色，四民社会解体后知识分子因其浮动性和边缘化却未能完全接替这一社会的领导角色，近代知识分子在整个社会的地位实明显不如当年的士"。学者罗志田称章太炎和梁启超为"最后一代的士"，他们正处于士向知识分子转化的过渡时期。③学者崔波进一步阐述道："知识分子与社会的关系变得象征化和符号化，知识以知识符号形态影响社会，通过抽象的话语方式启蒙民众。……而抽象话语一旦匮乏建制化的基础，就会变得无足轻重。"④以上所述的两个层面的因素，都是处于晚清时代作为宣传者和启蒙者所不可避免的，《民报》作为典型的个案，从它的传播效果之局限性亦可以窥见辛亥革命的成功与失败。

4.《民报》受众的质疑之声

孙中山一系的革命党人对章太炎主办之《民报》并不满意，出于他们对章氏的宣传存在偏颇的认识。在以汪精卫任主编的《民报》复刊之前，同盟会的言论机关《中国日报》和《中兴报》于1909年11月刊发

---

① 朱浤源：《〈民报〉中的章太炎》，载于章念驰编《章太炎生平与学术》，生活·读书·新知三联书店1988年版，第358页。

② ［美］柯文：《在中国发现历史：中国中心观在美国的兴起》，林同奇译，中华书局2010年版，第42—43页。

③ 罗志田：《近代中国社会权势的转移——知识分子的边缘化与边缘知识分子的兴起》，载于许纪霖编《20世纪中国知识分子史论》，新星出版社2005年版，第134—136页。

④ 崔波：《清末民初媒介空间演化论》，北京大学出版社2012年版，第19页。

第五章　从革命到启蒙：章太炎与《民报》

文章提出章太炎在主持《民报》期间的五项指控。现节录如下：

其一，章与梁启超同办《时务报》以来，与保皇党之关系未尝断绝。……章以与梁启超交厚故，未有一文之助力。

其二，章炳麟以其一知半解、干燥无味之佛学论，占据《民报》全册之大部，一若以《民报》为其私有佛学之机关报者。

其三，章炳麟创为《无神论》，以排斥耶稣之道，以致内外同志多疑《民报》为排斥耶稣之机关报，摇惑人心，莫此为甚。

其四，章炳麟以个人私怨，竟借《民报》为攻城之具，日向《新世纪》宣战，……伤害同志之感情，徒贻外人之笑柄。

其五，《民报》出版以来，日政府绝不干涉，乃章炳麟倡言恢复台湾、朝鲜之义，又鼓吹暗杀，以挑动日人之恶感情，遂故有停止发行之命令。使章当日立论如第12号以前，则《民报》至今犹存也。①

姜义华先生对以上五条指控已经作了初步的辨析，②笔者拟针对前四条指控作进一步的驳辩。章太炎在《民报》第17号所刊发的《国家论》即是针对梁启超等人所宣传的国家主义论调而展开的驳辩，汪精卫曾就此问题与梁氏进行过论辩，章太炎则进一步从哲理层面对国家主义的立论进行了否定。章太炎与君宪派的论战，还体现在他所撰写的《〈社会通诠〉商兑》和《中华民国解》两篇文章中。《新民丛报》在1906年7月刊发了徐佛苏所撰写的《劝告停止驳论意见书》，在章氏的组织下，汪精卫撰写了《与佛公书》一文，汪东又继续撰写了《驳劝告停止驳论意见书》，分别刊发于《民报》，以坚决的态度驳斥了徐佛苏的调停论调。章太炎并没有因为与梁启超的私交而置公论于不顾。当时，革命派内外人士中对章氏阐扬佛学确有不满之意。日本人武田范之（梦庵）在《东亚月报》撰文质疑章太炎在《民报》中所刊发的《大乘佛教缘起说》一文，梦庵称："独怪《民报》之作佛报者，何为而然乎？《民报》既自标榜以其六条主义，此《缘起说》，足以济度恶劣政府乎？足以建设共和乎？佛教之平和思想，死于千载之上，曷得抱亡骸为维持新世界真正之平和之具。"在章

---

① 转引自姜义华：《章炳麟评传》，南京大学出版社2011年版，第109页。

② 同上书，第109—110页。

太炎作《答梦庵》一文进行驳辩后,梦庵又撰文指出:"有此哉,太炎之博大,而作此言也。梦庵窃悲其志,太炎以亡国遗民自居,欲以释教兴民德,梦庵之所同情也,然唱释教而兴民德则不可。宜兴释教,则民德自兴之,兴释教如何?曰在实行而已。"①章太炎仅酬答以六字:"公等足与治乎?"②孙中山一系《民报》撰稿人雷昭性(铁铮)同样对章氏宣传佛学提出质疑,他指出:"佛家之学,非中国所常习,虽上智之士,犹穷年累月而不得,况于一般国民,处水深火热之中,乃望此迂缓之学,以收成效,何异待西江之水以救枯鱼。"在章太炎看来,孔子儒学和宋明理学皆不足以持世,若要国人养成"治气定心之术",必须培养"勇猛无畏之心",章太炎之所以选择法相宗作为理论底色,是因为法相宗注重绵密之说理,符合近代学术"渐趋实事求是"的发展趋势,章太炎欲图建立"依自不依他"的无神宗教。③章太炎在《答铁铮》一文中还修正了自己对基督教的认识,他以更加包容之心对待有信仰之人,他指出:"基督教正在天、人二乘之间,是则即而用之可矣。"④针对上述第四条指控,如何看待章太炎与吴稚晖为首的"新世纪派"的论争,朱维铮先生业已指出:"《定复仇之是非》,则对梁启超、吴稚晖等从左右两侧向革命派的民族主义进行的夹击,予以批驳。而《排满平议》,又揭露吴稚晖等拿无政府主义空谈来否定'排满革命'实际任务的伎俩。"⑤那么,我们又如何看待《民报》之中章太炎与吴稚晖关于"苏报案"这一历史旧事的争论呢?章氏在《复吴敬恒书》中称吴稚晖为"自慕虚荣"之辈,乃"康有为门下之小吏,盛宣怀校内之洋奴"。⑥章太炎不耻于吴稚晖的行为,并非因为吴氏讲无政府主义而与他观点相异,也并非因为吴氏反传统、反国

---

① 汤志钧编:《章太炎年谱长编》(增订本·下册),中华书局2013年版,第664—665页。
② 太炎:《再答梦庵》,载于《民报》1908年8月10日,第23号,第133页,科学出版社1957年版。
③ 太炎:《答铁铮》,载于《民报》1907年6月8日,第14号,第113—114页,科学出版社1957年版。
④ 太炎:《答铁铮》,载于《民报》1907年6月8日,第14号,第122页,科学出版社1957年版。
⑤ 朱维铮:《音调未定的传统》(增订本),浙江大学出版社2011年版,第210页。
⑥ 太炎:《复吴敬恒函》,载于《民报》1908年2月25日,第19号,第118页,科学出版社1957年版。

粹的文化观与他不同,而是因为吴氏在"苏报案"中的"献策"行径令天下之人倍感其人格低下。所以章太炎在《民报》刊发两封致吴稚晖之通信以揭露吴氏背叛革命之旧案,章氏视吴稚晖"非革命党也",① 原因正在于吴氏之无革命道德,两文乃是为揭示革命之道德的宗旨而作,并非为"个人私怨"。

学界也对部分文章是否能够达到宣传革命的目的存在争议,《民报》读者中,亦有对章太炎之《俱分进化论》以及中国、印度关系之见解产生异议者,章氏分别撰写《与人书》和《答祐民》两文进行回复,具体过程则不再赘述。上文所引述的部分革命党人对章太炎提出的五项指控,经过重新辨析,可以发现,几乎属于对章氏的误读,究其根源,还是因为党见和政治观点的相异而产生的偏颇之见。周作人在回忆录中记载了《民报》被封禁之后,孙中山一系对章太炎的褊狭之态度,他记载道:"日本政府这时是等着机会的,因为有了满清政府的要求,想禁止《民报》,就趁这个机会来小题大做了。说是违反出版法,不但禁止发刊,而且对于原编辑人科以罚金一百五十元,如过限不交,改处惩役,以一元一天折算。民报社经济很窘,没有钱来付这笔罚款,拖到最后这两天里,龚未生走来告诉鲁迅,大家无法可想,恰巧这时许季茀经手替湖北留学生译印《支那经济全书》,经手一笔经费,便去和他商量,借用一部分,这才解了这一场危难。为了这件事,鲁迅对于孙系的同盟很是不满,特别后来孙中山对胡汉民等在法国复刊《民报》,仍从被禁止的那一期从新出起,却未用太炎的那一份,更显示他们褊狭的态度来了。"② 今日,若能平心对此问题进行审视,则可以较为理性地理解《民报》中的两大派别。《民报》时期的章太炎思想最易使人误解,日本京都大学的小野川秀美教授曾认为:"在《民报》相继刊载的章炳麟论文,除了鼓吹民族主义之外,又出现另一种与从前完全不同的倾向,那就是虚无主义。排满与虚无二种主义相交错,而使杂志呈现多彩多姿。但这种虚无思想是否能成为排满主张的积极佐证,颇成疑问。其实排满与虚无相抵,反而令孙派失望,不久成为促进

---

① 太炎:《再复吴敬恒书》,载于《民报》1908年7月10日,第22号,第131页,科学出版社1957年版。

② 周作人:《苦茶——周作人回想录》,敦煌文艺出版社1995年版,第178页。

两者思想对立的原因。"① 认为章氏主张虚无主义，这并不恰当，笔者在前文《〈俱分进化论〉之指导意义》一节中已经进行了辨析，章太炎在《建立宗教论》一文中提出佛教的普及在于未来，而非今世；他在《五无论》中亦指出："今日欲飞跃以至五无，未可得也。还以随顺有边为初阶，所谓跛驴之行。"② 那么，章氏认为当时革命的要务必须首先进行革命道德的宣传和建设，经由此径"排满"革命才可能成功。从章太炎反对吴稚晖等"新世纪派"之无政府主义，同样可见其思想并非停留在虚无之境。若论及思想的迂远和不切实情，孙中山的民生主义同样是立足于遥远的未来，从《新民丛报》对《民报》的攻击便可看出，正如朱浤源先生所言："未雨绸缪的社会革命论，理论最复杂，与清末人民心理需要的距离最遥远，产生的力量也最小。"③ 从革命宣传角度，我们看到，不论是孙中山还是章太炎，都受到了时人的质疑和批判；若以思想家和哲学家的深邃眼光来看，我们应该超越《民报》中的派别之见，这样才能够更加客观地对待东、西文化共同浸淫下的晚清政治与学术。

（六）《民报》与晚清侠风

1. 侠与暗杀风潮

《民报》时期，章太炎欲用侠客精神的历史记忆来唤醒民众久已沉寂的内心，对于侠客精神的宣传之中更加体现了他的反满之志向。章太炎对于侠客行暗杀之行为，在晚清之世是很具代表性的，他在《排满平议》一文中剖析了排满和排汉的界域，同时他还对于革命党人所暗杀的对象进行补充说明，他说："若汉族为彼政府用，身为汉奸，则排之亦与满人等。近世革命军兴，所诛将校，什九是汉人尔。"章太炎又举徐锡麟和吴樾之例，指出"游侠刺客之所为，复不以满人、汉人为别"。④ 这与吴樾

---

① 朱浤源：《〈民报〉中的章太炎》，载于章念驰编《章太炎生平与学术》，生活·读书·新知三联书店1988年版，第314—315页。

② 太炎：《五无论》，载于《民报》1907年9月25日，第16号，第22页，科学出版社1957年版。

③ 朱浤源：《同盟会的革命理论：〈民报〉个案研究》，"中研院"近代史研究所，1995年版，第336页。

④ 太炎：《排满平议》，载于《民报》1908年6月10日，第21号，第12页，科学出版社1957年版。

在《暗杀时代》一文中所列的先杀满族亲贵,再杀汉臣张之洞、岑春煊诸人是一致的,当时的暗杀事件大都是按照先满后汉的逻辑在进行,从下文的论述可以看到,这与革命报刊的宣传有很密切的关系。

曼华在《同盟会时代〈民报〉始末记》中提到《民报》提倡侠风与其封禁的问题,《民报》至第二十三期,章太炎再次接手主编一职,汤增璧为副。1908年4月、5月革命党发起的第二次钦州之役和河口之役先后失败,革命处于低潮时期。"汤氏鉴于革命工作,进行困难,复倾慕一九零五年以来俄国革命党人之事业,撰论文章,如《崇侠篇》(第二十三期)、《革命之心理》(第二十四期),咸激励侠风,以暗杀为急务"。① 这里,笔者要指出曼华所强调《民报》提倡侠风在第23、24期,不符合《民报》的实际情况,其实《民报》前六期就有对于暗杀事件的鼓吹,提倡侠风则更早,现列举如下:第2号所刊图画《虚无党女杰苏菲亚肖像》,第3号所刊图画《无政府党首创者巴枯宁》《炸清五大臣者吴樾》,第4号所刊图画《露国拔苦总督拉加希芝太公被炸之真景》以及译丛《欧美社会革命运动之种类及评论》,第6号所刊图画《史坚如》。其中《欧美社会革命运动之种类及评论》一文系统地介绍了无政府主义的产生和源流,并指明无政府主义和暗杀的关系:"无政府主义,列为三派:曰哲学的无政府主义,曰基督教无政府主义,曰破坏的无政府主义。……至所谓破坏的无政府主义者,乃受雄烈猛健巴枯宁之遗钵,志在毁销旧社会之组织,创人类平等自由之新世界。牺牲生命运动革命者也,一名共产无政府党,或虚无党。破坏的无政府党之运动有三:曰鼓吹,曰密交,曰暗杀。"② 章太炎在主持《民报》之后,继续坚持对于社会主义、无政府主义、俄国虚无党等方面的介绍,值得注意的是,革命党人中间也有不赞同把无政府主义作为最终目的的,但是其暗杀的手段却是可以借鉴的。自禹之谟因萍浏醴起义被清廷罗织罪名杀害于狱中,继而1907年7月徐锡麟因刺杀安徽巡抚恩铭被俘,英勇就义,随后,秋瑾亦因徐锡麟刺杀案发而被围于大通学堂,抵抗失败被捕,在浙江绍兴轩亭口就义。革命同志的相

---

① 曼华:《同盟会时代〈民报〉始末记》,载于《辛亥革命资料丛刊》编委会、中国史学会编《辛亥革命》(二),上海人民出版社1957年版,第444页。

② 社员译:《欧美社会革命运动之种类及评论》,载于《民报》1906年5月1日,第4号,第126—127页,科学出版社1957年版。

继流血,促使《民报》编辑者决定在舆论上给予清廷有力的回击。

《民报》所开展的这场对于侠客和暗杀之风的舆论鼓吹,核心人物就是章太炎的三位弟子,汪东、黄侃和汤增璧,我们从他们的行文之中可以大略看到章太炎思想的影响,当然这场心理战可谓从社会效应上对清廷产生了巨大的影响。《民报》第 16 号刊载了两幅图片,分别为《徐锡麟烈士》和《秋瑾女士》,汪东在本号中撰写有时评《安抚恩铭被刺事件》以及政论《刺客校军人论》。《民报》第 17 号继续刊载了安庆起事中两位烈士的照片,《陈伯平肖像》和《马宗汉肖像》,附录中刊载了章太炎所撰写的《祭徐锡麟陈伯平马宗汉秋瑾文》和《〈秋瑾集〉序》。进而《民报》第十八号刊载黄侃的文章《释侠》和南史氏的《徐锡麟传》,这一连续对于徐锡麟刺杀事件的宣传,并且伴随着对虚无党历史和暗杀的鼓吹(一直持续到第 24 号封禁为止),颇能够看到《民报》同人对于革命形势的高度关注,笔者以为《民报》宣传侠和暗杀风潮的舆论构建,其实并没有超出章太炎所提出的培养革命者"确固坚厉,重然诺轻死生"之革命道德的范畴,①而是对于革命者提出了更加具体和紧要的任务。汪东《刺客校军人论》、黄侃《释侠》、汤增璧《崇侠篇》可谓是宣传侠客和暗杀风潮的代表。汪东通过刺客和军人的互相比较,称赞刺客"剽悍趫荦,轻于生死,但使荷载戎行,绝无拦道牵衣哀离惜别之态,宁不为胜"。又说:"军人之所求者生,而刺客之所求者死。故曰刺客之道,必死之道也。"刺客具备军人所难以具备的"坚忍卓特"精神,然而,汪东对两者的比较,其目的并非为了分其高下,而是为了表明时下革命之义军应该具备怎样的素质。②自然,刺客和革命义军都是革命排满的生力军,二者缺一不可,军人更应该学习刺客的"坚忍卓特"精神。我们看到,汪东欲通过讥刺的方式激发革命义军的斗志并培养他们的革命情操,在宣传效果上自然更胜一筹。黄侃的《释侠》一文从历史考证的角度梳理了侠的起源及发展脉络,他明显受到章太炎的影响,认为儒、侠具有相似之心迹,古之圣哲皆具备侠之操行,"侠之名,在昔恒与儒儗,《儒行》所言,固

---

① 太炎:《革命之道德》,载于《民报》1906 年 10 月 8 日,第 8 号,第 30 页,科学出版社 1957 年版。

② 寄生:《刺客校军人论》,载于《民报》1907 年 9 月 25 日,第 16 号,第 94—97 页,科学出版社 1957 年版。

侠之樵略,'虽危起居,竟信其志,犹将不忘百姓之病'。非大侠其孰能与于斯,古之圣哲,悲世之沉沦,哀烝民之失职,穷阨不变其救天下之心,此侠之操也。自击刺之萌,闾里之尚气者兴,侠之畛固少少削矣,然而势足以惊强御,力足以制豪雄,亦民之慈父也"。黄侃概括了侠者所具备的四种品质,其一"以夹辅群生为志",其二"有所挟持以行其意",其三"途径狭隘",其四"其心宁静,其事爽捷";所谓挟持者"据侠之心,气为其先,奏功之时,器为其要",救民之途径有万端,侠者"独取诸暗杀"。作者呼吁志士仁人应在光复旧邦的过程中以侠者自任,"济元元之困苦,宜孰大焉,儒者言仁义,仁义之大,舍侠者莫任矣。呜呼!光复之事久不能集,凡我汉民,死丧无日,不平之气充塞于禹甸之中,侠者其焉能忍此终古耶"。① 汤增璧称"侠之不作,皆儒之为梗""儒为专制所深资,侠则专制之劲敌",汤氏批判秦以后之新儒学对于侠之精神的消解,其大旨正是延续了章太炎和黄侃关于儒侠精神的正面言说,他的反弹琵琶在宣传效果上可谓与前辈作者异曲同工。他热情地称颂革命者的刺杀行为,"吴樾一弹,徐锡麟一击,风雨为泣,鬼神为号,祖宗玄灵于是焉依"。革命志士的行为改变了"神州无刺客风,大盗彰彰,二百余年为虑"的局面,"满廷之覆,如摧枯朽"。汤增璧的文章最精妙处就是他将侠之志与种族革命联系起来了,我汉族侠史"上古多忠于一家,被其遣役;中则风义相高,用情于古旧;今兹则种族之思,祖国之念,为民请命,而宏大汉之声"。② 汤增璧在《民报》第二十四号刊发的《革命之心理》一文,可谓将《民报》激扬之侠风推向最高潮,汤氏最后指出:"其侠也其虚无党人一尔,夫吾之激扬侠风何哉?欲以陈师鞠旅,化而为潜屠暗刺,并以组合苴盟,转而为径情孤往。"③ 可以说,后期《民报》通过宣传中国传统侠之精神以达到鼓吹暗杀之目的,比宣传俄国虚无党之暗杀更符合中国人的心理,这是《民报》同人利用传统文化资源实现革命目的的有力实践。我们若思考当时《民报》的编辑和撰稿人们为什么要集

---

① 运甓:《释侠》,载于《民报》1907年12月25日,第18号,第27—30页,科学出版社1957年版。

② 揆郑:《崇侠篇》,载于《民报》1908年8月10日,第23号,第28—34页,科学出版社1957年版。

③ 伯夔:《革命之心理》,载于《民报》1908年10月10日,第24号,第34页,科学出版社1957年版。

中鼓吹暗杀之风呢？答案就在《民报》中间，如前述革命党人1908年4月、5月间在华南地区举行的起义失败之后，革命形势给人一种颇为暗淡的前景，国内民众与清廷的矛盾也愈加激烈；另外，自1906年以来清廷内外兴起的立宪运动也对革命宣传起到不少消解的作用，所以，此一时期鼓吹任侠之风也有鼓舞士气之目的。《民报》第十一号曾刊载了一篇读者来稿，病已所撰的《敢死论》，作者真名今日已不可考。他的这篇文章指出社会各阶层的人士都应该培养敢死精神，才能够使国民虎虎有生气，才能够与万国争权利。他首先论述道："于虖今日吾辈之所最缺乏者，惟敢死之武德耳""教无论良桔，皆当以提倡敢死之事为目的，人无论圣凡，学无论精粗，皆当以实行敢死之事为结果。吾尝观之社会，其智冠侪辈学究天人渊渊乎有道心者，大抵有敢死之气，下至草野之盗贼，间巷之小民，奋臂竞争，无所畏惮，亦决非畏死之徒之所能者"。① 他这种"军国民"的思想，表现了民众对于那个时代救亡课题的关注，同时也凸显出读者对于《民报》激扬侠风的呼应。

《民报》在其临时增刊《天讨》之上刊发过烈士吴樾的《吴樾遗书》，其中包括《暗杀时代》一文。此文乃是因刺杀而就义的烈士切身体会之作，所以编辑者刊发此文能够起到警醒世人的作用。吴樾不仅以个人的牺牲试图唤醒民众，他还给后人留下了宝贵的思想资源，他在《暗杀时代》中向世人宣告："夫排满之道有二：一曰暗杀，一曰革命。暗杀为因，革命为果。暗杀虽个人而可为，革命非群力即不效。今日之时代，非革命之时代，实暗杀之时代也。"吴樾之所以提出这样的判断，正是基于当时俄国无政府主义思潮的影响，他断言称："十九世纪下半期，为虚无党之暗杀时代；二十世纪上半期，则为虚无党之革命时代。"他在这里是疾呼暗杀必须迅速开展，其暗杀之目标在于"杀那拉、铁良、载湉、奕劻诸人，亦足以儆其余。满奴虽多，而杀张之洞、岑春煊诸人，亦足以惧其后"。吴樾视暗杀者为革命党之"战兵"，复仇者为革命党之"援兵"，暗杀在革命中起到先锋模范的作用。② 并非只有革命派才注重对于暗杀的宣传，

---

① 病已：《敢死论》，载于《民报》1907年1月25日，第11号，第109—110页，科学出版社1957年版。

② 吴樾：《暗杀时代》，载于张枬、王忍之编《辛亥革命前十年间时论选集》（第二卷），生活·读书·新知三联书店1963年版，第715—720页。

第五章　从革命到启蒙：章太炎与《民报》

后文将要叙述的关于君宪派所办报纸与《民报》的相关性因子部分，已经总结出第五和第六两类相似因子，①《新民丛报》也比较重视对俄国无政府主义思潮和运动的宣传，目的乃是形成一种恫吓和恐怖的社会舆论，为逼迫清政府进行立宪改革开路。梁启超也对暗杀行为表示赞同，他在《论俄罗斯虚无党》一文中称："暗杀者手段较易秘密，而宗旨则竟不必秘密者也，虚无党于诸种手段之中，淘汰而独存此最优胜者，可谓快事，可谓快人。"又说："虚无党之手段，吾所钦佩，若其主义，则吾所不敢赞同也。"②梁启超所宣传之俄国暗杀官吏、皇帝事件和恐怖氛围，指出暗杀事件之所以频繁发生，其根本原因乃是政府虐民所致，假如"政府诸公，乃必欲奉俄政府为导师，尽罔吾民以陷于刑僇，而己亦以身殉之耶"。梁氏的语言既诙谐又极具震撼力，"而一年之间，官吏之被杀者以六、七百计，炸弹凡数百见，凡服官于俄政府之下者，皆戴头颅以暂住于人间，而性命之存续，仅得以刹那、刹那计耳，则斯亦天之僇民也。"③由此，我们看到，革命党人以侠者和暗杀精神鼓舞人民向清廷发难，而梁启超宣传暗杀主义则主要是为了震慑清廷以实现立宪改革和善待民众，两派目标不同，却代表着他们对于国家前途和未来的设想，都是为了救民于苦难的深渊。

2. 借来侠胆助更化：《民报》激扬侠风之内在理路

上文述及章太炎及其三位弟子对于侠客精神的推崇，在《民报》前六期中只有对暗杀的宣传，但是从章太炎主持《民报》之后，我们才能够感觉到《民报》群体将侠客精神与暗杀逐步融合，实现中国传统的任侠精神与俄国虚无党的暗杀风潮衔接，不妨称之为太炎群体对于中国儒侠传统的创造性转化。然而，要厘清《民报》为何引入侠之观念，还要从同盟会的构成说起。

1903年春，抗法拒俄运动展开，4月，留学界钮永建、秦毓鎏、叶澜等以俄国强占我国东北，发起拒俄义勇队，5月11日，旋即改称军国民教育会，规定宗旨为"养成尚武精神，实行爱国主义"。不久之后，秦毓

---

① 具体可参见下一节中《君宪派所办报刊与〈民报〉的相关性因子》小节相关内容。
② 中国之新民：《论俄罗斯虚无党》，载于《新民丛报》1903年11月2日，第40号/41号，第73—74页。
③ 饮冰：《现政府与革命党》，载于《新民丛报》1906年10月18日，第89号，第34页。

鉴以该会宗旨不明，主张改为"养成尚武精神，实行民族主义"。① 从义勇队开始，到军国民教育会成立，此一运动在名义上为拒俄，实质上为排满。自军国民教育会成立后，各省会员多返国活动。湖南黄兴等结徒散票，别立一会，名"华兴会"。浙江龚宝铨等初组暗杀团，旋扩大为光复会。其后军国民教育会之名虽泯，其会员则散布于各地。② 由此可知，同盟会中的两支力量，华兴会和光复会都源流于军国民教育会，养成了尚武和暗杀的组织背景。当时暗杀团的目的乃是"欲先狙击二三重要满大臣，以为军事进行之声援，所订规章，极为严密"。③ 1904年10月，光复会在上海成立，其主要成员龚宝铨就是军国民教育会暗杀团的团员之一，所以我们便能够了解光复会的誓词何以为"光复汉族，还我河山，以身许国，功成身退"。④ 学者邵雍指出："19世纪末20世纪初，资产阶级维新派、革命派均注意到了帮会这股潜在的社会力量，称他们是豪杰、好汉。"⑤ 不论是孙中山之兴中会，还是华兴会、光复会，皆与会党和秘密社会有极深的渊源，章太炎是光复会的创始人，也曾与蔡元培、邹容在上海爱国学社选拔学生组织义勇队，章氏对于侠和暗杀之态度已很明显。晚清之世，需要侠的精神，正如黄侃所言："苟强种不除，暴政不戢，富人不死，侠其得群黎百姓之心乎？"⑥ 同盟会成立后同样组织了暗杀机关，据吴玉章的回忆中说，"而孙中山先生在他的革命活动中，也把组织暗杀作为重要的革命手段之一。……至1905年后，这种暗杀活动更为扩大了，同盟会特地组织了一个专司暗杀的部门，由方君瑛（女）负责主持，我和黄复生、喻云纪、黎仲实、曾醒（女）等也参与其事"。⑦ 另外一暗杀组织支那暗杀团由同盟会香港分会集合华南地区革命志士构成，李熙斌记载了其成立过程，"（1910年，笔者注）是年春，汪精卫、黄复生、喻培伦、陈

---

① 汤志钧编：《章太炎年谱长编》（增订本·上册），中华书局2013年版，第92页。
② 张玉法：《清季的革命团体》，"中研院"近代史研究所，1982年，第257—273页。
③ 冯自由：《中华民国开国前革命史》，广西师范大学出版社2011年版，第239页。
④ 陈魏：《光复会前期的活动片段》，载于中国人民政治协商会议全国委员会文史资料研究委员会编《辛亥革命回忆录》（第四集），文史资料出版社1981年版，第127页。
⑤ 邵雍：《中国近代会党史》，合肥工业大学出版社2009年版，第1页。
⑥ 运甓：《释侠》，载于《民报》1907年12月25日，第18号，第28页，科学出版社1957年版。
⑦ 吴玉章：《辛亥革命》，人民出版社1961年版，第98页。

第五章　从革命到启蒙：章太炎与《民报》

璧君、黎仲实谋炸清摄政王载沣，事泄。精卫、复生被逮。粤、港同志闻之益愤。于是刘师复、朱述堂、谢英伯、陈自觉、高剑父、程克聚议组织暗杀团，遂定团章，分执行员与补助员两种，设机关于香港般含道十六号，定名支那暗杀团"。①支那暗杀团在广州实行了暗杀水师提督李准和广州将军凤山的计划，在华南地区的影响力颇大。《民报》作为同盟会的宣传机关之核心，其所担负的对于革命精神和革命信仰的培养之责殊为重要，章太炎任主编之后以革命精神的输出为武装起义之外的又一要务，而中国传统的侠客精神正可以与晚清世风相和，与排满革命相合。有学者分析道："由于无论是保守的维新派人士，还是资产阶级革命派，在谋事之初，手中都不掌有兵权，没有自己的武装，只是愤于国事日不可为和朝廷的软弱腐败，奋起从事在一般人看来是大逆不道的革命；又由于他们所从事的革命充满了危险，甚至一时并不能看到成功的希望，十分需要一批富有牺牲精神，忠于信仰、敢于任事的义士，作不计较声名报酬的纯粹的奋斗，所以，大抵都用历史上的侠义之士相号召，以激发时人的勇气，砥砺其斗志。"②

暗杀与武装起义可谓革命党人在两条战线上的斗争，如汪东所言刺客与军人可谓"相须为命"，在《民报》之中，孙中山兴中会一系本就以策动华南边地起义为主，而光复会可谓于暗杀有所侧重。《民报》相续宣传了吴樾爆裂出洋五大臣和徐锡麟安庆刺杀恩铭的壮举，在当时的反清舆论中形成了一股暗杀的潮流，相伴而生的就是国内对清廷官员所施行的刺杀行动，这亦可以看作思想传播与革命实践之间的一种内在逻辑，正是报刊对受众群体思想的塑造和引导。正如法国社会心理学家勒庞所指出的，"早就有人正确地指出，观众会要求舞台上的英雄具有现实生活中不可能存在的勇气、道德和美好品质"。③《民报》的编辑者试图将虚无党的暗杀主义与中国传统的侠义精神实现榫接，事实证明他们的宣传动员是一种成功的创造性转化。在报刊这一阵地中，除却对西方政治领袖华盛顿、巴枯宁等人的宣传之外，其所鼓吹的几乎都是因暗杀而牺牲的英雄，吴樾、徐

---

① 李熙斌：《记同盟会中之一个暗杀团》，载于《新声》1930年第17期。
② 汪涌豪、陈广宏：《侠的人格与世界》，复旦大学出版社2005年版，第64页。
③ ［法］古斯塔夫·勒庞：《乌合之众：大众心理学研究》，冯克利译，中央编译出版社2004年版，第25页。

锡麟、秋瑾、陈伯平、马宗汉等，这一批新式知识分子，皆具有光复会背景，大多留学日本。他们承继了中国传统侠者的慷慨悲壮、从容赴义，直面屡战屡败的华南起义，为了挽救衰颓的民气，革命志士高扬上古尚武之风，前仆后继对清廷的官员实施暗杀，直至所谓革命成功之日。

汪精卫本人是《民报》前期的重要撰稿人，他们这种蹈死赴义的精神，表现了《民报》所宣扬的"重然诺轻死生"的革命道德；病已曾借用吴梅村的绝命词描述当时社会世态，"恨当年沉吟不断、草间苟活，古来之庸人，古来之贱奴，皆畏死之人耳。"① 前仆后继的革命志士挺身而出，不仅是对以上批判的有力回击，暗杀更成为历史进程的有效助力。孙中山在1923年撰写的《中国革命史》一文中对革命党人在辛亥前所行的刺杀事件进行了很全面的总结，他说："其奋不顾身以襫执政之魄者，则有刘思复之击李准，吴樾之击五大臣，徐锡麟之击恩铭，熊成基之击载洵，汪精卫、黄复生等之击摄政王，温生财之击孚琦，陈敬岳、林冠慈之击李准，李沛基之击凤山。其身或死或不死，其事或成或不成；然意气所激发，不特敌人为之胆落，亦足使天下顽夫廉、懦夫有立志矣！"② 今日，阅读革命义士的供词可以想见他们的侠肝义胆和革命精神，熊成基被逮后供词中称："我今早死一日，我们之自由树早得一日鲜血；早得血一日，则早茂盛一日，花方早放一日。故我现望速死也。呜呼政府！尔等决不能诛尽我党，亦只有愈死愈多而已。"③ 中国同盟会北美支部会员邝佐治刺杀清贝勒载洵时被美方警署逮捕，他在供词中说："吾此举在于唤起我国民族之革命精神，及予满洲君臣以严厉之警告，万死不辞，安用脱罪为。"④ 此亦可见海外华侨虽然远离宗邦，依然深受革命思想影响至深，报刊传播之力厥功至伟。徐锡麟安庆一役，促使清廷加紧了立宪改良之步骤。据郭廷以先生所著的《近代中国史纲》记载，"徐案发，两江总督端方恐惧地说：'自是而后，我辈将无安枕日矣。'浙江巡抚及绍兴知府亦

---

① 病已：《敢死论》，载于《民报》1907年1月25日，第11号，第111页，科学出版社1957年版。

② 孙中山：《中国革命史》，载于中山大学历史系孙中山研究室、广东省社会科学院历史研究室、中国社会科学院近代史研究所中华民国史研究室合编《孙中山全集》（第七卷），中华书局1985年版，第65页。

③ 冯自由：《中华民国开国前革命史》，广西师范大学出版社2011年版，第392页。

④ 冯自由：《革命逸史》（上），新星出版社2009年版，第365页。

以秋瑾之死备受舆论指责。革命党的行事，震慑了满清官吏，激动了人心公愤"。① 徐珂记载道："达官贵人尝言曰：'革命不足畏，惟暗杀足畏。'自后当事者咸有戒心矣。"② 据冯自由记载，"京津同盟会军事部部长彭家珍炸死宗社党领袖良弼之后，奕劻以告清太后隆裕，清室震栗，由是逊位之局乃定。是则南北合议阻力之消除及清帝逊位之决心，实家珍一弹之力有以致之，厥功伟焉"。③ 同样说明暗杀可以扭转时局，亦表明革命派部分人士已着手向清廷统治中枢发难。

汪精卫是《民报》社中前期论战的主力，他的政论引用西方学理足可以抗衡梁启超，他后来之所以选择暗杀摄政王载沣，有其内心的考量，也有革命氛围之影响，但他绝对是宣传家中的武力实行者，践行了《民报》激扬侠风和暗杀的舆论构想。他在致胡汉民的信中详细地阐述了自己欲行暗杀之举的想法：

> 无如革命党之行事，不能以运动为已足，纵有千百之革命党，（此指真革命党）运动于海外，而于内地全无声响，不见有直接激烈之行动，则人几忘中国之有革命党矣。故运动与直接激烈之行动，相须而行，废一不可，而直接激烈之行动，既予人以共见，即无术以使虏之不从此加意于提防，然不能因避虏之加意提防，而遂停止其直接激烈之行动，是所谓因我进步，虏亦进步，犹愈于虏进步，而我不进步也。④

汪精卫所论，亦以表明部分革命党人鉴于华南边境地区的武装起义屡起屡败，他们开始构想在清廷统治核心开展暗杀活动，汪氏向胡汉民解释革命不仅需要海外运动和鼓吹，还需要内地开展激烈的暗杀行动，革命党人的这种认识从吴樾所撰《暗杀时代》之前便已开端倪，纵观辛亥前十年，以《民报》为核心阵地的革命党人所激扬的这股侠风，其影响何止于晚清十年，在民国之初，依然有早期同盟会会员对其鼓吹。沙淦在辛亥革命之后加入江亢虎组织的中国社会党，并主编《社会世界》杂志，他

---

① 郭廷以：《近代中国史纲》（上），中文大学出版社1980年版，第387页。
② 徐珂编撰：《清稗类钞》（第八册），中华书局1986年版，第3710页。
③ 冯自由：《革命逸史》（上），新星出版社2009年版，第380页。
④ 汪精卫：《与胡汉民书》，载于《汪精卫全集》（二集），三民公司1929年版，第170—171页。

在杂志第一期上发表《侠团宣言》，其中提道，"是不得不希望任侠之士，抱定平除强权为社会平所不平唯一之宗旨，不惜健儿身手，实行古侠叉之所为，而以联络声气、交换学术匡辅之，庶几日有所益，行之可久，令人间不致常演强食弱肉之惨剧。此侠团之所以发起乎！维我国今当多事之秋，爱国志士牺牲个人力任国艰，固在在有之，任侠之风曷尝少衰于昔日耶？"① 由此，我们便能够大致了解《民报》在晚清所掀起的这股侠风在近代历史中的影响力了，只不过它会以不同的面目出现在各类社会组织和团体之中。

三 《民报》与革命舆论的构建

（一）君宪派所办报刊与《民报》的相关性因子

现将《新民丛报》与《民报》相似之处概括为以下六个方面：

其一，对于革命的宣传。梁启超在《新民丛报》1906年之前已展开对革命的宣传。

其二，在政论之外，君宪派报刊重视学术研究。《新民丛报》设"学说""学术""历史""绍介新书"等栏目。这与章太炎等重视国粹是一致的。

其三，重视"国魂"改造，开展"思想启蒙"与道德建设。参见梁启超《新民说》、蒋观云《国家与道德论》（《新民丛报》第64号）。

其四，提倡佛学，抵制孔教。参见梁启超《保教非所以尊孔论》（《新民丛报》第2号）、《论佛教与群治之关系》（《新民丛报》第23号）、蒋观云《佛教之无我轮回论》（《新民丛报》第66、67、68号）。

其五，宣传社会主义与无政府主义。参见梁启超《中国之社会主义》（《新民丛报》第46、47、48号合刊）、梁启超《论俄罗斯虚无党》（《新民丛报》第40、41号合刊）、梁启超《俄罗斯革命之影响》（《新民丛报》第61号）、烟山专太郎《俄罗斯之政党》（《新民丛报》第82号）。

其六，鼓吹暗杀。（其中《民报》表现为激扬"侠风"）

---

① 愤侠：《侠团宣言》，葛懋春编《无政府主义思想资料选》（上册），北京大学出版社1984年版，第224页。

第五章　从革命到启蒙：章太炎与《民报》

1. 君宪派与革命派舆论中的相同因子

梁启超在《新民丛报》第1号的《本报告白》中言明办报宗旨，其一，鉴于"国民公德缺乏，智慧不开"，"本报取大学新民之义，以为欲维新吾国当先维新吾民"；其二，"本报以教育为主脑，以政论为附从"，侧重于国民"国家主义之教育"；其三，本报"持论务极公平，不偏于一党派"。① 由以上宗旨，我们可以看到，《新民丛报》已经由《时务报》时期所谓维新派的"党报"，逐步转型为新型的以国民教育为主要目标的大众传播型报刊，从《清议报》时期就已经彰显了这一宗旨。所谓"新民"就是侧重对于民众的启蒙和教育，由《时务报》时期的开官智完全转变为开民智的报刊，对于国家主义的宣扬，从而使君宪派的报刊具有了一种未来意识，这种意识首先使国民认清了朝廷和国家的区别；其次不论是君主立宪还是民主共和，其目标都是建立现代意义上的国家，所以《新民丛报》所宣扬的国家主义既具有未来意识，又具有超越意识。我们再看《民报》的宗旨，其所针对的宣传目标也是一国范围内的民众，将三大主义，民族、民权、民生灌输于人心，与《新民丛报》最大的不同就是必须清除"异种残之"的毒害。《民报》与《新民丛报》最相似之处就在于启迪民智，两派都以精英人士自认，具有一种"优位意识"。孙文认为20世纪初的国民乃是"沈梦不起"，国家乃是"万事堕坏"，革命党人正应该担负起"先知先觉之天职"，醒民于渴睡之中，最终将"革新之学说"化为常识，达"事半功倍"之效，《民报》乃是"舆论之母"。② 这种"舆论之母"的见解与《二十世纪之支那》的办刊宗旨也是一致的，"吾人将以正确可行之论，输入国民之脑，使其有独立自强之性"，进而与世界上其他文明国家的国民"有同一程度"，使支那为"世界第一强国"。③

《新民丛报》和《民报》都对民族主义和社会主义进行了宣传，其内容可能差别不大，但是得出的结论却不尽相同。例如宣传法国大革命及其他国家的革命思想时，《新民丛报》得出的结论是在中国不可行，对于暗杀与无政府主义的宣传也是为了威吓清廷及守旧势力，为其立宪政治铺平

---

① 《本报告白》，载于《新民丛报》1902年2月8日，第1号。
② 孙文：《发刊词》，载于《民报》1905年11月26日，第1号，第1—3页，科学出版社1957年版。
③ 卫种：《发刊之趣意》，载于《二十世纪之支那》1905年6月3日，第1期，载于罗家伦主编《中华民国史料丛编》，中国国民党中央委员会党史史料编纂委员会，1983年，第8页。

道路。梁启超在《国家思想变迁异同论》中认为"吾国于所谓民族主义者,犹未胚胎也",而欧美列强则已经"由民族主义而变为民族帝国主义"了,所以20世纪初的中国之民族主义任务有两个,其一,"在于本国也,人之独立";其二,"在于世界也,国之独立"。① 所以,梁启超所谓的民族主义不包括"攘逐"满族的成分,而是涵盖启迪民智,灌输国家思想于国民心中,反对专制制度,争取民权;再者就是反对帝国主义国家的侵略。而《民报》同人的民族主义除具备梁启超以上所述两层内容之外,主要指"排满"革命。他们视明朝灭亡为"亡国",将这种异族相代,称为国家沦亡,所以"逐满"即是行使国家主义的要义。《民报》自发刊以来即秉承不持排外主义的主张,孙中山在1904年8月向美国人民所作的呼吁《支那问题真解》一文中阐明了中国人民热爱世界和平的愿望,并从历史角度说明中国人并非天然具有排外思想,希望得到美国乃至世界各国的谅解,以援助中国革命和建国。我们由《民报》杂志在封底处揭示的《本社简章》里的《本杂志之主义》也可以看到《民报》所持的和平主义的宗旨,"4. 维持世界真正之和平;5. 主张中国日本两国之国民的连合;6. 要求世界列国赞成中国革新之事业"。② 大陆学者普遍批评孙中山主导的同盟会以及《民报》没有提出明确的反对帝国主义的主张,关于此种批评,台湾学者也提出了不同的看法。③ 君宪派的民族主义中所提倡的反对帝国主义的舆论明显比同盟会的《民报》更为直接、鲜明,更表现出融入激情的爱国主义情怀。

《民报》的文稿所关注的主题主要有四类,第一,有关革命并具共通性的主题;第二,反满的主题;第三,反对君宪论与揭评君宪派行为的主

---

① 梁启超:《国家思想变迁异同论》,载于《清议报全编》(第二卷),载于沈云龙主编《近代中国史料丛刊三编》(十五辑),文海出版社1988年版,第94—96页。

② 《本社简章》,载于《民报》1905年11月26日,封底,科学出版社1957年版。

③ 详细可参见陈孟坚《民报与辛亥革命》(上册),正中书局1986年版,第五章《民报底社会责任观念、宗旨和主义》中第四节《民报底"六大主义"》;另外朱浤源所著《同盟会的革命理论——〈民报〉个案研究》中也提出:"晚近中共倡反帝理论,并以反帝作为准绳,重新衡量辛亥革命。……此说固能提供另一新的视野,且与《民报》对外的民族革命理论内容相合。"参见氏著《同盟会的革命理论:〈民报〉个案研究》,"中研院"近代史研究所,1995年版,第84页。将陈孟坚的观点与朱浤源的认识比较之后,能够使我们更加全面地看待《民报》的民族主义策略。

题；第四，有关革命方略的主题。① 我们不得不注意《民报》和《新民丛报》的时间错位，《民报》的第 1 号出版时间是 1905 年 11 月 26 日，而此时的《新民丛报》已经刊出了 69 号，也就是说《新民丛报》已经接近晚期（总计 96 号）。梁启超本人的思想也经历了变化，《新民丛报》在 1902 年的锋芒毕露的"激进期"之后，经过 1903 年过渡性质的"还原期"，从 1904 年开始便进入它的"定型期"。② 对于《新民丛报》来说，与《民报》的论战并非其最主要的内容，这也与它的办报宗旨是相符合的，以教育为主，政论为辅。《民报》后起，斗争锋芒较盛，革命派同人对于君宪派的论争也不限于 1906 年的《新民丛报》，而是针对整个《新民丛报》的内容，在时间上有并过往之问题一同解决的味道。客观说来，我们更不能否定君宪派报刊对于后来者的启发与引导作用，最重要的是经过思想的交锋，形成对于新的学理和政治制度之蓝图的设计不断得以完善。

《新民丛报》对于西方国家之介绍，还主要包括英国的资产阶级革命、工业革命成果、自由主义思想，美国独立战争及其独立精神，德国、意大利的民族统一战争和涌现的民族英豪，日本的明治维新和明治勋臣以及俄国虚无党和革命党的事迹、暗杀风潮等。在宣传西方社会主义思想方面，包括日本的社会主义思想，《新民丛报》和《民报》都有很大的相似性。从作者角度，章太炎和马君武都曾经在《新民丛报》上刊发过文章，这也体现出《新民丛报》和《民报》具有一共同之中间地带，却往往因为两个党派的政治分歧和党见为研究者们所忽视。梁启超所主办的《清议报》《新民丛报》在启迪民智、宣传西方政治意义上的民权和革命等方面都可谓是革命派所办报刊的先导，经过对于人民的启蒙也更有利于民众接受革命思想，而这些常常被研究《民报》的学者所轻视。张玉法先生曾指出："对民权的提倡，立宪派的声势可以说超过了革命派。如果以一九一一年的革命比拟法国大革命，梁启超等真的像法国的伏尔泰（Voltaire）那般人，做了不少启蒙工作。"③ 学者白瑞华在其所著《中国报纸（1800—1912）》中将梁启超所举办的《清议报》《新民丛报》以及辛亥

---

① 陈孟坚：《〈民报〉与辛亥革命》（上册），正中书局 1986 年版，第 540 页。

② 李新丽：《中国近代报刊与人的现代化——以梁启超的报刊活动为考察对象（1896—1907）》，博士学位论文，复旦大学，2009 年。

③ 张玉法：《清季的革命团体》，"中研院"近代史研究所，1982 年，第 108 页。

革命爆发前这一段时期的办报活动都列入革命派报刊一节中进行叙述,他说:"毋庸置疑,他创办的报刊成为1898—1911年对中国思想观念发挥着深刻影响的一股文化力量。他所撰写的大多数文章都倾向于革命党和共和党的目标。"① 由此可见本文要力图开展的论述正是基于两派报刊的内在联系和相似因子,这相似因子大致就集中于《民报》所关注的第一主题上,即有关革命并具共通性的宣传。有学者认为:"梁启超在《新民丛报》早期,主张文化上进行彻底变革的言论,正是基于对中国政局的清醒认识从而同情革命的产物;正由于此,这些激进的文化变革的言论,并没有因作者本人的软弱与后来的转向,而失去其光彩与价值,它不仅是反映着革命风潮即将到来的征候,而且事实上成了呼唤革命高潮的响亮号角、舆论准备。"②

以上所述的君宪派和革命派舆论中的相同因子,其具体而微就包含于这两派人士所办的报刊上,君宪派一方以梁启超主编之《清议报》《新民丛报》为代表,革命派自然以章太炎主持之《民报》为代表。两派报刊的相同因子应该由其编辑决定,所以对章太炎和梁启超的编辑风格作一比较更能够看到晚清时期传统文人论政之新特点,那时中国的报业更是浸淫在西方的潮流之中,通过对这一背景的考量,使我们得以窥见晚清典型报人的心路历程。

方汉奇先生在论述中国近代传播思想的衍变时,他谈到了世界潮流对于中国报业的影响,他说:"革命民主派创办机关报的思想,明显地接受了19世纪俄国十二月党、民粹党和社会民主工党人办报活动的影响。当时,西方国家已经进入大众化报纸发展时期,政党报纸的党派色彩从理论到实践都被日益淡化,而俄国的那些'民党'的机关报刊则方兴未艾,对中国的革命民主派办报活动,自然起了一定的借鉴作用。"③ 方先生所谈到的是俄国的因素,我们也不能忽视《新民丛报》和《民报》的办报地日本的因素。李新丽博士在其论文中指出:"作为一份百科全书式的报

---

① [美]白瑞华:《中国报纸(1800—1912)》,王海译,暨南大学出版社2011年版,第122页。

② 丁伟志、陈崧:《中国近代文化思潮》(上卷),社会科学文献出版社2011年版,第284页。

③ 方汉奇:《中国近代传播思想的衍变》,载于《发现与探索:方汉奇自选集》,首都师范大学出版社2009年版,第180页。

第五章　从革命到启蒙：章太炎与《民报》

刊，《新民丛报》所呈现的面貌，是《时务报》和《清议报》的继续发展及不断蜕变的结果，同时还吸收了日本明治维新后杂志的经验，兼收并序。除了论说和介绍新知以外，还设有栏目回答读者提出的有关政治时事、学术思想等方面的疑难问题，以便于同道之间就共同感兴趣的问题各抒己见及互相讨论，加强了报纸和知识分子读者的普遍联系，广泛地扩大了影响。"① 以上所见乃是从杂志的版面角度，梁氏受到日本报界的影响，其弟子吴其昌从文体变革意义上道出梁氏与日本新闻界的一段渊源，"盖清季我国文学之革新，世人颇归于梁任公（启超）主编之《清议报》及《新民丛报》。而任公之文字则大部得力于苏峰。试举两报之梁著《饮冰室自由书》与当日之《国民新闻》论文及民友社《国民小丛书》一一检校，不独其辞旨多取材于苏峰，即其笔法亦十九仿效苏峰。"② 国人在日本办报受到了东西洋风气的共同影响，不仅《新民丛报》如此，《民报》同样如此。例如，《民报》栏目之中亦设置了来稿一项，可以刊载读者来稿；又在刊物最后设置附录一目，以备编辑回应读者，答疑解惑、申诉辩论，章太炎本人就在《民报》中刊发了《与人书》《答铁铮》《复吴敬恒书》《答梦庵》《答祐民》《再复吴敬恒书》《再答梦庵》共计7篇互动性质的文章。

晚清最后十年，被新闻界称为中国历史上的第二次办报高潮，而梁启超所办之《新民丛报》也已经不再拘泥于之前《时务报》《清议报》以政论为主体的格局，转而"以政论为附从""教育为主脑"，③ 所以，我们看到《新民丛报》中间囊括了丰富的内容，从政治、论说、时局、中国近事到史传、地理、学术、宗教、兵事、财政、余录等可谓应有尽有。《新民丛报》俨然已经成为综合性较强的杂志或者叫作期刊，虽然它还是以报刊命名。戈公振先生称自《时务报》后可谓"杂志之勃兴"时期，④《民报》同样是传播革命的一种综合性杂志。胡汉民对于苏报案之前章太炎的革命宣传颇有批评之词，他曾说："惟邹、章只言破坏，不言建设，只为单纯的排满主张，而政治思想殊形薄弱，犹未能征服留学界'半知识阶

---

① 李新丽：《中国近代报刊与人的现代化——以梁启超的报刊活动为考察对象（1896—1907）》，博士学位论文，复旦大学，2009年。

② 吴其昌：《梁启超传》，百花文艺出版社2004年版，第147页。

③ 《本报告白》，载于《新民丛报》1902年2月8日，第1号。

④ 戈公振：《中国报学史》，岳麓书社2011年版，第106页。

级'之思想也。"① 那个时代，报刊之中体现了中西、新旧之间的融通，办报者有自青年时于西方学习者（如严复），但新的智识阶层大多数乃是从日本才开始系统接触西方政治、社会和科学的诸多知识的（如梁启超、章太炎、胡汉民等），如何征服他人的思想，看来在革命的时代尤为重要。《民报》自创办之时就完全不同于以传播消息见长的日报，而是基于政治评论说话的政党之言论喉舌，"报纸的个性特征正是通过评论版表现出来的，它唤起的情感是人性的本质所在，是创造个体关系和推动心智和头脑的理性思考"。② 章太炎的加入，改变了《民报》以政论一统天下的局面，作为编辑者和国学渊深之士，他为《民报》注入了国粹和宗教的内容，使政治和学术都能统一于革命宣传这个目标之下。当然，《民报》同样也开展了"思想启蒙"和道德建设，关注人的道德维新正是《新民丛报》在《民报》之前开展起来的。梁启超在《新民丛报》第1号《本馆告白》中提出道德启蒙的命题，他说："中国所以不振，由于国民公德缺乏，智慧不开，故本报专对此病而药治之，务采合中西道德以为德育之方针，广罗政学理论以为智育之本原。"③ 被誉为"言论界之骄子"的梁启超和以"有思想的学问家"之称的章太炎在同一时期所主编的刊物之中都非常关注"思想启蒙"和"新道德"建设，所以学者蒋成德称章太炎和梁启超都是"思想家型的编辑家"，④ 自然也能概括出他们两人办报之中相似的一段历程。

梁启超在其《新民说》中系统地论述了公德和私德之间的关系，1903年底，他自美洲大陆归来后对于国人的道德问题又有了新的看法，他说："夫言群治者，必曰德，曰智，曰力，然智与力之成就甚易，惟德最难。……何也？道德者行也，而非言也。"⑤ 我们虽然说梁启超的思想是"流质易变"，可是他的"新民"思想却是始终没有变化的，他对于道德的看法是受到外部环境的刺激而回到传统之中，"然则今日所持以维持

---

① 胡汉民：《胡汉民自传》，传记文学出版社1982年版，第14页。
② [美]约斯特：《新闻学原理》，王海译，中国传媒大学出版社2012年版，第83页。
③ 《本报告白》，载于《新民丛报》1902年2月8日，第1号。
④ 蒋成德：《思想家型的编辑家：章炳麟、梁启超、鲁迅研究》，光明日报出版社2013年版，前言部分。
⑤ 中国之新民：《新民说·论私德续》，载于《新民丛报》1903年11月2日，第40号/41号，第3—4页。

吾社会于一线者何在乎？亦曰吾祖宗遗传固有之旧道德而已"。① 梁启超将新民德的方式从西学、新知之传播转向了传统道德，而章太炎却用佛学唯识宗的思想底色去阐扬革命道德，这两位思想家型的编辑者在挽救危亡、启迪民众的时代课题之下，虽然他们的政治立场不同，但是渴望民众觉醒的紧迫意识是相同的，这也是他们将报刊的宣传目标延展到民众道德意识的启蒙上来的共同思想取向。

2. 梁启超对于革命之宣传

梁启超可能是近代第一位比较系统地介绍革命思想的学者，在《释革》一文中，他辨明了英语中 Reform 与 Revolution 的含义，他认为这两个词都可以称为"革"。日本人将 Revolution 译为革命，并不确切，然而中国人因为传统对于"王朝易姓"的理解，遂接受了"革命"的含义，从而"与现在王朝一人一姓为敌"，最终引起统治者的"窒遏"，不利于国家融入世界潮流。梁氏欲为"革"正名，他将 Reform 称为改革，将 Revolution 称为变革（"日人所谓革命，今我所谓变革"），他之所以避免使用革命，乃是害怕引起朝贵和流俗、仁人君子的惊骇，以减少变革的阻力。梁启超认为日本的明治维新也可以称为革命，所以"易姓者固不足为 Revolution，而 Revolution 又不必易姓"。② 学者陈建华认为："梁启超受日本文化的影响，将革命含义由政治领域扩大到其他，称宗教革命、道德革命、学术革命、文学革命、风俗革命、产业革命，革命外延的扩大为晚清中国各界的变革打开了另一话语空间。在《中国历史上革命之研究》一文中，梁氏将'革命'区分为'广义'和'狭义'两个层次。此文也成为引发次年革命、改良两派关于'革命'大争论的导火线之一。"③

梁启超在《中国历史上革命之研究》一文中阐明："革命之义有广狭：其最广义，则社会上一切无形有形之事物所生之大变动皆是也；其次广义，则政治上之异动与前此划然成一新时代者，无论以平和得之以铁血得之皆是也；其狭义，则专以兵力向于中央政府者是也。吾中国数千年来，惟有狭义的革命，今之持极端革命论者，惟心醉狭义的革命，故吾今

---

① 中国之新民：《新民说·论私德续》，载于《新民丛报》1903 年 11 月 2 日，第 40 号/41 号，第 5 页。

② 中国之新民：《释革》，载于《新民丛报》1902 年 12 月 14 日，第 22 号，第 1—5 页。

③ 陈建华：《"革命"的现代性：中国革命话语考论》，上海古籍出版社 2000 年版，第 52 页。

所研究，亦在此狭义的革命。"① 前述梁启超在《新民说·论进步》中所言之"破坏"，其含义可能近似革命，学者亓冰峰指出："初创刊的《新民丛报》，亦毫不保留地昌言民族主义及破坏主义，亦对革命思想发生了推波助澜之力。"② 章太炎则认为革命还应该包含启蒙的意蕴，不仅仅是破坏，更应该建设，两者应当同步进行。他说："公理之未明，即以革命明之；旧俗之俱在，即以革命去之。革命非天雄大黄之猛剂，而实补泻兼备之良药矣。"③ 章太炎的革命观乃是"光复旧物"，借梁启超论清代学术之动机和内容加以阐释，即是"皆与欧洲之'文艺复兴'绝相类"。据钱基博的观察，他认为梁启超和章太炎对于革命思想的洞察有内在的联系，"启超避地日本，既作《清议报》，丑诋慈禧太后；复作《新民丛报》，痛诋专制，导扬革命。章炳麟《訄书》、邹容《革命军》先后出书，海内风动，人人有革命思想矣！而其机则自启超导之也。"④ 陈建华针对从梁启超、章太炎到邹容关于晚清时期革命话语的转变总结道："这一时期的社会心理，是由恐惧革命而突然转向欢呼革命。造成这一戏剧性的转变，除了因为清廷失却了正统地位外，我认为更重要的是因为'革命'一词已突破传统而具有世界性和现代性的意义，在宣扬暴力手段的同时亦包含着有关民主和民族内容的社会变革的种种许诺。"⑤ 章太炎之革命思想其义近于梁启超之广义革命，章氏和革命派同人也曾为未来的共和制度进行了设计，但是，由于辛亥革命爆发得太突然，制度的设计就显得太短促，革命"成功"得过于迅速，共和制度的设计更难以有用武之地。

3.《新民丛报》对法国大革命的宣传

法国革命对20世纪中国社会的影响是巨大的，从英国资产阶级革命、美国独立战争再到法国革命，这一系列的欧洲政治革命在20世纪初的中国仿佛旧的记忆再现一般被中国的精英分子当作宣传的工具。君宪派的

---

① 中国之新民：《中国历史上革命之研究》，载于《新民丛报》1904年2月14日，第46—48号，第115页。

② 亓冰峰：《清末革命与君宪的论争》，"中研院"近代史研究所，1980年，第249页。

③ 章炳麟：《驳康有为论革命书》，汤志钧编《章太炎政论选集》（上册），中华书局1977年版，第202—204页。

④ 钱基博：《现代中国文学史》（增订本），龙门书店1965年版，第336页。

⑤ 陈建华：《"革命"的现代性：中国革命话语考论》，上海古籍出版社2000年版，第18—19页。

第五章 从革命到启蒙：章太炎与《民报》

《新民丛报》和革命派的《民报》都对欧洲的政治革命进行了宣传，包括启蒙运动中思想家的思想和革命事件的经过、影响等方面，由于法国革命的重要性和其借鉴意义，则更为双方报刊所重视。君宪派和革命派都注重对法国大革命的宣传，但是由于法国革命的复杂性和影响的多重性，法国革命具有摧枯拉朽的革命性一面，同时也有其暴力和血腥的一面。围绕对其评价，并引入晚清的中国，展开了君主立宪和民主共和、改良和革命的争论。

康有为在《答华商书》中用大段篇幅描绘了法国在革命之后出现的乱局和各派互相攻杀之事。他指出法国革命导致"流血成渠，积骸成山"，并形容为"惨状变态"。① 该文内容还刊载于《新民丛报》第16号，题作《南海先生辨革命书》，从中我们看到康有为对于法国革命的评价虽然只侧重其破坏性的一面，但是却具有警示意义，也是他对于革命理想主义的一种反思。章太炎在《驳康有为论革命书》中也不能正面回答法国革命中出现的暴力和流血问题，只能从反面回答。《新民丛报》在第73、75、77号中刊载了梁启超的长文《开明专制论》，此文乃是引起《民报》驳论的导火线，《新民丛报》随后在第85、87号上刊载明夷（康有为）的文章《法国革命史论》，此文选自康有为1905年所撰的《法兰西游记》，这篇游记是康有为欧洲十一国游记中的一部分。梁启超之所以在1906年选登其师康有为的文章，其目的是进一步阐明法国大革命之恶结果，作为中国人的借鉴。章太炎在他主持《民报》期间，对于康、梁师徒的这次关于法国革命历史的宣传给予了应有的重视，他授意其弟子汪东写作了《法国革命史论（附正〈新民丛报〉第十五号明夷作）》一文，这个回击也是有力的，这场争论在中国近代思想史上意义也是很大的，从而使我们能了解到百年前的政论家是如何看待并宣传构建法国大革命这一图景的。

梁启超在《清议报》时期就已经开始宣传法国思想家的学说了，如在《清议报》第九十八册（1901年11月21日）中刊载有《卢梭学

---

① 康有为：《答南北美洲诸华商论中国只可行立宪不能行革命书》，姜义华、张荣华编校《康有为全集》（第六集），中国人民大学出版社2007年版，第326页。

案》,① 至第一百册刊载完。梁启超在《新民丛报》对于法国革命及思想的宣传可以说非常全面，从图画到政治学理，再到名人传记和法国历史的介绍，这种良苦用心就在于一方面揭示自由、民权等政治思想，这可以说是梁启超倾向于革命的时期；另一方面就是为了以法国革命为反面教材，警醒人们中国不可行革命。康有为的《法国革命史论》乃是《新民丛报》关于法国革命研究的收官之作，加之它又是引起《民报》论争的导火线，所以必须重点进行分析。

法国革命之所以会成为君宪派和革命派宣传立宪与革命的历史资源，正是由法国革命的复杂之过程和褒贬不一的历史影响所决定的。在1789—1794年革命进程之中，历经了君主立宪的吉伦特派与革命左派雅各宾派的政权轮替，之后在1795—1870年长达七十余年的历史中，法国政权更迭频繁，帝国、共和国、复辟和君主立宪交相登台，最终才得以确立民主共和制政体。由于法国作为欧洲大陆传统的君主专制国家，与中华帝国具有相似的背景，她的历史经验可能给予那些需要政治变革的国度以借鉴的思想资源。回顾20世纪之初这场围绕法国革命的君主立宪与民主共和的辩论，其是非曲直如同法国革命的深远影响一般，依然值得我们回味并思索。

在《法国革命史论》一文中，康有为用夸张的语言描述法国革命的残酷，"大乱绵于八十余年，流血至于数千万人，不亡国几希。谁生厉阶，惨祸若是"。可能由于政治立场与自己相似的原因，他特别注重总结及伦的党的经验教训，"及伦的党在当时，实见寸行而为之，非有能预计将来者""当及伦的党哗唱革命之时，若预知后祸之恐怖流血甚于洪水，同事之凶残害民甚于猛兽，吾度诸贤之必不敢高言革命也"。他对于及伦的党投身革命，"非以残忍流血，行恐怖法，以揽权位为志愿者也"，从道义上给以肯定，又对他们因为"不忍之心"而为"忍人所杀"表示惋惜。② 康有为鉴于法国革命中遭受反法联军的武装干涉这一历史事实，他认为中国革命之后必遭西方列强的瓜分，"我又为黄种之独国，白人纷

---

① 梁启超主要介绍了卢梭的"民约论"和"众意"思想，称赞了卢梭主权在民思想的价值，并简明介绍了国权和民权的关系，他十分赞同卢梭对人的自由权的珍视。

② 明夷:《法国革命史论》, 张枬、王忍之编《辛亥革命前十年间时论选集》（第二卷·上册），生活·读书·新知三联书店1977年版，第300—301页。

纷，虎视逐逐，莫妙于假定乱之名，以行其瓜分之实""夫经革命之后，全国散漫，控御无方，内乱并起，而外侮乘之，中国之亡益速耳"。① 法国革命的历史无疑为康有为的"革命必遭瓜分说"再一次增加了筹码。

通过康有为对法国革命的批判，我们看到在他的意识中，对于经由理性建立的完美制度产生了怀疑，他由人性之恶延伸到了暴民政治，他指出："拨乱之举，事势至难，名分正而力足，犹未易定乱，况于革命之举，必假借于暴民乱人之力。"② 所谓"名分正"正是说明在变革政治之际，不能完全割裂传统的政治资源，表现了其卓有洞见的政治眼光。康有为在文章的后半部分用大量的篇幅阐述了法国为什么爆发革命，他所归结的原因也就是：封建等级森严、政治苛暴、剥削惨厉。相比较之下，中国则不具备爆发革命的条件，原因在于："凡法政之苛暴，大约在我中国三四千年前各土司之世，或间有之，而有书传以来，侯国已大灭，神权不甚迷，已无有如法之十万淫暴侯者矣。"另外，由于"我国人以孔子经义之故，经秦汉大革之后，平等自由已极，今知之，应大呼孔子万岁，应大呼中国人在地球万国先获平等自由二千岁而已"。③ 梁启超和康有为所持的态度较为一致，他在《罗兰夫人传》中对法国大革命中如罗兰夫人这样始则推崇民权、自由之革命精神，终则为革命浪潮吞噬的英杰表示极其的钦佩和惋惜。康有为还是希望进行渐进式的变法，他将对清帝国的期望寄托于法国，"法人若少知止，俟全国人皆学，乃渐求进焉，则可免恐怖之大祸"。④ 然启蒙人民的任务则由梁启超的关于"新民"的设计和铸造"国魂"的宣传来进行了。

康有为、梁启超站在反对暴力革命的政治立场宣传法国革命，他们的视角始终关注革命之后所导致的暴力、无序状态对于人类生命的残杀。这一视角具有极深刻的思想价值和现代意义。但是，我们也必须看到，他们所描绘的法国革命历史只侧重了其一个面向，而法国革命对于后世的影响亦有其闪光的益处。描绘另一图景的任务也只能由《民报》同人来完成了。

---

① 明夷：《法国革命史论》，张枬、王忍之编《辛亥革命前十年间时论选集》（第二卷·上册），生活·读书·新知三联书店 1977 年版，第 305 页。

② 同上书，第 308—313 页。

③ 同上书，第 324—330 页。

④ 同上书，第 331 页。

(二)《民报》所构建之法国大革命图景

上一节中已经论述《新民丛报》中宣传法国革命的相关内容，我们可以看到，虽然《民报》所刊宣传法国革命之内容要少于《新民丛报》，但是其内容却很明显受到了《新民丛报》的影响。仅从图画来看，分明是受《新民丛报》的启发而来，君武的这篇《世界第一爱国者法兰西共和国建造者甘必大传》也与梁启超所撰的《罗兰夫人传》遥遥相对，最关键的文章就是汪东所撰的《正明夷〈法国革命史论〉》，目的正是针对康有为的《法国革命史论》。当章太炎看到《新民丛报》上刊出此文时，认为："自此论出，其为进步之梗者，良非浅鲜，不可不有以匡正之。"①随后，《民报》分五期刊发了汪东所作的《法国革命史论》，这也可以看到章太炎对于这场关于法国革命的舆论争夺战之重视，这场晚清历史上关于法国革命的争论可能是中国近代史中最为深刻的一次。

汪东在《正明夷〈法国革命史论〉》中首先就点明康有为在评论法国革命时只看到其不足而不能描述其历史功绩的弱点。他说："虽谋之者有不臧，然一洗旧弊，遂能祛虐政、均利权，卒达改革之首志，其功抑亦赫然可观哉！不睹其功，而重科之罪，甚矣，其枉也。"②汪东针对康有为说雅各宾党的罗伯卑尔、马喇等人为"屠伯"，"性皆悍鸷，互相争权，流血遍地"。汪东则认为："则数人者，皆英迈果断，有卓见者；无学耶，则史称马喇能文学哲学，罗伯卑尔又尝入路易特格兰大学，造诣甚深者也。特天赋其性，慓悍不仁，是则法国之不幸，实天为之，何所责于程度？"③康有为认为："吾国久废封建，自由平等，已二千年，与法之十万贵族，压制平民，事既不类，倡革命言压制者，已类于无病而学呻。"看似颇有道理，但是却掩盖了中国专制王权之害，汪东针锋相对地指出："是故其废封建，专制之进化也。吾民之陷溺水火，迄于近代，犹未克自拔，自由平等，胡独云然？……由此观之，二百六十年来，实不得不谓为

---

① 寄生：《正明夷〈法国革命史论〉》，载于《民报》1907年1月25日，第11号，第55页，科学出版社1957年版。

② 同上。

③ 同上书，第58—60页。

贵族专制政体。民之疾首痛心，思得一当，宜也。"① 为了舒张人民的革命之锐气，汪东认为革命之时应该注意五个方面。其一，人才。其二，宗旨。他认为中国革命首先当定宗旨为"道德相尚"，"中国今日，则可强分为革命党、立宪党，两者对峙。革命党中，宗旨既无所歧异；立宪党又自称但以救国为归，苟革命势力滔滔进行，决不忍妄加抵御。吾亦甚望之能自践其言也。若然，则中国可以一致而达于和平之域，法之覆辙，将不复见已"，此革命宗旨显然受到了章太炎的影响。其三，秩序。汪东认为中国革命与法国不同在于不会出现混乱的局面，原因乃是中国人民"半出于诗书大族，痛心沦亡，思驱东胡杂种，是以枕戈待旦，皆抱刘琨之志，请缨击敌，或当终军之年，精诚交孚，合谋大举，或有悖德之行，则与众弃之"。其四，客势。汪东认为，"胜败之数，犹不在客而在主"，"中国若革命必行蜂起之策，一省倡议，各方响应，云集景附，势必大强于法"。其五，外象。中国革命等同美国独立不致遭受列强之强烈干涉。②

最后，汪东从革命军约法的作用和中国人民的性格出发，论述了中国革命引起暴乱的可能性很小，"约法之为物，非有若法律之完备，而以之裁制冲突，则固有余"，"且吾所谓中国人性，率皆宁静温和，主动者又非乱民，义师所至，民亦箪食壶浆耳"。③ 关于革命是否引起暴乱，这已经由辛亥革命爆发之后的历史所证明，已无须赘言。然而经过这次辩论，的确起到了很好的效果，人们开始反思革命与暴力、流血问题，康有为、梁启超所秉持的保守主义立场也促使革命派领袖们思考革命发展中会出现的弊端问题，起先，《民报》同人如汪精卫、孙中山等人都就革命流血问题进行了驳辩，随后则有章太炎的《定复仇之是非》《排满平议》等文章的发表，在阐发了"仇一姓不仇一族"的基础上重新思考"排满革命"的问题。

汪精卫在《民报》第九号《驳革命可以生内乱说》一文中专门就法国大革命中产生的乱象进行了分析，他在研究了中国历史上之革命现象后，认为今日之革命已经具备新的使命，他说："沮革命者，乃以杀人流血相怵耶？夫中国今后之革命，与前此之革命，不可同日而语也。前此之

---

① 寄生：《正明夷〈法国革命史论〉》，载于《民报》1907 年 1 月 25 日，第 11 号，第 66—67 页，科学出版社 1957 年版。

② 同上书，第 68—72 页。

③ 同上书，第 74—75 页。

革命，其目的在于帝制自为，牺牲亿万人之生命，以供一私人之欲，谁其不惜之者？今后之革命则不然，其目的在于救国，为国而死，不爱其生，此国民之天职也。"① 汪精卫的论述可以说是对革命中"杀人流血"的新的阐释，这种流血的出发点是救国而不是因争夺权位去屠戮无辜。孙中山早在《民报》纪元节庆祝大会的演说辞中已经表明了他对于民族革命的理解，他说："惟是兄弟曾听见人说：'民族革命，是要尽灭满洲民族。'这话大错。民族革命的原故是不甘心满洲人灭我们的国，主我们的政，定要扑灭他的政府，光复我们民族的国家（大拍掌）。这样看来，我们并不是恨满洲人，是恨害汉人的满洲人（大拍掌）。假如我们实行革命的时候，那满洲人不来阻害，我们决无寻仇之理。"② 在《民报》第10号中，还刊载了汪东的《复仇论》一文，针对革命中可能出现的杀戮问题他说道："迺吾之言复仇，专言其心理，以为此革命之因耳。世之相惊以伯有，则误之为狭隘之手段，谓屠戮之迹，将复见于今日，不知有道德持乎其后也。"③ 显然，汪东是继承了其师章太炎"无道德者之不能革命"的思想，知耻、重厚、耿介、必信四种革命道德乃是章氏从传统文化中挖掘到的思想资源。④ 章太炎首先在《定复仇之是非》中提出了"夫排满洲即排强种矣，排清主即排王权矣"的论断，⑤《民报》第19号刊有《仇一姓不仇一族论》，其中提出从广义而言，汉族不共戴天的仇人是满族，进而言之，仇人即是满族中爱新觉罗这一姓氏。义师兴起以后，"满洲群族来归者，悉释不问，安置郡县，视若汉民"。⑥ 章太炎在《排满平议》一文中进一步系统地发展了"排满"思想，他认为："是故排满洲者，排其皇

---

① 精卫：《驳革命可以生内乱说》，载于《民报》1906年11月15日，第9号，第46页，科学出版社1957年版。

② 民意：《纪十二月二日本报纪元节庆祝大会事及演说辞》，载于《民报》1906年12月20日，第10号，第85页，科学出版社1957年版。

③ 寄生：《复仇论》，载于《民报》1906年12月20日，第10号，第39—40页，科学出版社1957年版。

④ 太炎：《革命之道德》，载于《民报》1906年10月8日，第8号，第18—30页，科学出版社1957年版。

⑤ 太炎：《定复仇之是非》，载于《民报》1907年9月25日，第16号，第29页，科学出版社1957年版。

⑥ 阙名：《仇一姓不仇一族论》，载于《民报》1908年2月25日，第19号，第107页，科学出版社1957年版。

室也，排其官吏也，排其士卒也。若夫列为编氓，相从耕牧，是满人者，则岂欲刲刃其腹哉？"又说："吾侪所执守者，非排一切政府，非排一切满人，所欲排者，为满人在汉之政府。而今之政府，为满洲所窃取，人所共知，不烦别为标目，故简略言之，则曰排满云尔。"① 可见，当时《民报》同人对于革命中如何处理满族问题已经形成了较为一致的观点。1906年章太炎与孙中山、黄兴等人共同制定了《中国同盟会革命方略》，其中包括《军律》和《招降清朝兵勇条件》，内容详备，这种谋划也可见革命党对于革命军纪律重视的良苦用心。《民报》临时增刊《天讨》以军政府的名义发布了《讨满洲檄》，此文为章太炎所撰，檄文中同样对于满族人民给以归化汉土之权利，"若自知不直，愿归部落，以为我中华保塞，建州一卫，本尔旧区，其自返于吉林黑龙江之域。若愿留中国者，悉归农牧，一切与齐民等视"。② 我们看到经过革命党领袖孙中山、章太炎的努力，他们在舆论宣传上极力避免出现革命暴力和混乱现象，这样的努力在辛亥革命中起到了应有的效果。

辛亥革命中并没有出现大规模的种族屠杀，仅在西安和荆州出现了局部的杀满事件，也多由会党中人制造。革命派和君宪派之间围绕法国革命暴力和流血问题的争论，无形中促使了革命派领袖的反思，并在革命方略中努力克服，这种内在的思想线索，今天看来也有重新厘清的必要。当然，我们也需要指明革命宣传中的夸张的语言效果并不能代表实际的革命行动。

（三）章太炎与革命道德之舆论构建

章太炎继在《民报》第7号刊发《俱分进化论》之后，他在第8号又刊载《革命之道德》一文，此文揭示道德衰亡与亡国灭种之间的关系，革命者若无道德则革命必不能成功。此文在东京留学界产生了很大的影响，现据章太炎两位弟子的回忆可窥见其传播效力。景梅九在《罪案》一书中这样描述，"正值《民报》对《新民丛报》激烈笔战的时代，忽然得一位学问渊博、文章朴茂的章先生，来主笔政，大家怎能不分外欢迎；

---

① 太炎：《排满平议》，载于《民报》1908年6月10日，第21号，第11页，科学出版社1957年版。

② 章太炎：《讨满洲檄》，载于《章太炎全集·太炎文录初编》，上海人民出版社2014年版，第199页。

别的先莫说起,单是一篇《革命之道德》,便把学界全体激动起来,有多少顽固老先生见了这一种议论,也都动魄惊心,暗暗地赞成了种族主义"。① 李植在回忆中称:"初至东京,游学诸子,群迓于锦辉馆,先生举佛学历史相劝勉,且以富贵利禄为戒,听众耸然。复本此意为《革命道德说》《箴新党论》二篇,同盟者多奉为圭臬,弥坚其节概。清室方以禄利名位,招徕游学之士,而民党益锐进不可遏止。是皆先生以其宿学雄文,提倡扶持之力也。"② 自《民报》第 6 号登载了章太炎的《演说录》之后,章氏所撰写的《革命之道德》《箴新党论》(载于《民报》第 10 号)、《〈民报〉一周年纪念会演说辞》(载于《民报》第 10 号,题名为《纪十二月二日本报纪元节庆祝大会事及演说辞》),可以说这几篇文章都围绕革命者的道德建设问题进行了剖析,他一方面对作为革命主体的军人有所期许;另一方面又对新党和学生的道德进行了批判。笔者以为章太炎关于革命者道德问题的探索,亦可以看作是他对于国民性的一种改造。

1. 启蒙与革命者的道德

章太炎在《演说录》中向东京的留学生和各界人士,表明了他将来致力于革命所要努力的方向:第一,是用宗教发起信心,增进国民的道德;第二,是用国粹激动种性,增进爱国的热肠。③ 当章太炎把佛教和国民道德联系起来的时候,表明他的人性论由戊戌时期的"大独"思想转向了"菩萨行",④ 即"今日要用华严、法相二宗改良旧法"。⑤ 笔者拟从

---

① 景梅九:《罪案》(节录),载于中国社会科学院近代史研究所《近代史资料》编译室编《辛亥革命资料类编》,知识产权出版社 2013 年版,第 52 页。

② 李植:《余杭章先生事略》,载于《制言》1936 年第 25 期,广陵书社 2009 年版,第 2672 页。

③ 太炎:《演说录》,载于《民报》1906 年 7 月 25 日,第 6 号,第 4 页,科学出版社 1957 年版。

④ 学者张春香对章太炎提倡用道德改造国民性进行了总结,按照章氏的思想变迁梳理出一条脉络,即是"大独"人格论—"菩萨行"修养论—"儒行"实践论。参见氏著《章太炎主体性道德哲学研究》,中国社会科学出版社 2007 年版,第 20 页。在张春香之前,王玉华在著作中就提到:"早年章太炎提倡'大独'精神,中年提倡'菩萨行',晚年提倡'儒行',即无一不贯穿了他这一'自利利他'的人生价值观。"参见氏著《多元视野与传统的合理化:章太炎思想的阐释》,中国社会科学出版社 2004 年版,第 240 页。

⑤ 太炎:《演说录》,载于《民报》1906 年 7 月 25 日,第 6 号,第 7 页,科学出版社 1957 年版。

心理学角度分析章太炎何以提出革命道德的构想，章氏在演说辞中谈到自己七次被清廷查拿的经历，在面临艰难困苦时并无一丝一毫的懊悔，他自认"神经病"乃具有"百折不回，孤行己意"的精神。[①] 上海三年监禁，饱受人间摧残之苦，以佛学解三年之忧，使他具备了较为缜密的唯识宗思想体系。章太炎在讲述这平生的历史时颇有自豪之情，按照弗洛伊德的解释将之称为"道德受虐狂"，其含义在于，那种肉体上的直接痛苦已被转化，并通过一种更普遍化的在精神上遭受痛苦的愿望不完全地升华了。布兰察德通过对于道德反叛者的研究，认为"他们都深深地陷入这样的努力，那就是用他们的思维方式改造别人的思维方式，不仅创造出革命的抗议活动，而且创造革命的意识形态，创造出一种以新的方式洞察现实的群众觉悟"。[②] 布兰察德虽然只在著作中研究了孙中山，但其研究结论却可以运用于其他的革命反叛者。章太炎所创造出的令群众觉悟的新方式即是用佛学唯识宗改造革命道德，他同样也在创造着一种革命的意识形态，自"苏报案"后章氏日益凸显的革命圣人的声名，由他传播革命的理念和思想，在流亡海外的知识分子中没有比他更适合这一角色的了。

（1）用宗教改造国民的道德

章太炎比孙中山、胡汉民等人更加关注革命力量的动员问题，在胡汉民和汪精卫与梁启超酣战之际，他以一片冰心致力于革命道德的鼓吹。在章太炎眼中，道德衰亡是关乎亡国灭种的国之大事，然而现实之中国所缺乏者，"不在智谋而在贞信，不在权术而在公廉"，他给道德堕废开出的药方是"知耻、重厚、耿介、必信"这四种道德准则，并简而言之为"确固坚厉，重然诺，轻死生"。[③] 无疑，章太炎注重道德建设，乃是为革命排满培养人才，那么，他是如何将宗教与国民道德联系起来的呢？章氏在《建立宗教论》中提出："宗教之高下胜劣，不容先论。要以上不失

[①] 太炎：《演说录》，载于《民报》1906年7月25日，第6号，第2页，科学出版社1957年版。

[②] ［美］布兰察德：《革命道德：关于革命者的精神分析》，戴长征译，中央编译出版社2004年版，第13—26页。

[③] 太炎：《革命之道德》，载于《民报》1906年10月8日，第8号，第15—16、30页，科学出版社1957年版。

真，下有益于生民之道德为其准的。"又说："世间道德，率自宗教引生。"① 对于现实的不满，使他认为，"民德衰颓，于今为甚，姬、孔遗言，无复挽回之力，即理学亦不足以持世"，② 所以只能依靠"继起之宗教，必释教无疑也"。③ 对于改造国民的道德，章太炎赋予了佛教太多的实践性作用，他在阐述佛理对于化解人性的作用时指出："非说无生，则不能去畏死心；非破我所，则不能去拜金心；非谈平等，则不能去奴隶心；非示众生皆佛，则不能去退屈心；非举三轮清净，则不能去德色心。"④ 最终，他还提出："闵末俗之沈沦，悲民德之堕废，皆以我见缠缚，致斯劣果。"破除我见之后，始"能证无我，而世间始有平等之大慈矣"。⑤ 我们看到，宗教在章太炎那里具有工具性的作用，"道德普及之世，即宗教消熔之世也"，⑥ 宗教乃是引渡人类驶向道德彼岸的宝筏。

章太炎按照"道德"与"不道德"将社会划分为这两大类人，细化为十六种职业，他划分的标准是"知识愈进，权位愈申，则离于道德也愈远"，他将农人、工人、裨贩、坐贾、学究、艺士划分在"道德之域"，⑦ 通人以上的九个阶层，除职商和雇译人与政府有间接联系之外，其他皆因处于统治阶层，自然属于排满革命的对象。章太炎注重对于革命力量的分析，目的是加强对于他们的道德改造和团结，章氏推崇平民革命，因为他认为"象现在官场情景是微虫霉菌，到处流毒，不是平民革命，怎么辟得

---

① 太炎：《建立宗教论》，载于《民报》1906年11月15日，第9号，第9—25页，科学出版社1957年版。

② 太炎：《人无我论》，载于《民报》1907年1月25日，第11号，第16页，科学出版社1957年版。

③ 太炎：《建立宗教论》，载于《民报》1906年11月15日，第9号，第26页，科学出版社1957年版。

④ 同上书，第25页。

⑤ 太炎：《人无我论》，载于《民报》1907年1月25日，第11号，第2、13页，科学出版社1957年版。

⑥ 太炎：《建立宗教论》，载于《民报》1906年11月15日，第9号，第25页，科学出版社1957年版。

⑦ 太炎：《革命之道德》，载于《民报》1906年10月8日，第8号，第24页，科学出版社1957年版。

这些瘵气"。① 这平民革命的愿景，因为时间的紧迫、启蒙的不足和清廷地方统治势力的强大，在辛亥革命之中并未得到贯彻，只能成为章太炎在民国之后总结辛亥革命成败得失的一个反思。

在宗教宣传中，章太炎也遇到了来自社会各界的质疑和反驳，由此，不仅可见《民报》在当时的影响力，同时也有利于编辑人对文章的内容进行适度的阐明，进而更有利于民众了解刊物的思想。他在《答梦庵》中已经声明学佛可以兴起民德，无阻于《民报》六大主义之宣传，在此，章太炎欲使民众了解他"所为主张佛教者，特欲发扬芳烈，使好之者轻去就而齐死生，非欲人人皆归兰若。……作民德者，舍此无他术也"。② 章太炎在《答铁铮》一文中更是对基督教保持了宽容的心态，修正了他在《演说录》中所认为的"真正的基督教，于中国也是有损无益"的观点，③ 章氏为了团结革命的力量，他提出了"若专为光复诸华计，或不必有所更张，而吾党亦有信基督教者，岂能要之使改，顾论理有相伐耳。至于社会相处之间，稍有信仰，犹愈于无执持。今之所志，但欲姬、汉遗民，趣于自觉，非高树宗教为旌旗，以相陵夺"。④ 章太炎为了革命宣传的需要，为了团结不同信仰的革命者，也是为了将他们集结在排满的革命旗帜之下，他不断地修正自己的观点，当然这也是在《民报》与受众不断对话的过程中得以完善的，这也体现了新闻传播的灵活性价值。

（2）以道德批判的姿态面向新党和学生

《革命之道德》一文中，章太炎不惜笔墨，批判了戊戌变法党和庚子保皇党，认为"戊戌之变，戊戌党人之不道德致之也""庚子之变，庚子党人不道德致之也"，与革命相较，这二者"其易数倍，以道德腐败之故，犹不可久，况其难于此者"。他以尖锐的笔锋继续批判道："彼二党

---

① 民意：《纪十二月二日本报纪元节庆祝大会事及演说辞》，载于《民报》1906年12月20日，第10号，第98页，科学出版社1957年版。

② 太炎：《答梦庵》，载于《民报》1908年6月10日，第21号，第128—129页，科学出版社1957年版。

③ 太炎：《演说录》，载于《民报》1906年7月25日，第6号，第6页，科学出版社1957年版。

④ 太炎：《答铁铮》，载于《民报》1907年6月8日，第14号，第122页，科学出版社1957年版。

之无道德者,以其没于利禄、耽于妻子也。"① 在《箴新党论》中,章太炎将新党和学生相等视而批判,指出"新党者,政府之桀奴;学生者,当涂之顺仆"。② 论及此处,我们不得不产生困惑,章太炎为什么这么重视人的道德问题?他不仅提倡革命道德,而且批判非道德者。他为何要将人的道德因素放在事业成败的最关键地位呢?这都是由章太炎的思想及其对儒家文化的理解决定的。

马克斯·韦伯认为:"儒教,就像佛教一样,只不过是一种伦理,即道(Tao),相当于印度的'法'。不过,与佛教形成强烈对比的是,儒教纯粹是俗世内部的一种俗人道德。"③ 从先秦儒家到后世的宋明理学,学者们无不重视道德与生民、统治者之间关系的探讨。日本学者沟口雄三在论述中国的天观思想时,④ 总结出从汉代的天谴论到宋代所形成的天理性的天观,天谴论的天观以"灾异(自然)—天谴事应(政治)—修德(道德)"三位一体的思想为脉络,而宋代的天理性的天观的思维模式认为:"作为自然法则的一环,正确认识内在自我的道德本性,将其充分地自我发挥之时,政治领域或社会秩序就会依循条理而得到安定与和谐。"⑤ 章太炎虽然反对天理(公理),⑥ 但是他必须面对道德和政治之间的关系,所以他依然要批判革命中的不道德者,只有革命者认识到了内在的道德本性,未来要构建的新的政治领域才能得以安定。沟口雄三还论述了朱熹的"信徒热烈地崇拜圣人之学",经过王阳明的努力,实现了"道德实践主体从士大夫向平民的扩大"。⑦ 同样,章太炎也必须面对革命的主体问题,所以他提出了"平民革命"的构想,他对革命力量的分析是建立在他对革命者道德层次的划分基础之上的。总之,透过《革命之

---

① 太炎:《革命之道德》,载于《民报》1906年10月8日,第8号,第19页,科学出版社1957年版。

② 太炎:《箴新党论》,载于《民报》1906年12月20日,第10号,第14页,科学出版社1957年版。

③ [德]马克斯·韦伯:《儒教与道教》,洪天富译,江苏人民出版社2003年版,第161页。

④ 详细内容可参见沟口雄三《中国的思想》,中国社会科学出版社1995年版,上篇第2章《中国的"天"——从天谴到天理》。

⑤ [日]沟口雄三:《中国的思想》,赵士林译,中国社会科学出版社1995年版,第15页。

⑥ 参见《民报》第二十二号《四惑论》一文。

⑦ [日]沟口雄三:《中国的思想》,赵士林译,中国社会科学出版社1995年版,第88页。

道德》一文，有学者认为："章太炎对儒家道德的批判或继承，都是认真甄别选择的结果。他衡量道德的标准，就是看其是否能服务于革命实践。"①

章太炎所批判的新党和学生，有一标准即看其是否与清政府合作，顺清者则必然受利禄所诱惑，他始终站在道德立场上来看待历史人物。中国儒家有"重义轻利"的传统观念，章太炎对于康有为、梁启超、杨度、王闿运、马良等一系列君宪派人物的批判皆从他们渴慕功名利禄的动机出发，正如章氏自己所言，"薄于私德者亦必薄于公德"，②这些清政府立宪的附和者，也必然成为革命的对象。章太炎在《民报》后期对君宪派道德和行为的揭评，表明了他与君宪派斗争的独特方式，胡汉民等人误会章太炎没有参加与梁启超《新民丛报》的论战，其实，他对清廷"伪立宪"和君宪派人物道德的批判，更彰显了《民报》的政论风采。从历史角度而言，学者已经指出，"章太炎过分强调满汉矛盾，由此引出若干违反历史的议论，这是他和他同时代的先进人物共有的弱点"；③从媒体宣传角度而言，以道德为立论的准则，逐步将"无道德者之不能革命"的感情诉求传递给受众，从而使革命党人以更加正义的姿态面向民众。当然，章太炎的道德诉求同样涵摄革命党人，他曾警醒革命者："近世又益昌言功利，而热中（衷）利禄者，以宪政为干进之阶，虽此革命党中，能岩岩如泰山者几何？乘坚车、策肥马，衣服惟恐不丽都，发鬘惟恐不膏泽，去朴质之风，而近浮华之习，革命者将安赖此？"④他还以时间的紧迫相号召，"若吾党之狂狷者，不疾趋以期光复，日月逝矣，高材捷足者将先之！"⑤

在向国民灌输宗教意识以改造道德的时候，章太炎注重社会舆论传播对革命道德标准和宗教信仰的渲染，其实，梁启超则更加注重国民的道德改

---

① 张昭军：《儒学近代之境：章太炎儒学思想研究》，北京师范大学出版社2011年版，第218页。

② 太炎：《革命之道德》，载于《民报》1906年10月8日，第8号，第18页，科学出版社1957年版。

③ 朱维铮：《走出中世纪》（增订本），复旦大学出版社2009年版，第332页。

④ 太炎：《答梦庵》，载于《民报》1908年6月10日，第21号，第126页，科学出版社1957年版。

⑤ 太炎：《箴新党论》，载于《民报》1906年12月20日，第10号，第15—16页，科学出版社1957年版。

造，他在《新民丛报》中的努力更加符合对民众进行启蒙的诉求，梁氏的努力更倾向于道德的教育。"在道德上受过教育的人"是与"受过教育的人"密切联系在一起的，① 相比梁启超，革命派的同人因为投身于紧张而激烈的政治斗争之中，根本无暇顾及民众的道德教育问题，而章太炎虽然已经意识到了需要对道德进行宣传，但是，他的道德哲学亦很难深入民众中去。因此，章氏的道德宣传效果远远不如梁启超对国民道德的影响那么深刻。

若是从佛教和国民道德关系的角度而言，梁启超和章太炎皆强调佛教作为信仰的作用，以及佛教所倡导的平等思想，梁氏强调佛教以应用于群治，而章氏则以佛教培养轻生死的革命精神，但他们却都有一颗"菩萨心"。学者麻天祥指出："佛法由自觉向普救，由借助外力到依靠内力的变化，又为近代思想家'以教治民'、'改造国民性'的道德救国论和'自贵其心'的个性解放意识提供了历史的佐证。"② 不论是梁启超以《新民丛报》为阵地，宣扬宗教增进民德，还是章太炎在《民报》中提倡佛教以造就革命者的道德，这都是晚清佛教复兴运动之中的一个个表象。因为佛教文化"既可以暂时用来抗衡西学，以保持心理平衡，又可用于诠释、引进西学，以对民族自救所需的理论——维新或革命学说进行整合"。③经过章太炎整合后的佛学唯识宗理论，被运用于改造国民的道德学说之中，也表明了章太炎欲从"思想革命"之中努力寻找革命道德资源的努力。当然，章太炎也已经预料到他在民众中建立宗教信仰的构想可能会遭到挫折，"他时释迦正教，普及平民，非今世所能臆测"。④ 所以，《民报》后期掀起了一场鼓吹侠风和暗杀的风潮，这正是一种对于革命道德短期无法实现的调和，侠之精神也可谓是革命道德的一种准备。由此，我们对章太炎在《民报》中所宣传的国粹—宗教—侠风—暗杀便有了一个符合时代潮流的解释。

2. 音调未定的启蒙——借思想文化以解决问题

章太炎在《民报》之中的作为，笔者以为可以概括为两个方面，其

---

① [英]彼得斯：《道德发展与道德教育》，邬冬星译，浙江教育出版社2000年版，第207页。
② 麻天祥：《晚清佛学与近代社会思潮》，河南大学出版社2005年版，第12页。
③ 邓子美：《中兴与嬗变——佛教复兴思潮与中国早期现代化》，载于高瑞泉主编《中国近代社会思潮》，上海人民出版社2007年版，第381页。
④ 太炎：《建立宗教论》，载于《民报》1906年11月15日，第9号，第26页，科学出版社1957年版。

一,具备了启蒙的性质,又可以称为"思想革命",建基于民族革命论;① 其二,革命宣传中秉承了借思想文化以解决问题的途径。

康德给启蒙所作的定义是:"启蒙运动就是人类脱离自己所加之于自己的不成熟状态。""不成熟状态就是不经别人的引导,就对运用自己的理智无能为力。"② 学者陈乐民进一步阐发了社会精英或者智者在启蒙中的先导性,"当一些有独立思想的人率先抛弃了陈腐观念,并把新思想传播给公众,就会使公众启蒙自己,从而使之成为社会性的启蒙运动。"③ 章太炎在"苏报案"之前即以"革命明公理、革命去旧俗"而闻名,④ 他认为革命可以开民智,《民报》时期,他所发起的宗教宣传,推崇平等,伸张民权,倡导"平民革命",他所提出的四种道德"知耻、重厚、耿介、必信"正是一种对国民性的改造。有学者认为:"章太炎强调除去民族性格中的怯懦、浮华、诈伪等品格,以及畏死心、拜金心、奴隶心、退却心等必须坚决消除,如此,才能发挥民族的主体意识。"⑤ 但是,相对于梁启超《新民丛报》在启迪民众中所发挥的功效,《民报》在启蒙民众智识方面的作用比较薄弱。改造国民性是启蒙使命中的重要一环,若以《民报》为阵地,则章太炎的启蒙强调平等和革命道德,而孙中山"为启蒙所树立的则是革命的权威"。⑥

美国学者林毓生先生在其所著《中国意识的危机》一书中,提出19世纪90年代和20世纪初的两代知识分子面临一个共同的课题,即"借思想文化以解决问题的途径",这一途径所包含的基本信念是,"文化改革为其他一切必要改革的基础。进一步设想,实现文化改革——符号、价值和信仰体系的改革——的最好途径是改变人的思想,改变人对宇宙和人生

---

① 朱维铮先生业已指出:"以'排满'为主题的论文,只占他在《民报》时期的论著的一小部分,而且主要内容,都是回答论敌的攻击。"参见氏著《音调未定的传统》(增订本),浙江大学出版社2011年版,第210页。章太炎在《民报》时期的主要精力已经放在国粹和宗教的宣传上,如何提升革命者的道德成为他所关注的主要内容。

② [德]康德:《历史理性批判文集》,何兆武译,商务印书馆1991年版,第22页。

③ 陈乐民:《启蒙札记》,生活·读书·新知三联书店2009年版,第13页。

④ 章太炎:《驳康有为论革命书》,载于汤志钧编《章太炎政论选集》(上册),中华书局1977年版,第204页。

⑤ 教军章:《中国近代国民性问题研究的理论视阈及其价值》,中国社会科学出版社2009年版,第45页。

⑥ 姜义华:《"理性缺位"的启蒙》,上海三联书店2000年版,第67页。

现实所持的整个观点,以及改变对宇宙和人生现实之间的关系所持的全部概念,即改变人的世界观"。① 借用林先生的分析范式,章太炎所宣传的国粹和佛教属于文化改革的范畴,提倡民族主义和革命道德与改造人的世界观是息息相通的,属于思想革命的范畴,所以对于章太炎在《民报》中所传播的内容,一旦纳入"思想文化"这一解决途径,便具有了社会变革和思想观念变迁的内在逻辑。以往研究《民报》的学者只注重报刊的政治传播意蕴,而忽略了它的文化传统和思想基础,所以只能片面地看待章太炎在《民报》中的地位。通过这样的分析,我们看到晚清时期的报刊在进行政治传播的同时,也非常注重思想文化的启蒙,前述的《新民丛报》和《民报》就是那个时代政论性报刊中的代表。从两代知识分子的思想关联和文化延续来看,不论是思想文化的革命还是改造国民性,章太炎和梁启超都对五四时期的学者产生过不小的影响,而这种关系比较鲜明的例子可以举鲁迅办报的历程,从鲁迅对国民性的改造思想中可以看到辛亥时期思想家的影子,特别是他的老师章太炎。② 正是注重自上而下的启蒙,在章太炎的宣传之中忽略了社会的作用,他对于民生主义的探讨很少,前面我们提到章太炎关注个体而反对国家主义者,学者汪晖已经注意到这一点,他指出:"启蒙知识分子习惯于在个人与国家的二元关系中获得政治认同(无论是对抗的还是同一的),而较少研究个体与国家之间可能存在的社会中介和公共空间"。③ 所以,这不仅是章太炎在舆论构建时的缺失,同时更说明辛亥时期启蒙的短促性和急迫性。

3. 章太炎改造国民性在《民报》内产生之影响

章太炎在《民报》中开始对国民性这个问题进行探讨,不仅对鲁迅等弟子产生了影响,而且对参与《民报》撰稿的弟子同样产生了不小的影响,汤增璧和汪东则最为典型。章太炎曾在《民报》时期写有一组关注印度民族独立的文章,其中较多地论述了印度国民的国民性问题,并与中国进行了比较。在《印度人之观日本》一文中,章太炎将印度人的性格与人性普遍存在的偏执进行了衡量,他说:"人性固多有侈慢者,亦多

---

① [美]林毓生:《中国意识的危机》,穆善培译,贵州人民出版社1986年版,第43—44页。

② 详细可参考蒋成德《思想家型的编辑家:章炳麟、梁启超、鲁迅研究》,光明日报出版社2013年版。

③ 汪晖:《汪晖自选集》,广西师范大学出版社1997年版,第92页。

有猥贱者,佻慢、猥贱,二者兼存,令得良医诊其神经,不知作何形状也。余观印度人皆庄严醇笃,不数数挪揄人。"①章太炎在《箴新党论》中针对中国士民的性格和气质分析道:"中国士民,流转之性为多,而执着之性恒少。"②章太炎从正反两个方面对中国人的人性进行了剖析,他在《印度人之论国粹》一文中指出:"纯德琦行之士,无国无之,而苦行坚贞,隐沦独善者,固中国所长也。"③通过对比印度之国民性,章氏认为中国人不足之处在于:"诈伪无耻,一也;缩朒畏死,二也;贪叨罔利,三也;偷惰废学,四也;浮华相竞,五也;猜疑相贼,六也。是六者皆印度所无,而吾国之所独有,自非斲雕为朴,代文以忠,其曷能取济哉?"④章太炎从中国的传统德教出发,认为其根源在于对人性之认识可以归结为一点,即是"依自不依他",从而使国民懂得"自贵其心",⑤他进而阐释了民族之自觉心与国家存立之间的关系,"国所以立,在民族之自觉心,有是心,所以异于动物""人无自觉,即为他人陵轹,无以自生;民族无自觉,即为他民族陵轹,无以自存。然则抨弹国粹者,正使人为异种役耳"。⑥章太炎宣扬和研究国粹乃是为了激发国人的爱国心,同时,他对国民性之缺陷的揭露也反证了保存国粹的重要。

在《民报》撰稿人中,受到章太炎鼓吹革命道德影响最大的人是汤增璧,他在《民报》最后两期中撰写了《人世之悲观》和《革命之心理》两篇文章,最能反映太炎之思想。汤增璧从自然和地理因素分析了印度和俄国的国民性,以达到激发国人自省的目的。汤氏对于人世悲观的原因正是因为国民性的缺陷,他指出:"夫吾产于中土,中土之民陆性也,非海

---

① 章太炎:《印度人之观日本》,载于《章太炎全集·太炎文录初编》,上海人民出版社2014年版,第382页。

② 太炎:《箴新党论》,载于《民报》1906年12月20日,第10号,第1页,科学出版社1957年版。

③ 章太炎:《印度人之论国粹》,载于《章太炎全集·太炎文录初编》,上海人民出版社2014年版,第384页。

④ 太炎:《印度中兴之望》,载于《民报》1907年10月25日,第17号,第201页,科学出版社1957年版。

⑤ 太炎:《答铁铮》,载于《民报》1907年6月8日,第14号,第113—114页,科学出版社1957年版。

⑥ 章太炎:《印度人之论国粹》,载于《章太炎全集·太炎文录初编》,上海人民出版社2014年版,第383—384页。

性也。气候平暖而少寒烈，其性根之无所用于悲也，民于是有凉德、轻佻寡信、苟且偷安，以至膺大辱而不动，其诸亡国之由来欤？此吾之悲，所以愈不能遏抑者也。"作者恨不能"营一巨冢，聚蠢群者而歼旃也"。[1]《革命之心理》一文详细地阐明了中国为何要向印度和俄国两大民族学习之原因，汤增璧首先分析了道德在革命事业中的重要性，他指出："革命之业，非武力不足为摧陷，非道德不足维久远。而非茹宗社之忧，持艰贞之节，与作蹈厉之风，感受玄虚之化，则且不能防闲嗜欲，而驯致于日即离涣。"通过与印度和俄国的比较，他指出："与印度相衡校，则吾民气质，顽浊而不清宁，华靡而不朴固，流宕而不纯一。与俄邦，韦韝毳幕，坚冰在须，惨烈悲沈之气，由其风土相逼，天行夙暴，淘汰递嬗，演成于此。吾中华大陆之民，位于温带，和缓平易，旧弊深固，激之偶动，见异思迁，其距彼也，又较印度为悬远，几及印度将五十里，几及俄邦，则百里其犹后也。"[2] 汤氏还从反面对革命中出现的不道德行为进行批评，他指出："观望徘徊，无革命士；轻佻圆滑，无革命士；风流放诞，无革命士；诗慢骄恣，无革命士；偏私排挤，无革命士；怨妒猜疑，无革命士；揣摩趋避，无革命士；刻薄褊浅，无革命士；铺张扬厉，无革命士。"[3] 汤增璧虽然将上述精神称为革命之心理，其实质是在章太炎所提倡的"重然诺，轻死生"之革命道德基础上做了进一步延伸，他最终提倡学习印度和俄国国民所具有的优良品质，其目的正在于鼓舞中国之人心和革命党之士气，他说："吾以为当转而精审，归于纯朴，庶几印度之苦思，虚无党人之卓厉，容有万一，而中国其不泯绝。"[4]

本节前文已经述及，章太炎在批判新党和学生时，以他们是否与清廷合作作为道德评价的标准，而太炎弟子汪东则承继了其师的这种批判风格。汪东在《民报》中撰有《励志论》一文，他回顾了中国之所以会出现"文薄之病"的原因，正在于"胡貊乱华，礼义凋丧，诡遇之术兴，廉耻之心蔽，

---

[1] 揆郑：《人世之悲观》，载于《民报》1908年8月10日，第23号，第25页，科学出版社1957年版。

[2] 伯夔：《革命之心理》，载于《民报》1908年10月10日，第24号，第32—33页，科学出版社1957年版。

[3] 同上书，第38页。

[4] 同上书，第39页。

以至片鳞可附，则荣若升天，五乘为饵，则甘于疗痔，居官有货赂之政，在下以干进为美，其故何哉？毡裘之君，不可以图治，控弦之族，相习于苟安，以彼封豨之丑，覃暨重华之裔，名节隳颓而志无所树。"他对有识之士提出了道德要求："故穷通不变，确操也，临难始赴，大勇也，守静寡欲，懿行也，谦而不卑，自尊而不以满，则亦中平之道也。"这同样表现了作者对革命气节的渴望并欲在国民中造就一种新人格的理想，只有"丑虏之秽芟"，才能够"克敌之功建"。① 汪东对依附于清廷的无耻行径进行了批判，进而警醒汉人树立名节，制造满汉之间的离心力。章太炎在《民报》中所进行的改造国民性之探索，与当时日本的国粹派之影响关系密切。我们还应看到，《民报》对革命道德的宣传主要是为革命这一主旨服务，其范围虽然也扩大至所有国民，但是，《民报》同人对国民性的揭评广度和研究深度都不及《新民丛报》，其影响力更无法与《新民丛报》相比。

四　启蒙与革命：《新民丛报》与《民报》在国内之传播效力

学术界在将君宪派和革命派作为研究对象时，比较关注两派报刊之间的论战，尤其是《民报》和《新民丛报》。前辈学者的诸多研究成果都宣告了革命派是论战的胜利者，从而使《民报》凭借革命的光辉更加炫目。仅从《新民丛报》的停版和梁启超在政治论争中处于劣势，就此来衡量报刊的价值未免显得单薄。本节通过列举当时身在国内的一些青少年读者之回忆或经历，以此展现《新民丛报》在人们心目中的形象和地位，并反观《民报》之影响力。透过这些回忆，我们看到，革命并非是压倒一切的潮流，启蒙的光辉或许更加真实、诱人。

梁漱溟曾将梁启超主编的《新民丛报》视为自学最好的材料，且有利于他了解当日时局大势，他对丛报中的《新民说》《德育鉴》等文章记忆犹新。② 柳亚子曾回忆指出，他在十七岁时，受到梁启超《新民丛报》诗界革命的影响，开始革新诗体，他还受到《新民丛报》宣传卢梭思想

---

① 寄生：《励志论》，载于《民报》1908年4月25日，第20号，第23—26页，科学出版社1957年版。

② 李渊庭、阎秉华编：《梁漱溟先生年谱》，广西师范大学出版社2003年版，第17页。

的影响，以亚洲的卢梭自命，将自己的号改为"亚庐"。① 吕思勉对《新民丛报》的回忆比较详细，他指出："《新民丛报》则多砭针人民，欧西思想习俗与中国不同之处，乃渐明了。自由、平等、热忱、冒险、毅力、自尊、自治、公德、私德诸多名词，乃为人人所耳熟。今日中年以上之人，其思想，尚多受诸此报者也。多载泰西名人学案传记，多数人乃渐知西方学术之真相。又多以新思想论旧学术，后此治新学者之喜研国故，亦实肇端于是焉。"他还进一步肯定了《新民丛报》的深远影响，"《新民丛报》中又多论学之作，且导人以新方法治旧闻者，其有影响于学术界，殊不在后来新文化运动之下也"。与《新民丛报》相比，《民报》在国内的传播受到了很大阻力，吕思勉在回忆中提到："启超办报久，为海内人士所信较深；《民报》亦禁邮递，内地之人，得见者罕；故革命论之盛，卒不及立宪也。"② 顾颉刚在回忆中也指出孙文在海外办《民报》，"但这个刊物是清政府严禁入口的，我们看不见"。③ 所以，《民报》在国内的传播只能依靠秘密手段，正如陈布雷所回忆的，他在浙江高等学校预科学校读书时，他的老师沈士远等人就以《复报》《民报》《新世纪报》等密示同学。④ 然而，从时人的回忆中我们还可以看到《新民丛报》同样可以将青年引导到革命的道路上，丁文江在日本留学时就是读着《新民丛报》的文章而谈革命的，⑤ 这自然与梁启超一度倾向于革命思想有关。蒋梦麟在回忆录中对梁启超主办《新民丛报》的历史功绩给予了较高的褒扬，他指出："梁启超的文笔简明、有力、流畅，学生们读来裨益非浅，我就是千千万万受其影响的学生之一。我认为这位伟大的学者，在介绍现代知识给年轻一代的工作上，其贡献较同时代的任何人为大。他的《新民丛报》是当时每一位渴求新知识的青年的智慧源泉。"他又对君宪派和革命派之间辩论的结果进行了回顾，指出："我们从梁启超获得精神食粮，孙中山先生以及其他革命志士，则使我们的革命情绪不断增涨。到了重要关头，引发革命行动的就是这种情绪。后来时机成熟，理想和行动兼顾的孙中山

---

① 《柳亚子自述续编》，人民日报出版社2011年版，第8、11—12页。
② 文明国编：《吕思勉自述》，安徽文艺出版社2013年版，第76—77、95页。
③ 刘俐娜编：《顾颉刚自述》，河南人民出版社2005年版，第25页。
④ 陈布雷：《陈布雷回忆录》，东方出版社2009年版，第33页。
⑤ 纪彭：《民国干才：丁文江传》，中国友谊出版公司2012年版，第13页。

第五章 从革命到启蒙：章太炎与《民报》

先生终于决定性地战胜主张君主立宪的新士大夫阶级。"①

以上列举的个案，涉及的人物大都是学者，个别可算作政治家，但是，在他们接触《新民丛报》的时候，却都处在青少年时期，《新民丛报》对他们产生了极大的魔力。《新民丛报》通过西学新知、学术国故、德育教化、小说时事、诗界革命等丰富的内容感染着当时的青年，那时的青年学生大致普遍受到了梁启超宣传魔力的洗礼。《新民丛报》一度倾向于革命的宣传，对于自由和民权的宣传并不逊色于革命派的报刊，这在本章第三节中已经指出，所以，《新民丛报》更多地具有一种过渡性质。吕思勉和顾颉刚都提到内地人很难读到《民报》，原因就在于清政府的禁邮，当然还因为那时只有"加入同盟会者，才能见到《民报》及其他宣传革命的小册子"。② 这确实阻碍了《民报》等革命报刊在国内的传播，所以吕思勉认为：在国内革命论不如立宪传播效力大。通过陈布雷的回忆，我们看到，《民报》是由倾向革命的人士秘密带回国内进行传播的，《民报》的最大功绩即传播革命思想。通过阅读《钱玄同日记》和《朱希祖日记》，笔者还发现他们在日本留学期间都经常读《新民丛报》和《民报》，最终在政治立场上较倾心于《民报》，在东京的留学生大致受到《民报》的影响较大。《新民丛报》在传播西学新知和用新方法治旧闻等方面对青年造成之影响力绝非其他报刊可以比拟，当然，在国内，由于《新民丛报》内容之全面，它可能拥有更多的社会读者。章太炎主办《民报》之后，增加了国粹和宗教的内容，他也努力进行一些启蒙，但是，与《新民丛报》的启蒙相比，显得十分薄弱。③ 辛亥革命后的历史证明，革命并未使民智大开，启蒙还有极远的路要走。

---

① 蒋梦麟：《西潮》，辽宁教育出版社1997年版，第45—46页。

② 张钫：《忆陕西辛亥革命》，载于全国政协文史资料委员会编《辛亥革命亲历记》，中国文史出版社2001年版，第395页。

③ 梁启超主要通过塑造"新民"来进行改造国民性的启蒙，他在办报过程中，注重对国民道德的研究和宣传，除此之外，梁氏还注重对"中国魂"塑造和宣传。1898年9月21日戊戌变法失败后，梁启超逃亡日本，看到中日两国之差距，即寻找强国之路，著文办报。尤其注重日本"大和魂"的功效，因而探寻塑造"中国魂"，呼吁国人重视历史教育，力倡尚武精神。1899—1902年，梁启超通过《清议报》和《新民丛报》发表了一系列文章，对"中国魂"进行启蒙宣传，于中国思想界影响极大。1902年，梁启超将有关塑造"中国魂"的文章，结集为《中国魂》，由上海广智书局出版。以上参考阎锡山《阎锡山回忆录》，三晋出版社2011年版，第25—26页注释部分。

五　结语

　　本章第一节中谈到《新民丛报》已经不是戊戌时期《时务报》一般的"党报"，它已逐步转型为新型的以国民教育为主要目标的大众传播型报刊。研究章太炎和《民报》的学者，往往仅从政治角度来衡量《民报》的作用和价值，从而忽略了文化的因素，所以不能够正确对待章太炎在《民报》中的作用和地位。学术界研究《民报》，往往把革命派所举办的报刊和君宪派所办的报刊放在对立面来审视，笔者以为这样很难了解历史的全貌，所以在开展研究时从《新民丛报》和《民报》的共性处寻找契机，同时将梁启超和章太炎的思想和报刊的宣传理念进行比较，鉴于学界对于章太炎办报的宗旨还存在争议，下一章中笔者将对此问题进行进一步的探讨。本书是建立在前辈学者的研究基础之上的，笔者在认真研究了陈孟坚所著《〈民报〉与辛亥革命》之后，发现陈氏明显站在同盟会立场上来表达孙中山一系《民报》同人的作用，使人感到有夸大孙中山、胡汉民等人革命宣传功绩的倾向，并且夸大了《民报》的传播效力，所以笔者在文中提出了不同的观点并给予驳辩。朱浤源所著的《同盟会的革命理论：〈民报〉个案研究》和《〈民报〉中的章太炎》两部著作，主要研究了章太炎在《民报》时期的思想，对于笔者的启发就是在研究人物思想之前可以先列出一个构想的模型，所以笔者在研究时确立了以思想史为契机，以新闻史、报刊史和传播理论为拓展的视角。学者们已经研究过的内容，诸如：章太炎与日本的无政府主义，章太炎与《民报》封禁事件，《民报》复刊，章太炎与《新世纪》派的论争，章太炎与两次倒孙风潮，章太炎联合亚洲各国反对帝国主义等。[①] 笔者在研究时没有涉及这些内

---

　　① 以上所列内容可以参看以下著作，（1）姜义华：《章太炎思想研究》第五章《〈民报〉主编》，中国人民大学出版社 2009 年版。（2）李润苍：《论章太炎》，四川人民出版社 1985 年版，《章太炎与〈民报〉的革命宗旨》《章太炎与日本的无政府主义》《章太炎与〈民报〉被封禁事件》三节内容。（3）[日] 近藤邦康：《救亡与传统——五四思想形成之内在逻辑》，丁晓强、单冠初、姜庆明译，山西人民出版社 1988 年版，第二章《章炳麟革命思想之形成——从戊戌变法到辛亥革命》。（4）王天根：《清末民初报刊与革命舆论的媒介建构》，合肥工业大学出版社 2010 年版，第五章《晚清域外报刊与革命语境中无政府主义学理》、第六章《光复会、同盟会的分歧与〈民报〉传播理念分野》。（5）朱维铮：《音调未定的传统》（增订本），浙江大学出版社 2011 年版，《〈民报〉主编章太炎》一节。

容，紧紧围绕《民报》中章太炎群体的形成、文风和传播内容开展，并将《民报》中所传播的国粹、宗教和侠风等内容进行了重新审视，结合时代的思潮和东西方文化之特质，以一个新的角度来理解章太炎和《民报》的关系。

从报刊自身的角色观念来区分，有学者指出："梁启超运用他所广泛吸收的西方宪政知识，对报刊与政府、国民的关系进行了较为深入地阐述。他的报刊角色观虽然具有强烈的精英主义色彩，但在一定程度上也包含了对西方近代宪政秩序中的理想和正义的追求。那么，在孙中山那里，报刊主要就是一个宣传主义、鼓动人心、服务革命的言论机关。"[①] 我们看到，章太炎对于报刊的角色观念不仅具有精英主义色彩，同时也具备"宣传主义、鼓动人心、服务革命"的理想，他不辞辛劳地倡导革命正是为了"冀导人心于光大高明之路，乃至切指事情，则仍以排满为先务"。[②] 章太炎首先开启了《民报》对国民性进行揭评的先河，其次，章氏在《民报》中所宣传的国粹和宗教可以说都是为了排满这一要务。那么若诉诸《国粹学报》，我们若把它理解为纯粹的学术期刊，则背离了创办者的原意，只有从"学战"的高度和拯救民族、保存文化的责任出发，才能够把握其要领，正如章太炎所说："抨弹国粹者，正使人为异种役耳！"[③] 国粹不仅有助于革命，同样具有反对西方帝国主义国家文化侵略的重要含义。

[①] 李滨：《中国近代报刊角色观念的发展和演变》，岳麓书社2011年版，第146页。

[②] 太炎：《定复仇之是非》，载于《民报》1907年9月25日，第16号，第30页，科学出版社1957年版。

[③] 章太炎：《印度人之论国粹》，载于《章太炎全集·太炎文录初编》，上海人民出版社2014年版，第384页。

第六章

国粹与"学战"：章太炎与辛亥前的学术期刊

晚清时期的学术期刊，最早脱胎于报纸和杂志等新式传播媒介，我国的新闻出版事业又是受到西方新闻报纸事业的刺激和影响而产生的。戊戌时期，康、梁所倡导的"报纸—学会—学校"三位一体的政治、学术之宣传模式一直影响着革命派的办报方针和民国之后的舆论宣传。第二章已经提到晚清民国时期，新闻舆论中心按照空间分布可分为"东京—上海—北京"三大核心，革命派所举办刊物更是由东京向上海辐射，革命的潮流和思想在国内外桴鼓相应。就章太炎个人办报轨迹而言，形成了"《国粹学报》—国学保存会"和"《民报》—国学振起社（国学讲习会）"这样的两大阵地，两大阵地依托上海和东京这样的舆论中心，源源不断地将革命的理念和学术思想传播开来。

学术界对于国粹派的思想和文化、国粹派人物与《国粹学报》的关系之研究，目前来看已经比较全面。那么，本书拟以学术报刊的视角来审视章太炎对国粹思想的传播，再者，就是探讨章太炎通过学报对晚清舆论中的反传统思想的否定。

一 学术报刊：戊戌"学战"的一种延续

戊戌时期，学会、学堂、报刊相继而起，报纸与期刊难分畛域，报刊多以杂志形式勃兴，章太炎参与编辑之《实学报》《经世报》即发端于戊戌之前，作为"介绍新学术与新知识"的期刊，[①]《实学报》的办报宗旨为："本报之设，以讲求学问、考覈名实为主义，博采通论，广译各报，

[①] 戈公振：《中国报学史》，岳麓书社2011年版，第108页。

内以上承三圣之绪，外以周知四国之为，故名《实学报》。"① 有学者分析道："戊戌时期之报纸与期刊统称为'报刊'，代表者有梁启超主编的《时务报》、章炳麟主编的《经世报》。尽管清末报纸与期刊并未严格分开，但包含学术意味之新式期刊业已出现，并在学术交流方面产生相当重要的影响。1900 年 11 月，杜亚泉在上海创刊的《亚泉杂志》；1904 年 3 月，商务印书馆创刊的《东方杂志》，都是学术期刊中的佼佼者，中国近代学术期刊肇始于清末。"② 何为学术呢？梁启超在《论中国学术思想变迁之大势》一文中提出，"学术思想之在一国，犹人之有精神也。而政事、法律、风俗及历史上种种之现象，则其形质也。故欲觇其国文野强弱之程度如何，必于学术思想焉求之"，"综观此时代之学术思想，实为我民族一切道德、法律、制度、学艺之源泉"。③ 梁氏将学术思想与国家的文化强弱等同起来，亦可见他对于学术的重视。戊戌时期，同样是以康有为、梁启超为首的维新派将"学"的观念提高到与西方竞争的高度，梁启超曾说："泰西之强，不在军兵炮械之末，而在其士人之学，理则心、伦、生、物，气则化、光、电、重，业则农、工、商、矿，皆以专门之学为之。此其所以开辟地球，横绝宇内也。"④ 学者黄兴涛对于"学战"观念出现的时间和过程进行了考索，他指出，"到1897年前后，'尚学'思潮已明确发展成为'学战'的观念""作为一种深沉的救亡思潮，'学战'观念起源于戊戌，历经辛亥革命时期一直延续到五四，影响深远，实际上构成了清末民初中国学术转型最为鲜明且持续不断的动力之一，也是我们认知这一历史阶段学术变革及其特征的一根主线"。⑤ 罗志田也认为："在中西学战实际存在的情形下，有时面对西学挑战的'中学'不能不作为

---

① 王仁俊：《实学报启》，载于《时务报》1897 年，第 36 册，第 66 页。

② 左玉河：《中国近代学术体制之创建》，四川人民出版社 2008 年版，第 486—487 页。

③ 梁启超：《论中国学术思想变迁之大势》，载于吴松等《饮冰室文集点校》（一），云南教育出版社 2001 年版，第 215—218 页。

④ 梁启超：《读〈日本书目志〉书后》，载于《饮冰室合集》（文集之二），中华书局 1989 年版，第 52 页。

⑤ 黄兴涛、胡文生：《论戊戌维新时期中国学术现代转型的整体萌发——兼谈清末民初学术转型的内涵和动力问题》，载于《清史研究》，2005 年 11 月，第 4 期，第 47—48 页。

一个整体出现。"① 这正表明，近代以来，伴随西学东渐风潮的日盛，中国士大夫所产生的一种危机感和紧张感。

《国粹学报》的诞生，正是在晚清"学战"这一时代背景之下完成的。具体而言，学报的筹建所面对的形势有两个方面：其一，晚清文化领域内出现的反传统主义倾向；其二，欧化主义者增多，可能导致民族精神和文化陷入虚无。《国粹学报》同人在论述该报宗旨和国学存在之价值时皆表现出一种担忧和责任感。《〈国粹学报〉发刊词》指出，"学术所以观汇通也"，这种汇通要求学者能够做到"综贯百家、博通今古、洞流索源、明体达用"，这是针对中国的古今学术。下面又谈到如何对待中西学术的问题："海通以来，泰西学术输入中邦，震旦文明不绝一线。无识陋儒，或扬西抑中，视旧藉如苴土。夫天下之理，穷则必通，士生今日，不能藉西学证明中学，而徒炫晢种之长，是犹有良田而不知辟，徒咎年凶，有甘泉而不知疏，徒虞水竭，有是理哉？"② 很明显，学报这里揭示的中西学术会通是为了实现中学的创造性转化，以达到适应世变的功效。黄节在《〈国粹学报〉叙》中提出"国家—学术—人心"是密不可分的有机整体，他说："微论泰西之国之学，果足以裨吾与否，而此憪然莫能言之故，则足以自亡其国而有余，是亦一国之人之心死也。"③ 他还提出了与"国奴"相对的"学奴"观念，直陈人心利弊，他指出：

> 海波沸腾，宇内士夫，痛时事之日亟，以为中国之变，古未有其变，中国之学，诚不足以救中国。于是醉心欧化，举一事革一弊，至于风俗习惯之各不相侔者，靡不惟东西之学说是依。慨谓吾国固奴隶之国，而学固奴隶之学也。呜呼！不自主其国，而奴隶于人之国，谓之国奴；不自主其学，而奴隶于人之学，谓之学奴。奴于外族之专制固奴，奴于东西之学说，亦何得而非奴也。④

在黄节看来，学奴的出现正是因为醉心欧化的人认为中国之学说已不

---

① 罗志田：《清季保存国粹的朝野努力及其观念异同》，载于《近代史研究》，2001年3月，第2期。

② 《〈国粹学报〉发刊词》，载于《国粹学报》1905年2月23日，第1期。

③ 黄节：《〈国粹学报〉叙》，载于《国粹学报》1905年2月23日，第1期。

④ 同上。

能够挽救中国的命运。虽然，国粹派学人对欧化主义者采取批判态度，但是他们并非拒斥西学，从《国粹学报》略例中可以看到这一点，略例中称："本报于泰西学术其有新理精识足以证明中学者，皆从阐发，阅者因此可通西国各种科学。"① 所以，我们可以认为，"国粹论者是民族主义者，但不是锁国论者"。② 马叙伦在回忆录中也辨明《国粹学报》"返本开新"的初衷，他说："且所谓保存国粹者，非言事事率由旧章也。而论治则以人群福利为本，以共达大同为极。岂可久滞种种区分，若种若国若贵若富而不悬一共达之鹄！夫使人尽所得，生活无憾，必不为人所亡。不然，徒守茹毛饮血之俗，则太古之族存者几何！"③ 章太炎在《民报》时期，将政治宣传和国学研究同时进行，他在《国学讲习会序》中谈到国学兴灭与国家存亡之间的关系时，有段经典的论述："吾闻处竞争之世，徒恃国学固不足以立国矣，而吾未闻国学不兴而国能自立者也，吾闻有国亡而国学不亡者矣，而吾未闻国学先亡而国仍立者也。故今日国学之无人兴起，即将影响于国家之存灭。"④ 这与《国粹学报》的创办人邓实所倡导之"国以有学而存，学以有国而昌"的观点是一致的，⑤ 这种视国学和国家命运高度一致的认识论，可谓是《国粹学报》同人共同持有的一种使命意识。

（一）《民报》宗旨与《国粹学报》相通

郑师渠先生在其所著《晚清国粹派——文化思想研究》一书中，于第一章《晚清国粹派的崛起》中便追述了日本明治中期以后出现的国粹思潮对中国学人的影响，尤其对梁启超、章太炎等流亡日本的学者产生了很大的影响，黄节因为曾游历日本亦对此思潮有深切感悟。此种思潮必然反映于当时日本的报刊舆论界，梁启超在横滨创办《清议报》时就在该报《叙例》中将这份报纸的宗旨定为："一、维持支那之清议，激发国民之正气"，"二、增长支那人之学识"，"三、交通支那日本两国之声气"，

---

① 《〈国粹学报〉发刊词》，载于《国粹学报》1905年2月23日，第1期。
② 郑师渠：《晚清国粹派——文化思想研究》，北京师范大学出版社1997年版，第3页。
③ 马叙伦：《马叙伦自述》，中国大百科全书出版社2012年版，第125页。
④ 《国学讲习会序》，载于《民报》1906年9月5日，第7号，第126页，科学出版社1957。
⑤ 邓实《国学讲习记》，载于《国粹学报》1906年8月9日，第19期。

"四、发明东亚学术以保存亚粹。"① 梁启超欲增进国民之学识,最终达到发明学术的目的,此"亚粹"即源自国粹的理念。同样,革命派的报刊亦有将发明学术作为办刊宗旨之一者,如《民报》之前身《二十世纪之支那》杂志在揭示其发刊之趣意时也认为:"一国之文明,系于一国之学术,而学术之程度,恒视其著述之多少为差。"所以,他们欲创办杂志,以"促民德民智民力之进步"。② 当时,在《民报》和《国粹学报》为阵地的国粹派宣传影响之下,东京的革命派刊物中"自然不同程度也染上了国粹思想的色彩",其中就包括《复报》《醒狮》《洞庭波》《江苏》《河南》《教育今语杂志》等。③ 新闻界对于辛亥革命前的报刊大致分为四类,从下面两位学者的评价中可以看到章太炎在辛亥革命前新闻史上的地位。林语堂先生将1895—1911年辛亥革命之前的这段时间称为"中国新闻史上的黄金时代",他进而论述道:"这一时期的主要思潮都可以从这些出版物里找到:有揭露腐败政治,介绍西方'自由'、'民主'和'宪政改革'理念,呼吁立即推行政治改革的(康有为、梁启超);有挟极端民族情绪,视驱逐满人为中国惟一希望,号召对异族统治实施致命一击的(章太炎、孙中山);有鼓吹扩大视野,引进西学,主张自由之思想的(严复);还有号召整理或保存国粹的(章太炎、刘师培)。"④ 管翼贤的看法大致与林语堂相类似,他认为:

> 一八九五年以后,为中国新闻界的黄金时代。许多杂志和日报、不顾政府的禁止,在倡导立宪改革政治上,尽了重要的煽动作用。在这些出版物中,反映着当时思想的主流。第一是对于国民政治改革的要望,暴露官僚的腐败,导入"自由""民主主义""宪法"等西欧思想(如康有为、梁启超)。第二是以强烈的民族意识作基础,攻击满族的支配(如章太炎、孙逸仙)。第三是主张广泛吸收西欧文明的自由思想的风潮(如严复)。第四是复兴保全中国的国民文化(如章太炎、刘师培)。中国的知识阶层在这些潮流的交错之中,唤醒了国

---

① 《横滨〈清议报〉叙例》,载于《〈清议报〉全编》,横滨:新民社1901年版,第15册。
② 卫种:《二十世纪之支那初言》,载于张枬、王忍之编《辛亥革命前十年间时论选集》(第二卷),生活·读书·新知三联书店1977年版,第61页。
③ 郑师渠:《晚清国粹派——文化思想研究》,北京师范大学出版社1997年版,第22页。
④ 林语堂:《中国新闻舆论史》,刘小磊译,上海人民出版社2008年版,第99页。

第六章 国粹与"学战"：章太炎与辛亥前的学术期刊

民的政治意识，一般的热情燃烧起来，终于成立。①

林语堂和管翼贤两位学者得出以上十分相似的认识，今天，已经无法知晓到底是哪一位首先得出以上认识的，但这无关宏旨，我们能够看到民国时期的学者对于章太炎在新闻史上的地位是极为肯定的。章太炎在新闻舆论领域，身兼二职，一方面担任"以文章排满的骁将"，另一方面成为保存国粹的"有学问的革命家"，后来虽然流亡日本，其致力于革命和国粹事业的志节依旧毫无改变。

章太炎在《民报》时期宣传国粹和宗教已为当时的部分革命派人士和民众所不能理解，所以有胡汉民的所谓"其言政治则等于汉人以经断狱"。② 然而，在《国粹学报》这个平台中，章太炎则可以尽情地进行国学研究和国粹思想的宣传和教育，不必像《民报》一样必须以政论为主要撰写目标。其实，我们看到，章太炎的政论和国学研究都含有"排满"革命的因子，所以很难将二者割裂开来，从时间上来看，《民报》的国粹研究又是对于《国粹学报》的一种延续和补充。何以见得？从《民报》所刊发的章太炎之《演说录》便可以明晓，章太炎提倡国粹是要国人爱惜汉种的历史，这个历史从广义来说分为三项："一是语言文字，二是典章制度，三是人物事迹。"③《国粹学报》的同人所研究的范围也大致属于这三大范畴。章太炎将国粹与爱惜汉种的历史相联系，表明《国粹学报》办报的思想基础是民族主义，这种民族主义既包括传统的"夷夏之防"观念，也涵盖近代西方国家所掀起的民族独立的思想。邓实比较全面地阐述了亡国灭种危机之下的国体和国学，他说："吾国之国体，则外族专制之国体也；吾国之学说，则外族专制之学说也。"在外族专制之下的国学应该担负起光复汉种学说的责任，"夫国学者，明吾国界以定吾学界者也。痛吾国之不国，痛吾学之不学，凡欲举东西诸国之学，以为客观，而吾为主观，以研究之，期光复乎吾巴克之族，黄帝、尧、舜、禹、汤、

---

① 管翼贤：《新闻学集成》（第七辑），载于《民国丛书》（第四编），中华新闻学院 1943 年版，第 33 页。

② 胡汉民：《辛亥革命之回忆》，载于全国政协文史资料委员会编《辛亥革命亲历记》，中国文史出版社 2001 年版，第 151 页。

③ 太炎：《演说录》，载于《民报》1906 年 7 月 25 日，第 6 号，第 9 页，科学出版社 1957 年版。

文、武、周、公、孔子之学而已"。① 邓实同样认为："汉学、宋学，皆有其真，得其真而用之，皆可救今日之中国。……民族主义立，尚武之风行，则中国或可不亡。虽亡而民心未死，终有复兴之日。"② 可以说，黄节、邓实的认识与章太炎所持的革命乃是"光复旧物"的思想是一致的，光复国家相应地就要光复汉种之学，这在逻辑上也必然是统一的。章太炎所论发扬国粹之功效则有两点：其一，国学兴废关乎国家存亡，他在《国学讲习会序》中已经表明了这一点；其二，国粹可以激发爱国心。他在批判持欧化主义价值观的人们时，指出这些人"总说中国人比西洋人所差甚远，所以自甘暴弃，说中国必定灭亡，黄种必定剿绝。因为他不晓得中国的长处，见得别无可爱，就把爱国爱种的心，一日衰薄一日"。③ 黄节认为爱国者应该在深入了解本国国粹的基础上，"深知己国之长短。己国之所长者，则崇守之；己国之所短者，则排斥之，崇守排斥之间，时寓权衡之意，不轻自誉，亦不轻自毁，斯之谓真爱国者也"。④《国粹学报》的读者同样认为国粹中可以产生爱国心，许守微说："所以进吾民德修吾民习者，其为术不一途，而总不离乎爱国心者近是，此国粹之所以为尚也。"⑤ 章太炎对于"爱国爱种"之心的这种表述是对《国粹学报》宣扬的国粹可以激发爱国心的肯定，亦可见国粹派人士的民族主义立场的一致性。

（二）《国粹学报》的灵魂

郑师渠先生简略地证明了章太炎并非国学保存会的创始者，也并非《国粹学报》的编辑，章太炎俨然为国学保存会的精神领袖。⑥ 章太炎是《国粹学报》的主要撰稿人之一，若从对《国粹学报》的历史功绩来看，章太炎可算作《国粹学报》的精神灵魂。章太炎因鼓吹革命在士大夫中很有影响，张一麐在其笔记中称："章炳麟《訄书》《革命军》各印本出，

---

① 黄节：《〈国粹学报〉叙》，载于《国粹学报》1905年2月23日，第1期。
② 邓实：《国学今论》，载于《国粹学报》1905年6月23日，第5期。
③ 太炎：《演说录》，载于《民报》1906年7月25日，第6号，第9—10页，科学出版社1957年版。
④ 攻法子：《爱国心与常识之关系》，载于《译书汇编》1902年第9期2版。
⑤ 许守微：《论国粹无阻于欧化》，载于《国粹学报》1905年8月20日，第7期。
⑥ 郑师渠：《晚清国粹派——文化思想研究》，北京师范大学出版社1997年版，第19—20页。

第六章 国粹与"学战":章太炎与辛亥前的学术期刊

'人人皆有革命思想矣'。"① "苏报案"之后,章氏的声名更是响彻海内外,《〈国粹学报〉发刊词》中专门提到章太炎的学术声名,其中称:"然学术流别茫乎未闻,惟近儒章氏、龚氏崛起浙西,由汉志之微言,上窥官守师儒之成法,较之郑马,盖有进矣。"②《国粹学报》后又于1905年第8期刊载了《章太炎癸卯口中漫笔》,口述虽短,足见邓实、黄节对章太炎的珍视,章太炎在漫笔中称:"上天以国粹付余……至于支那闳硕壮美之学,而遂斩其统绪,国故民纪,绝于余手,是则余之罪也!"③他在《印度人之论国粹》一文中同样自况道:"自余学术,皆普通之技,惟国粹则为特别。"④ 章太炎的自述,一方面表现出他作为"狂者"的自负,⑤ 另一方面也表明了他对于传统学术的自信。《国粹学报》正是要把这样一位"狂者"对于国粹的自信传播给民众,特别是那些因为失去民族自信而转向欧化主义倾向的人。

1. 作为传播媒介的论学信函

章太炎在《国粹学报》中对于传统学术中的经、史、子、集皆有所涉及,尤精于经部、音韵和诸子学方面,除此之外,他将与学者的论学信函刊布于报端,同时还有致报社的交流信件。这种在报刊中的学术交流尤值得关注,梁启超对此有较为详细的阐述,他说:"清儒既不喜效宋明人聚徒讲学,又非如今之欧美有种种学会学校为聚集讲习之所,则其交换知识之机会,自不免缺乏。其赖以补之者,则函札也。后辈之谒先辈,率以问学书为贽。——有著述者则媵以著述。——先辈视其可教者,必报书,释其疑滞而奖进之。平辈亦然。每得一义,辄驰书其共学之友相商榷,答者未尝不尽其词。凡著一书成,必经挚友数辈严勘得失,乃以问世,而其勘也皆以函札。此类函札,皆精心结撰,其实即著述也。此种风气,他时

---

① 张一麐:《古红梅阁笔记》,上海书店出版社1998年版,第30页。
② 《〈国粹学报〉发刊词》,载于《国粹学报》1905年2月23日,第1期。
③ 章太炎:《章太炎癸卯口中漫笔》,载于《国粹学报》1905年9月18日,第8期。
④ 章太炎:《印度人之论国粹》,载于《章太炎全集·太炎文录初编》,上海人民出版社2014年版,第383页。
⑤ 王玉华教授认为:"在近代中国的这些'狂者'之中,最耀眼夺目且最富有个性特征的,恐怕要数章太炎了。"参见氏著《多元视野与传统的合理化:章太炎思想的阐释》,中国社会科学出版社2004年版,第4页。

代亦间有之,而清为独盛。"① 章太炎与晚清学术大家刘师培、孙诒让等人书信往还,同时与文化界知名人士吴君遂等砥砺问学,章太炎在与他们驰书商榷之时,亦增进了彼此间的友谊,将论学书信刊布于报刊,正体现了晚清学术传播媒介的演变,即由传统的论学信函向学术期刊的创建转变。学者左玉河充分肯定了学术期刊在近代出现的价值,他说:"作为近代新式传播媒介,报刊具有传播迅速、频繁、范围广等特点,实为知识及学术成果交流之重要载体,亦构成了现代学术交流体制之重要组成部分。它是传播西方近代新知、阐述中国旧学、刊行学术成果之主要园地,是近代学者进行学术交流之重要平台。"②《国粹学报》在传播西方近代新知、阐述中国旧学、刊行学术成果之外,还刊发了大量的论学书信,可以看作新式学术期刊对于学术思想和学术理论的一种舆论建构。下面以章太炎在学报中所刊发的书信为例,揭示这位国粹学派的灵魂人物对于学术思想传播的舆论建构。

其一,立定古文经学派立场,批判今文经派之谬说。章太炎在学报中对今文派展开了频繁的批判,形成了巨大的舆论攻势。他在《致〈国粹学报〉社书》中指出:"汉学中复出今文一派,以文掩实,其失则巫。"③在《与人论朴学报书》中,他称赞《朴学报》说:"群言殽乱,国故日衰,得《朴学报》振起之,忻慰无量!观其遵守师法,研精覃思,信非季平、长素之侪矣。"又指出公羊家所谓孔子为后世百代制法的荒谬,"《春秋》三统、三世之说,无虑陈其概略,天倪定分,固不周知。岂有百世之前,发凡起例,以待后人遵其格令者?故知通经致用,特汉儒所以干禄,过崇前圣,推为万能,则适为桎梏矣"。④ 在《与王鹤鸣书》中,章氏直接对康有为倡导之学风进行批评,他说:"康有为善傅会,媚以拨乱之说,又外窃颜、李为名高,海内始彬彬向风,其实自欺。"⑤ 章太炎到东京不久,《民报》就刊发了他的《演说录》,章氏直陈公羊学派的浅陋,演讲中他说道:"兄弟这话,……又不象公羊学派的人,说甚么三世

---

① 梁启超:《清代学术概论》,朱维铮校注,中华书局2010年版,第94页。
② 左玉河:《中国近代学术体制之创建》,四川人民出版社2008年版,第483页。
③ 章炳麟:《致〈国粹学报〉社书》,载于《国粹学报》1909年11月2日,第59页。
④ 章炳麟:《某君与某论朴学报书》,载于《国粹学报》1906年12月5日,第23期。
⑤ 章炳麟:《与王鹤鸣书》,载于《国粹学报》1910年3月1日,第63期。

就是进化,九旨就是进夷狄为中国,去仰攀欧洲最浅陋的学说。"① 这也表明章太炎欲在《民报》中申述自己的学术立场,亦有声援《国粹学报》之势。章太炎歆慕刘师培家族世代治《左氏》,"世旧传贾、服之学,亦有雅言微旨",②他以古文经学的立场对常州今文经学派提出了批评,他在给刘师培的信中指出:"刘申受辈,当戴学昌明之世,研寻古义,苦其烦碎,拾此吐果,自名其家,固所以便文士。常州儒人,媢嫉最盛。古文辞之笔法受之桐城,乃欲自为一派,以相抗衡,其所谓今学派者,志亦若是而已。"③章太炎针对于此,指出自己曾撰写《春秋左传读》之原因,他说:"曩时为《左传读》,约得三十万言,先为《叙录》,以驳申受之义,辞繁不暇具述。"④章太炎于信函中论述学术思想之构想,一旦发表于报刊,则为《国粹学报》构筑了强大的学术舆论基础,以古文经学立意,实为章太炎学术思想传播之第一义。

其二,制定近代学术之独立宗旨。章太炎热心地关注《国粹学报》的建设,他在学报刊行三周年纪念之时,寄送《〈国粹学报〉祝辞》一篇。他对于中国的学者、仁人君子们提出了一条致力于学术的准则:"君子道费,则身隐,学以求是,不以致用,用以亲民,不以干禄。"⑤ 此条标准为后世学者所频繁征引,详加阐述,影响深远。章太炎是在对当时中国学者之表现极为不满的情形之下提出此说的,他分析道:"抑今之学者,非碎与朴是忧,忧其夸以言治也,忧其丽以之淫也,忧其琦傀以近谶也。"⑥他还对倡言国粹者中出现的异端派别进行了批判,他在与钱玄同论学时指出:"近日言国粹者,多趣入神秘汗漫一派,闻苏州有人作《克复报》,外以理学为名,而内有一种宗教(名孟子教,亦云泰州教)。荣庆、蒯光典、陈三立皆奉之,其钜子自谓得孔子正传。此辈正速国学之亡

---

① 太炎:《演说录》,载于《民报》1906年7月25日,第6号,第10页,科学出版社1957年版。
② 章炳麟:《章太炎与刘申叔书》,载于《国粹学报》1905年2月23日,第1期。
③ 章炳麟:《某君与某书》,载于《国粹学报》1907年1月4日,第24期。
④ 章炳麟:《章太炎再与刘申叔书》,载于《国粹学报》1905年2月23日,第1期。
⑤ 章炳麟:《〈国粹学报〉祝辞》,载于《国粹学报》1908年2月21日,第38期。
⑥ 同上。

耳。"① 章太炎在《与王鹤鸣书》比较系统地阐述了他对于学术独立立场的看法，他将求是与致用、"为君之学"与"为匠之学"、朝廷与民间视为相互对峙的对立面，遂产生了其独立的学术观。他首先提出，"学者将以实事求是，有用与否，固不暇计"，"学者在辨名实，知情伪，虽致用不足尚，虽无用不足卑"。他又指出，"今之学者，学为匠也"，"为匠者，必有规矩绳墨，模形惟肖，审谛如帝，用弥天地，而不求是，则绝之"。② 章太炎站在民间立场，以道德情操批判"利禄之途"，这与他当时所持的反满立场有关，笔者在论述《民报》时，已经指出章太炎对于国家作为团体的否定，而高扬个人的主体性，所以不论从哲学、道德还是民族主义立场，章太炎都坚持一种学术的民间化道路。正如他在《与王鹤鸣书》中所总结的，"中国学术，自下倡之则益善，自上建之则日衰。凡朝廷所阖置，足以干禄，学之则皮傅而止"。③ 对于章太炎论学术之"求是""致用"谁先谁后、谁主谁次，其弟子们也难以形成定论。章太炎同样将他的学术立场在《民报》中进行传播，其在《代议然否论》中明确指出："学术者，故不与政治相丽。……综观二千岁间，学在有司者，无不蒸腐殨败；而矫健者常在民间。"④ 章太炎将这种对于学术所持的态度引申至学术报刊的办理理念之中，他认为学术报刊也应该走民间化道路，因为"广大国学之原，肉食者不可望，文科经科之设，恐只为具文，非在下者谁与任此"。⑤

那么，章太炎为什么要对学术的民间化屡屡进行宣传呢？正如学者陈平原先生所言："讲求气节，反对曲学干禄，章太炎不只反对异族统治者，也反对一切朝廷之操纵学术。"⑥ 章太炎所建构的关于"求是"与"致用"关系的学术论断，乃是晚清学术潮流中较为显眼的一脉，因为在晚清，"求是与致用之争更演变成了既含学派又含政术的大论战。这场论战对整个

---

① 章太炎：《与钱玄同》，载于马勇编《章太炎书信集》，河北人民出版社2003年版，第139页。
② 章炳麟：《与王鹤鸣书》，载于《国粹学报》1910年3月1日，第63期。
③ 同上。
④ 太炎：《代议然否论》，载于《民报》1908年10月10日，第24号，第14页，科学出版社1957年版。
⑤ 章炳麟：《致〈国粹学报〉社书》，载于《国粹学报》1909年11月2日，第59页。
⑥ 陈平原：《中国现代学术之建立：以章太炎、胡适之为中心》，北京大学出版社1998年版，第93页。

20世纪中国思想文化界的影响,至今仍未消除。这并非一般意义上的学术是非之争,更多的是体现适应传统变革要求以及面对西方思想文化冲击时中国知识分子的两难处境——这是一个寻求政学分途而又需要知识分子'铁肩担道义,妙手绣文章'的时代"。① 章太炎对于学术独立精神的追求,对于"审谛如帝"般严谨的科学精神的推崇,使我们感受到"学术应是理想的事业。……人生虽然无法摆脱世俗的羁绊,但仍有可能去努力进行真正的学术研究。所以,学术是一种需要为之奋斗的理想和境界"。②

其三,编辑原则的确立。章太炎在《答某君论编书书》中提到他对于编订书籍的看法,亦可以视为对于编辑报刊的原则。他说:"稍高言之,则曰当辨雅俗,不必辨繁简而已。雅而简约,无害为传书,《群书治要》是也;俗而繁博,无减其伧陋,《文献通考》是也。"③ 笔者在上一章中已经谈到《民报》的文风问题,章太炎在文体的雅俗之间自有取舍,这里他把"辨雅俗"之目标作为编辑文本的原则明确提出,有助于我们理解他在编辑《民报》之时的取舍和用心所在。

其四,拒斥欧化主义者。欧化主义是近代以来出现的一种思潮,这一派"主张全盘接受西方文化",相区别于"主张复返中国固有文化的"传统主义者,另外就是"主张折衷办法的",④ 如国粹派人士。章太炎坚定地反对学术上的欧化主义者,他努力地制造一种中西学术可以取长补短的舆论。章太炎在《民报》第六号所刊载的演说中就批判了欧化主义者尽灭国人的爱国心,他在《与人论〈朴学报〉书》中指出:"中西学术,本无通途,适有会合,以庄周所谓'射者非前期而中'也。今徒远引泰西,以徵经说,有异宋人以禅学说经耶?"⑤ 章太炎也曾对罗振玉的治学态度、教育方法进行过规劝,他在给罗氏的书信中指出:"今复妄自鄙薄,以下海外腐生,令四方承学者不识短长,以为道艺废灭,学在四夷。"⑥ 所以,

---

① 陈平原:《中国现代学术之建立:以章太炎、胡适之为中心》,北京大学出版社1998年版,第28—29页。
② 赵益:《古典研究方法导论》,华东师范大学,2011年。
③ 章炳麟:《答某君论编书书》,载于《国粹学报》1905年10月18日,第9期。
④ 陈序经:《中国文化的出路》,岳麓书社2009年版,第1页。
⑤ 章炳麟:《某君与某论〈朴学报〉书》,载于《国粹学报》1906年12月5日,第23页。
⑥ 章太炎:《与罗振玉书》,载于《章太炎全集·太炎文录初编》,上海人民出版社2014年版,第175页。

我们看到章太炎对于中西学术认为皆应该学有宗主，而非强相附会。章太炎在《国粹学报》和《民报》中都刊发了《驳中国用万国新语说》一文，以示他对在中国废除汉字的强烈反对，章氏面对言文一致的时代风气，重新制定了新的韵、纽文注音方案以简化对汉字的识读，这正体现了他对中西文化的基本态度。

其五，视日本汉学为浅薄。笔者在论述《民报》文风时已经提到章太炎对于日本学术界的批评，对于日本当时通行的文体更表示不屑。章太炎在《〈国粹学报〉祝辞》中就曾指出："部娄无松柏，故日本因成于人，而中国制法自己，儒、墨、道、名尚己。虽汉、宋诸明哲专精厉意，虑非岛人所能有也。"① 在《与罗振玉书》一文中，章太炎比较全面地批评了日本的汉学界人士，他强调："大抵东人治汉学者，觊以尉荐外交，不求其实。"② 章太炎之所力诋日本之汉学，目的乃是纠正那些以为日本是强国则学术亦美的人，正是这些人难以审定日本学术的优绌，才使得国人失去对自身学术水平的认知和衡量。章太炎对于日本学术迷雾的纠偏，自然会引起日本学界的反感和恼怒，"日本人有长井衍者，彼中朴学家也。……既见《国故论衡》中诋日本学者，比于邮人过书，门者传教，复大怒"。③ 那个时代，也只有"清学正统派的殿军"人物章太炎可以做到直陈东学之弊，④ 以为舆论先导了。

其六，鼓吹"文学复古"。章太炎虽然批判了欧化主义者并对当时国内盲目崇拜日本汉学的风气进行了揭评，他依然对振兴中国固有之学术抱有很大希望，他在给罗振玉的书信中说道："今国人虽尊远西之学，废旧藉，慕殊语，部曲相外，未足以为大虞，且其思理诚审，亦信有足自辅者。"⑤ 章太炎所提倡的振兴学术之方法就是在保存国粹的基础之上进行"文学复古"，进而扩大到整个汉学的复兴。章太炎可能受到了《国粹学

---

① 章炳麟：《〈国粹学报〉祝辞》，载于《国粹学报》1908 年 2 月 21 日，第 38 期。
② 章太炎：《与罗振玉书》，载于《章太炎全集·太炎文录初编》，上海人民出版社 2014 年版，第 175 页。
③ 章太炎：《与钱玄同》，载于马勇编《章太炎书信集》，河北人民出版社 2003 年版，第 140 页。
④ 梁启超：《清代学术概论》，朱维铮校注，中华书局 2010 年版，第 141 页。
⑤ 章太炎：《与罗振玉书》，载于《章太炎全集·太炎文录初编》，上海人民出版社 2014 年版，第 175 页。

第六章　国粹与"学战"：章太炎与辛亥前的学术期刊

报》同人所推崇的"古学复兴"的影响，但是，他的这种对于汉学的复兴并不同于"古学复兴"，下文将略为阐述。章太炎在《民报》开启了"文学复古"的舆论，他在《演说录》中说："可惜小学日衰，文辞也不成个样子。若是提倡小学，能够达到文学复古的时候，这爱国保种的力量，不由你不伟大的。"① 章太炎在《民报》中继续完善了他关于"文学复古"具有重要价值的论断，他说："彼意大利之中兴，且以文学复古为之前导，汉学亦然，其于种族，固有益无损。"他对于这种学术之追本溯源，作了如下阐释，"反古复始，人心所同，裂冠毁冕之既久，而得此数公者，追论姬汉之旧章，寻绎东夏之成事，乃适见犬羊殊族，非我亲昵"。② 在章太炎眼中，研究国粹是目的本身，而在结果中产生了民族主义的情绪和汉人的爱国心，所以他的学术复古不仅无阻于革命思想的宣传，更不会在客观上起到"助长人们向后看的崇古情绪的消极作用"。③ 通过章太炎致简竹居的信中所论，我们可以看到他如何处理古今学术之间的创造性转化，他论述道：

> 仆闻之：《尚书》《春秋》，左右史所记录，学者治之，宜与《史记》《汉书》等视，稽其典礼，明其行事，令后生得以讨类知原，无忘国故，斯其要也！古今异变，宜弗可以同概，通经致用之说，则汉儒所以求利禄者，以之哗世取宠，非也。以为经典所言，古今恒式，将因其是，以检括今世之非，不得，则变其文迹，削其成事，虽谀直不同，其于违失经意，均也。④

章太炎所论学者对待历史典籍应该"稽其典礼，明其行事"，而不应该学习汉儒为了功名利禄而去"通经致用"；应该检括古今世事变迁，不必拘泥于经典恒言。我们看到，郑师渠先生所谓的国粹派提倡"古学复兴"时不可避免地要产生的消极偏向，其中第三条为"国粹派自身滋长

---

① 太炎：《演说录》，载于《民报》1906年7月25日，第6号，第11页，科学出版社1957年版。
② 太炎：《革命之道德》，载于《民报》1906年10月8日，第8号，第14页，科学出版社1957年版。
③ 郑师渠：《晚清国粹派——文化思想研究》，北京师范大学出版社1997年版，第136页。
④ 章炳麟：《与简竹居书》，载于《国粹学报》1911年9月12日，第82期。

了文化自足的消极心理"①，作者所述的这种倾向并不适合于章太炎对于古学的看法，相反，他的立论对那些持保守态度的人士起到了警醒的作用。朱维铮先生曾敏锐地看到美国学者周策纵所著《五四运动史》中把"中国的文艺复兴"一词，说成是在 1915 年由黄远庸提出的，并把"中国的文艺复兴"说成是那以后三年才形成的一种"自由主义的概念"，而忽略了章太炎对于文艺复兴的思索和在实践上的巨大努力，确实是一种疏忽，令人感到惋惜。② 以上论述了章太炎对于《国粹学报》学术思想传播所做的六项贡献，然而，他在学术报刊实践方面的努力亦有许多为学界所忽略之处。

2.《学林》杂志的创办

章太炎不仅是《国粹学报》的精神领袖，他对于《国粹学报》的建设也有实际的作为，在上海西牢中不忘"光复宗国"之志，流亡东京期间更是致力于"发扬国光、振起学术"。首先，章太炎通过祝辞为《国粹学报》增添气势，更为学报订立学术之立场。他不避亲疏，批评道："吾党之士言国粹者，不摭其实，而取下体，终于阿附横民。"他始终坚持学者用心于国粹，应该"皆便于齐民"，③呼应了他为《国粹学报》确立的学术立场。章太炎所列举的明清之际和清代学者所提出的良法美政，皆是亲民的代表。其次，章太炎在任《民报》主编后，继续以民报社编辑部为阵地代售《国粹学报》。④ 上海的《国粹学报》与东京的民报社共同希望"保存国粹者不可不人人手一编"。⑤ 章太炎曾言明办《民报》乃是为了与《国粹学报》桴鼓相应、互通声气，他在给黄节撰写的墓志中提道："与同学邓实等集国学保存会，搜明清间禁书数十种作《国粹学报》，以辨夷夏之义。时炳麟方出系，东避地日本，作《民报》与相应，士大夫

---

① 郑师渠：《晚清国粹派——文化思想研究》，北京师范大学出版社 1997 年版，第 136 页。
② 朱维铮：《音调未定的传统》（增订本），浙江大学出版社 2011 年版，第 377 页。
③ 章炳麟：《〈国粹学报〉祝辞》，载于《国粹学报》1908 年 2 月 21 日，第 38 页。
④ 宋教仁在其所著《我之历史》1906 年 1 月 13 日中记载："上海《国粹学报》馆寄报来，请《民报》社代售。"参见宋教仁《我之历史》，湖南人民出版社 1980 年版，第 119 页。又据《民报》在第五号刊发《国粹学报》代售广告，因为两者皆发生于章太炎到达东京之前，所以笔者只能据章太炎与国粹派人士的关系推测其应该继续为学报在日本代售。
⑤ 《〈国粹学报〉广告》，载于《民报》1906 年 6 月 26 日，第 5 号，无页码，科学出版社 1957 年版。

第六章　国粹与"学战"：章太炎与辛亥前的学术期刊

倾心光复自此始。"① 章太炎这里的言明，亦向我们表达了他欲在《民报》中阐扬国粹的初衷，这也就回应了上一章中所论述的《民报》之宗旨问题，所以，两报互证，亦由此来。1906 年夏、秋间，他建立国学振起社举办国学讲习会，将学术研究团体和学术讨论平台联系起来，在东京学术界产生了很大的影响。章太炎对学报所作的第三项贡献就是向国粹派同人推荐黄侃以襄理报务。章太炎在致《国粹学报》的书信中介绍黄侃道："贵报以取材贵广，思得其人。前此蕲州黄君名侃，曾以著撰亲致贵处。黄君学问精慱，言必有中，每下一义，切理厌心，故为之介绍。愿贵报馆加以甄采，必能钩深致远，宣扬国光。"② 章太炎在东京慧眼识英才，将黄侃收入门下，并让他加盟《民报》团体，黄侃在《民报》上发表了 7 篇政论文章，革命思想愈发成熟。黄侃喜读《民报》，对章太炎渊雅的文辞极为钦慕，他在文体上亦受章太炎影响很大。黄侃除给《民报》撰稿之外，还加入章氏国学讲习会，跟随章太炎学习小学、诸子学等传统学术。章太炎对其弟子亦非常欣赏，他在送给黄侃的《新方言》一书之赠言中称道："季刚年方盛壮，学术能与予心稠适，又寂泊愿握苦节，此八百事赖季刚光大之。"③ 在章太炎的赏识和栽培之下，黄侃被引荐给邓实等人，并加入国粹派所办的国学保存会，更为重要的是黄侃在 1910 年还主办了《学林》杂志。

黄侃主办《学林》杂志，与章太炎感受到《国粹学报》前景暗淡有关，章太炎在致钱玄同的书信中提到了这一点："邓秋枚向无违言，惟去岁拟刊《学林》，本由同人合股，恐《国粹报》钞录原文，则销数绌而刻资空。故先与秋枚书，令弗妄登（此书同人为之，辞稍厉）。然《国粹学报》自去岁已鲜佳篇，想彼亦无意为此也。"④《学林》杂志的举办仍然是为了振起学术，但是，它仅仅维持了两期就无疾而终，不能不让人感到惋惜。黄侃在办报的过程中，得到了锻炼，辛亥革命时期，他一面致力于学术的钻研、学习，一面致力于革命的宣传，民国之后，黄侃已经完成由政

---

①　章太炎：《黄晦闻墓志铭》，《章太炎全集·太炎文录续编》，上海人民出版社 2014 年版，第 296 页。
②　章炳麟：《致〈国粹学报〉社书》，载于《国粹学报》1908 年 6 月 18 日，第 42 页。
③　叶贤恩：《黄侃传》，湖北人民出版社 2006 年版，第 70 页。
④　章太炎：《与钱玄同》，载于马勇编《章太炎书信集》，河北人民出版社 2003 年版，第 140 页。

治向学术的转型，他将后半生的精力都致力于学术研究。1918年夏，刘师培等"慨然于国学沦夷"，准备重新恢复《国粹学报》和《国粹荟编》。1919年1月26日，刘师培、黄侃、陈汉章及北大学生陈钟凡、张煊等数十人发起成立"国故月刊社"，刘师培、黄侃被推为总编辑。① 黄侃襄助刘师培办理《国故月刊》，又拜刘师培为师，《国故月刊》所标明的"以昌明中国固有之学术"之宗旨，② 让我们看到黄侃在辛亥革命前主办《学林》时的作为，这不能不说是一种个人学术态度和立场的复返，因此，我们亦能够知晓《国粹学报》在学术界的影响了。刘师培、黄侃所主导的《国故月刊》成为与新文学相对立的旧文学一派。回顾《学林》中所提倡的韵文、古诗和章太炎的那篇《医术平议》，章太炎与黄侃身上也早已伏潜着作为后来新文化运动的反对派的底色。

（三）国粹、国故和国性

国粹派同人使用的"国粹"一词，乃是受到了日本国粹思潮的影响，郑师渠先生在其著作中已经考镜了源流，国粹和国学几乎是可以互用的同义词。"国学"之名，始自清末。其时欧美学术进入中国，号为"新学""西学"等，与之相对，人们便把中国固有的学问统称为"旧学""中学"或"国学"等。③ 章太炎在1910年所撰写完成的《国故论衡》，此书为时人赞誉极高，称"《国故论衡》乃文献中之上品。两千年来，精心结构，堪称著作者，惟《文心雕龙》《史通》《文史通义》之属，以及先生此书，总七八部耳。"④ 何以称国故，而不沿用国粹一词呢？同年，由章太炎主办的《教育今语杂志》在宗旨中亦称："本杂志以保存国故，振兴学艺，提倡平民普及教育为宗旨。"⑤ 章太炎的这种做法，足见其高明之处，直到五四运动后的"整理国故"运动亦可见其回响。学者罗志田对于"国故"使用的分析正可以解释这一现象，他说："当章太炎鼓吹'以国粹激

---

① 万仕国：《刘师培年谱》，广陵书社2003年版，第266—267页。
② 同上书，第268页。
③ 章太炎：《国学概论》，曹聚仁整理，中华书局2009年版，出版缘起。
④ 《〈国故论衡疏证〉上卷序》，载于庞俊、郭诚永疏证《国故论衡疏证》（上册），中华书局2011年版，第1页。
⑤ 《〈教育今语杂志〉章程》，载于汤志钧编《章太炎年谱长编》（增订本·上册），中华书局2013年版，第186页。

动种性'时,他(以及主张以历史激发爱国心的梁启超等)有意无意间不过是换一个标签而试图将在时人思想言说中已经边缘化的'中学'拉回到中心来;但正由于国粹与中学的接近,这一努力的成就有限,或可说基本是不成功的(那时许多人根本认为中国没有国粹,只有'国渣')。相对比较中性的'国故'得到利用(尤其胡适明确指出选择这一词汇就因为其中性),部分即因为国粹不能得到比较广泛的认可。"① 通过罗志田先生的解读,我们可以想见章太炎已经隐约感受到"国粹"一词在晚清传播舆论中的无力,所以他决定使用"国故"作为保存和宣传的对象,然而,"'国故'一词的真正流行还在十年之后"。②

《教育今语杂志》第三期刊发了章太炎的文章《论教育的根本要从自国自心发出来》,在此文中他认为:"到底中国不是古来没有学问,也不是近来的学者没有心得,不过用偏心去看,就看不出来。怎么叫做偏心,只佩服别国的学说,对着本国的学说,不论精粗美恶,一概不采,这是第一种偏心。"③ 章太炎这里所谓的"偏心"正是一种国民性的表现,晚清时期,舆论界对于国民性的批判可谓十分尖锐,报刊之中最频繁见到的即是称国民为"奴隶"。梁启超在《新民说》之《论国家思想》一节中,称我国民"奴隶根性终不可得变"。④ 梁氏可算作近代批判国民奴隶性最有力之学者,他也曾对崇洋媚外者彻底鄙薄传统表示担忧,他说:"今正过渡时代苍黄不接之余,诸君如爱国也,欲唤起同胞之爱国心也,于此事必非可等闲视矣。不然,脱崇拜古人之奴隶性,而复生出一种崇拜外人、蔑视本族之奴隶性,吾惧其得不偿失也。"⑤ 革命派早期的刊物《国民报》曾刊发文章,较为尖锐地将国民和奴隶进行了区分,在《说国民》一文中这样指出:"即同是一民也,而有国民奴隶之分。何谓国民,曰:天使

---

① 罗志田:《裂变中的传承:20世纪前期的中国文化与学术》,中华书局2003年版,第251—252页。

② 同上书,第206页。

③ 独角:《论教育的根本要从自国自心发出来》,载于《教育今语杂志》1910年5月8日,第3期,第7页。

④ 中国之新民:《新民说·论国家思想》,载于《新民丛报》1902年3月24日,第4期,第11页。

⑤ 中国之新民:《论中国学术思想变迁之大势》,载于《新民丛报》1902年3月10日,第3期,第44页。

吾为民，而吾能尽其为民者也。何为奴隶，曰：天使吾为民，而卒不成其为民者也。故奴隶无权利，而国民有权利；奴隶无责任，而国民有责任；奴隶甘压制，而国民喜自由；奴隶尚尊卑，而国民言平等；奴隶好依傍，而国民尚独立；此奴隶与国民之别也。"① 革命派在东京的另一报刊《复报》中亦对那些在亡国灭种危机之下甘愿做"国奴"的人提出批判，"夫民血如火，不能扑灭也，所能扑灭者，惟忘种忘义无心肝之国奴耳"。② 顺着这一近代对于国民性的批判思路，若体现于学术领域，国粹派学者亦有所创见。前述黄节在《〈国粹学报〉叙》中提出了"国奴"与"学奴"的概念之分野，邓实亦对此进行了重申，他说："自夫寰宇多风，江流不静，百家簧鼓，大道亡羊，《论语》当新，三传束阁。倡权利之说，放弃道德，作竞争之谭，掊击仁义，谓六经为糟粕，以万物为刍狗，快意一时，流祸百世。数典而忘其祖，出门不知其乡，谓他人父，其亦不可以已乎。夫不自爱其国而爱他人之国，谓之国奴，不自爱其学而爱他人之学，谓之学奴。"③ 不论是"国奴"还是"学奴"都表现了国民的一种奴隶根性，章太炎在"保存国粹"这一时代课题之下，针对国民的"偏心"于他国学术，提出了"卫国性"的主张。章太炎在《重刊〈古韵标准〉序》中提出："国于天地，必有与立，非独政教饬治而已，所以卫国性、类种族者，惟语言历史为亟。"④ 章太炎在 1924 年 8 月的《华国月刊》中发表了《救学弊论》一文，针对当时的国学研究存在的弊病、学校教育的困境以及学风问题提出了自己的看法。他批判当时的学校教育乃是教人欣羡"宫室舆马衣食之美"，造成"惰游之士遍于都邑，唯禄利是务，恶衣恶食是耻"的局面，他认为是学校教育的风气使然。所以他得出结论："观今学者竞言优秀，优秀者何？则失其勇气，离其淳朴是已。虽然，吾所忧者不止于庸行，惧国性亦自此灭也。"章太炎从历史的角度出发，认为中国若想避免出现元魏、金、清那样"失其朴劲风，比及国亡"的局面，

---

① 《说国民》，载于《国民报》（汇编），中国国民党中央委员会党史史料编纂委员会，1968年，第 8 页。

② 勒生：《冯夏威君哀文》，载于《复报》1906 年 6 月 16 日，第 2 期，第 55 页。

③ 邓实：《〈国粹学报〉第一周年纪念辞（并叙）》，载于《国粹学报》1906 年 2 月 13 日，第 13 页。

④ 章太炎：《重刊〈古韵标准〉序》，载于《章太炎全集·太炎文录初编》，上海人民出版社 2014 年版，第 209 页。

第六章 国粹与"学战":章太炎与辛亥前的学术期刊

只有做到"国无论文野,要能守其国性,则可以不殆"。① 20 年代前后,章太炎在经历了新文化运动的鼓荡与军阀统治之下中国政治的腐朽后,重新认识到文化与道德对于中国的重要,从他向吴承仕口授的《菿汉微言》中可以感受到这一点,太炎称:"虽然中国民志之弱,民德之衰久矣,欲令富强如汉唐,文明如欧美者,此正夸父逐日之见,吾辈处之正,能上如北宋,次如东晋耳。"② 何为国性呢?梁启超在其专论中这样定义:"国性果何物耶?……则一曰国语,二曰国教,三曰国俗,三者合而国性仿佛可得见矣!"国性的代表者乃是国民,"当国性之衰落也,其国人对于本国之典章文物、纪纲法度,乃至历史上传来之成绩,无一不怀疑,无一不轻侮,甚则无一不厌弃"。③ 梁启超认为国性的衰落必然导致否定自身文化传统的现象,这国性的衰落本质上就是民德的衰落。

由以上论述,我们结合上一章章太炎在《民报》中提倡佛教来增进国民之道德,又将国民的道德衰亡视为亡国灭种的根源所在。章太炎和梁启超在政治宣传和学术传播中都关注到了国性的问题,而国性又由民气、民德决定,所以,我们能够理解章太炎和梁启超为何都比较关注宗教问题,梁启超在《论支那宗教改革》一文中称:"凡一国之强弱兴废,全系乎国民之智识与能力,而智识能力之进退增减,全系乎国民之思想,思想之高下通塞,全系乎国民之所习惯与所信仰。"④ 梁氏也并不排斥佛教对于人群进化之作用,他与章太炎都注意到宗教信仰在增进国民道德和思想中的重要作用。章太炎认为宗教的作用可以改造国民之劣根性,他说:"以勇猛无畏治怯懦心,以头陀净行治浮华心,以惟我独尊治猥贱心,以力戒诳语治诈伪心。"⑤ 作为思想家和宣传者,章太炎"所向披靡"的政论文章以及他对于国民道德的关注对鲁迅可谓影响深远,从"改变精神"

---

① 章太炎:《救学弊论》,载于桑兵、张凯、於梅舫编《近代中国学术思想》,中华书局 2008 年版,第 211 页。

② 章太炎:《菿汉微言》,载于《菿汉三言》,虞云国校点,上海书店出版社 2011 年版,第 70 页。

③ 梁启超:《国性篇》,载于《庸言》1912 年第 1 期第 1 版。

④ 梁启超:《论支那宗教改革》,载于《〈清议报〉全编》,横滨:新民社 1901 年版,第 32 页。

⑤ 太炎:《答梦庵》,载于《民报》1908 年 6 月 10 日,第 21 号,第 127 页,科学出版社 1957 年版。

为"第一要著"的思想之确立,① 到"立人"哲学思想的形成,② 皆可以看到鲁迅与章太炎一脉相承的思想气质。

二 对晚清舆论中的反传统思想之否定

(一) 反传统思想之否定

林毓生教授在其所著《中国意识的危机——"五四"时期激烈的反传统主义》一书中,将晚清民初的知识分子分为两代,第一代活跃于19世纪90年代,第二代活跃于20世纪初。他指出第一代知识分子的反传统主义并不是全盘性的反传统主义,直到五四反传统主义者才形成他们的全盘性反传统主义。③ 据美国学者周策纵先生回忆,"反传统"这个词由他最先使用,他后来认为"五四"时代的反传统,其实反的是"传统主义"。当时的确有些守旧人物相信凡是传统都是好的,"五四"知识分子所反对的乃是这种"传统主义"。④ 在明晰了"五四"时代激烈的反传统乃是反对"传统主义"这一理路后,本文拟采用"反传统"一词,而不选择林毓生教授的"反传统主义"这个概念。陈万雄先生在《五四新文化的源流》中已经论述清末的反传统思想言论,笔者拟从革命党所办报刊中出现的反传统思想舆论(主要针对学术思想)出发,简要探讨章太炎对这一思想潮流的回应。

《湖北学生界》第一期叙论曾指出:"吾国当成周之末,为学界大放光彩时代。若儒家、若法家、若农家、若名家,类皆持之有故,言之有物,蔚然成为专门之学,何尝不可见诸实用,自此以后,由实而渐趋于虚,递嬗递降。二千余年,一坏于训诂,再坏于庄老,三坏于词赋,四坏

---

① 鲁迅:《〈呐喊〉自序》,载于《鲁迅全集》(第一卷),人民文学出版社2005年版,第439页。

② 教军章:《中国近代国民性问题研究的理论视阈及其价值》,中国社会科学出版社2009年版,第47页。

③ [美] 林毓生:《中国意识的危机——"五四"时期激烈的反传统主义》,穆善培译,贵州人民出版社1986年版,第43—48页。

④ [美] 周策纵:《周策纵作品集》(二),世界图书出版社公司北京公司2013年版,第183—184页。

于章句考据，匪惟精神无存，而形式亦不知归于何乡矣。西人之学，由虚而渐趋于实，欧洲中世以前，宗教家以其凭空构造之谬论，风靡一世，其腐败宁有愈于吾之今日。乃哥白尼之天文学出，而学界一变，培根倡格物之说，而学界一变，笛卡尔倡穷理之说，而学界又一变，迨至今日科学大盛而宗教几乎息矣。"[1]《复报》也曾发表评论道："迨乎明祚不纲，主中夏者，非我族类，窃权之始，凡有抱政治思想者，铲削、消磨以归于尽。由是崇尚宋儒性理之学，汉代考据之学，魏晋以降词章之学，策之以科举，限之以体制；而我民族遂知有私德，不知有公德，知有君主，不知有国家，知政治法律为君主独有之物，而不知为人民共有之物。然则欲复二千年之旧观，组织宪法、实行共和政策，非以国民为着手点不可。"[2]

当时，革命派报刊中存在的反传统思想较为普遍，他们在反对君主专制政治的同时，存在一种将传统的学术也彻底否定的倾向。从上述两例可以看到，他们的应对之策乃是学习西方的思想、学术和政治制度；而他们普遍认为学界应研究实用之学，秦以后之学术与政治兴衰、王朝更迭有密切关联。上述论说表明了作者对于"学贵探索，术重实用"的"学"与"术"二元分立传统的背离。[3] 朱维铮先生提出这种将学术与政治相联系的观点，源自司马迁首先揭示的"以经术缘饰吏治"的传统。他进一步解释道："官方表彰的经传研究，总在追随权力取向，论证经义具有实践品格，所谓通经致用。"[4] 在"通经致用"的官方主导意识形态之下，汉代儒术独尊之后的学术很难独立，"学统"和"政统"殊难分离。时人便以学术是否可以达致"致用"为目的作为判断学术价值的一个标准。这种反传统的倾向，更早之前，就在严复的言说中有所表现，他在《救亡决论》一文中就认为古文词和汉学考据等传统学术"非真无用也，凡此皆富强而后物阜民康，以为怡情遣日之用，而非今日救弱救贫之切用也"。[5] 严复在欲实现国家富强的名义之下，认为"民智者，富强之原"，"故欲

---

[1]《叙论》，载于《湖北学生界》（汉声），1903年2月25日，第1期，第15—16页。
[2] 夜光：《中国今日欲立宪乎》，载于《复报》1906年6月16日，第2期，第9页。
[3] 朱维铮：《求索真文明——晚清学术史论》，上海古籍出版社1996年版，第3页。
[4] 朱维铮：《中国经学史十讲》，复旦大学出版社2002年版，第3页。
[5] 严复：《救亡决论》，载于胡伟希选注《论世变之亟：严复集》，辽宁人民出版社1994年版，第60页。

开民智，非讲西学不可"。① 严复将西学视为切用之学，以救亡和富强的名义将传统学问视为当下之"无用"，他的这种功利主义的态度，经过舆论界的传播，无疑增强了时人反传统的意识。章太炎则对严复这种欲图用国家之富强掩盖学术之真价的论调持相反的态度，他在《印度人之观日本》一文中指出："夫文化高下，固不以国之盛衰兴废为期，波兰既亡，哥白尼地动之说，至今为人尊信，亦其例矣。"② 太炎弟子汤增璧受到其师的影响，将欧化主义者与反清革命联系起来，他说："中土之民，隐伏动机，厌虏恶久矣。惧或沉醉欧风，掊击国粹，则根蒂不固，侈言富强，反忘因系之悲，虚与委蛇，以冀倖成于万一。"③ 在章太炎他们看来，反清革命即是"光复旧物"，这必然与反传统的欧化主义者相矛盾，所以，仅从革命的初衷出发，也必然需要反对那些借富强之名而持反传统论调的人们。钱穆先生在论述宋代学术时曾指出："所谓'道德仁义圣人体用，以为政教之本'者，此正宋儒所以自立其学以异于进士场屋之声律，与夫山林释老之独善其身而已者也。时孙门有石介徂徕，著怪说三篇及中国论。三怪者，一曰文章，二曰佛，三曰老。此即进士场屋之与道、释山林，彼皆无意于生民政教之事者。故安定湖学，分经义、时务两斋，经义其体，时务其用也。……盖自唐以来之所谓学者，非进士场屋之业，则释、道山林之趣，至是而始有意于为生民建政教之大本，而先树其体于我躬，必学术明而后人才出。"④ 从钱穆先生的论述可以看出，一时代有一时代之学术，一时代之学术中又有其"有用"和"无用"，一味地以"致用"作为标准来反对传统学术是毫无道理的。

　　这种将学术与政治混为一谈的现象可以用林毓生教授所谓"借思想文化以解决问题的途径"来阐释，这个观点在上一章中已经运用到，这里进一步加以引申。这种"途径"包含的基本信念是，文化改革为其他一切必要改革的基础。他将这一解决问题的途径，归结为"受根深蒂固的、其

---

① 严复：《原强》（修订稿），胡伟希选注《论世变之亟：严复集》，辽宁人民出版社1994年版，第39—40页。

② 章太炎：《印度人之论国粹》，载于《章太炎全集·太炎文录初编》，上海人民出版社2014年版，第382页。

③ 伯夔：《革命之心理》，载于《民报》1908年10月10日，第24号，第32页，科学出版社1957年版。

④ 钱穆：《中国近三百年学术史》，九州出版社2011年版，第2—3页。

形态为一元论和唯智论思想模式的中国传统文化倾向的影响"。① 这种存在于中国传统士人中间的智识主义理念，伴随近代以来中西思想文化的碰撞，在西方强国咄咄逼人的气势之下，他们中间的一部分人产生了欧化主义和反传统的思想，轻易地放弃了自己的传统。前文已经指出章太炎在《国粹学报》中欲将学术与政治剥离开来，确立一套适应近代学术新环境的标准。他在《与王鹤鸣书》和《与人论〈朴学报〉书》中表达了反对"通经致用"的经学传统，努力营造一个"学者在辨名实，知情伪，虽致用不足尚，虽无用不足卑"的学术新氛围。② 在与反传统思想的论战中，尤以章太炎与巴黎《新世纪》杂志的驳辩为典型，其核心论题即围绕世界语的推广与否而展开。

（二）语言文字学所造成之舆论

章太炎在《国粹学报》中刊发了《新方言》（1907—1908年分10期刊载完），又在《学林》中刊载了《文始》（未完），章太炎在东京的讲学也促进了他的学术研究，他曾致书国粹学报社，称："弟近所与学子讨论者，以音韵训诂为基，以周、秦诸子为极，外亦兼讲释典。盖学问以语言为本质，故音韵训诂，其管籥也；以真理为归宿，故周、秦诸子，其堂奥也。"③ 章太炎致力于方言的研究，对后世影响也较大。据太炎弟子钱玄同回忆："章先生于1908年著了一部《新方言》，他说：'考中国各地方言，多与古语相合。那么古代的话，就是现代的话。现代所谓古文，倒不是真古。不如把古语代替所谓古文，反能古今一体、言文一致。'这在现在看来，虽然觉得他的话不能通行，然而我得了这古今一体、言文一致之说，便绝不敢轻视现在的白话，从此便种下了后来提倡白话之根。……我对于白话文的主张，实在植根于那个时候，大都是受章先生的影响。"④太炎的另一位弟子沈兼士曾就《新方言》的价值而指出："经学附庸的小学，一跃而成为一种有独立精神之语言文字学，这是传统语言文字学史上

---

① ［美］林毓生：《中国意识的危机——"五四"时期激烈的反传统主义》，穆善培译，贵州人民出版社1986年版，第43—46页。
② 章炳麟：《与王鹤鸣书》，载于《国粹学报》1910年3月1日，第63期。
③ 章炳麟：《与国粹学报社书》，载于《国粹学报》1909年11月2日，第59期。
④ 高勤丽编：《疑古先生——名人笔下的钱玄同·钱玄同笔下的名人》，东方出版中心1999年版，第254页。

的一个重要关键。正是在这一点上，因为有了这一不朽著作，才使文字学的效用全而不偏，而于方言学可以算得是有起衰继绝之功。"① 沈兼士是章太炎文字音韵学的主要传人之一，他肯定了章氏对方言的研究丰富了文字学研究之内容，章氏对小学的研究更是促进了现代语言文字学的建立。1909年章太炎撰成《小学答问》，1910年5月《国故论衡》刊行，其中上卷小学十一篇，包括：《小学略说》《成均图》《音理论》《二十三部音准》《一字重音说》《古音娘日二纽归泥说》《古双声说》《语言缘起说》《转注假借说》《理惑论》《正言论》。其中，有两篇文章曾发表于《国粹学报》。在《小学略说》中章氏称："盖小学者，国故之本，王教之端，上以推校先典，下以宜民便俗，岂专引笔画篆，缴绕文字而已。"（此语言文字之学，古称小学）② 章太炎认为小学之作用，在于考究传统典籍并且可使国家的教育下达至民众。语言文字之学位于章太炎历史三要素之首，在他的构想中，小学与国性、爱国心之间是密切相关的，他与钱玄同论学时说："然小学之业，非专书正体而已，言其高者，则言语文字相互为根。他国皆有语学，中国宁独无之？欲知语学，非以《说文》为本，辅以《尔雅》《方言》诸书，则无其道径。""此种语须言之刻骨，发其荣观之念，振其愧耻之心，则教授亦能顺受矣！"③ 清末，欧洲各国流行使用世界语，巴黎的无政府主义者吴稚晖、李石曾、褚民谊等人创办《新世纪》，④ 该报宣传无政府主义和社会主义，并以传播社会革命为职志，他们所倡导的以反对三纲为核心之伦理革命，虽然具有反传统的倾向，依然

---

① 转引自孙毕《章太炎〈新方言〉研究》，华东师范大学出版社2006年版，第25页。

② 章太炎：《小学略说》，庞俊、郭诚永疏证：《国故论衡疏证》（上册），中华书局2011年版，第1、27—28页。

③ 章太炎：《与钱玄同》，载于马勇编《章太炎书信集》，河北人民出版社2003年版，第118—119页。

④ 又名《巴黎新世纪》。我国早期的无政府主义刊物之一。1907年6月22日创刊，在法国巴黎出版。由张静江出资创办，李石曾、褚民谊、吴稚晖主编。周刊，共出一百二十一期，1910年5月21日停刊。《发刊之趣意》中说："本报议论皆凭公理与良心发挥，冀为一种刻刻进化、日日更新之革命报。"该报宣传无政府主义，标榜反对强权、私产和宗教，主张无国界、无种界。着重介绍巴枯宁、克鲁泡特金和蒲鲁东等人的无政府主义学说，报道各国社会党和无政府党的活动。虽也曾抨击清政府，时有嘲骂慈禧、光绪的文章和漫画，但只是以谩骂代替对反动实质的揭露与批判。提倡"万国新语"及"创立新世纪元"。清政府禁止运入国内发行。参见史和、姚福申、叶翠娣编《中国近代报刊名录》，福建人民出版社1991年版，第340—341页。

能够引起不少革命志士的共鸣，但是，在文字革命领域，却引起了章太炎这个国粹派领袖的强烈反对。

1. 《新世纪》所掀起之反"国粹"舆论

《新世纪》在宣传无政府革命和排满革命的同时，提倡未来世界之大同主义，他们对中国传统文化和伦理进行了革命性的批判，在晚清的舆论界掀起了一场反传统的潮流。他们特别针对当时国内兴起的国粹思潮而发难，集中表现在文字语言领域内的万国新语之提倡。

《新世纪》首先刊发文章批判《民报》所提倡的种族革命和对华夏列祖列宗的推崇之意，《祖宗革命》一文指出："祖宗迷信之反背科学，有伤公理，为知道者所最不能堪者也。"①《新世纪》杂志主要对文字革命和万国新语进行了大量宣传，真在《进化与革命》一文中提出文字革命的倡议，即"于进化、淘汰之理言之，惟良者存，由此可断言曰：象形、表意之字必代之以合声之字，此之谓文字革命"，②醒进而指出："以余意观之，苟吾辈而欲使中国日进于文明，教育普及全国，则非废弃目下中国之文字，而采用万国新语不可。"③反还对当时中国国内兴起的保存国粹思潮进行了反驳，他指出："中国之国粹，若世人之所谓种种者，尤当早于今日，陈诸博物馆，是诚保守之上策，亦尊重祖先之大道也。"④《新世纪》杂志还对世界语在西方各国及中国流行和使用情况进行了介绍，并有创造中国新语的设想。燃料所撰写的《书〈驳中国用万国新语说〉后》一文即是针对章太炎在《民报》和《国粹学报》所刊发的《驳中国用万国新语说》而展开的。

《新世纪》同人十分用力于文字领域的革命，他们反对保存国粹的坚决态度，表明了他们彻底反传统的姿态；进而言之，在辛亥革命爆发前，《新世纪》期刊中所表露的强烈反传统倾向达到了革命派舆论宣传的最高峰。"新世纪派"利用当时社会比较流行的西方观念，如进化、科学、公理等作为学理之工具，极力宣传他们所认为的新世纪革命，极力标榜"以世界为主义"，⑤对中国固有之文明和传统进行批判，欲图实现世界平

---

① 真：《祖宗革命·家庭革命之一》，载于《新世纪》1907年6月29日，第2号第3版。
② 真：《进化与革命》，载于《新世纪》1907年11月2日，第20号第1版。
③ 醒：《续万国新语之进步》，载于《新世纪》1908年2月29日，第36号第2版。
④ 反：《国粹之处分》，载于《新世纪》1908年4月25日，第44号第1版。
⑤ 《〈新世纪〉发刊之趣意》，载于《新世纪》1907年6月22日，第1号1版。

等之社会革命。"新世纪派"在鼓吹家庭伦理革命和祖宗革命的旗帜下，站在与《民报》革命党人相异的立场，反对以章太炎为首的《民报》同人对国粹的宣传，同时更加痛斥国内出现的保存国粹之思潮。他们刊发一系列文章指出中国文字的不足，以欧化主义者的眼光看待中国文字，认为中国的语言文字不符合世界的潮流，欲在中国废除汉字。当时，最令人们关注的就是吴稚晖与章太炎针对中国可否实行万国新语的争论。大而言之，这场争论涉及革命派内部的不同派别之间在政治观点和文化价值取向上的不同立场。

2. 章太炎之反驳

章太炎几乎在同一个时间段内将《驳中国用万国新语说》一文分别刊载在《民报》和《国粹学报》，这是绝无仅有的一次，可以看出章太炎对于此次汉字存废问题极为重视，但是，这也已经超出了他和吴稚晖之间的个人恩怨，更由于两派报刊所持政治立场的偏差，最终表现为文化价值取向的不同。章太炎在《民报》中所刊发的《定复仇之是非》《排满平议》《四惑论》《台湾人与〈新世纪〉记者》等文章，正是针对"新世纪派"否定民族主义、推崇无政府主义的言论而进行的驳辩。章太炎在《民报》中立定了这样一种言论，"言无政府主义不如言民族主义"，①"切指事情，则仍以排满为先务"。② 章太炎用民族主义思想抗衡"新世纪派"之无政府主义，当然，章太炎对于无政府主义也是寄托于未来的理想世界。在论述《民报》的上一章中，我们已经了解到《民报》阵营可以分为以孙中山为代表的西学派和以章太炎为核心的国粹派，这是按照两派的文化价值观来划分的。吕思勉先生曾总结了孙中山与章太炎在思想根源上的区别，他说："中山先生的学问，和康、梁、章都不同。康、梁、章的学问，都是从士大夫阶级产生的，孙中山的民族主义，则实从太平天国的余波迤演而来，可谓出自平民阶级。"③ 从此思想文化根源之不同来看，孙中山对章太炎在《民报》中宣传国粹和佛学等内容表示不满，章、孙

---

① 太炎：《排满平议》，载于《民报》1908年6月10日，第21号，第1页，科学出版社1957年版。

② 太炎：《定复仇之是非》，载于《民报》1907年9月25日，第16号，第30页，科学出版社1957年版。

③ 吕思勉：《从章太炎说到康长素梁任公》，载于文明国编《吕思勉自述》，安徽文艺出版社2013年版，第340页。

第六章　国粹与"学战"：章太炎与辛亥前的学术期刊

之间的矛盾日益明显。《新世纪》的办报风格延续了孙中山的思想因子，比如注重社会主义和社会革命方面的宣传，章太炎对文字革命的批驳正是在这样一种大背景下展开的。

　　章太炎当时非常关注世界语在中国的传播，并且对自己所作的《驳中国用万国新语说》形成之影响很是自信。他在《与人书》中指出，"世界语流行上海，隐患甚深""令内地见吾文辞者，晓然于上海舆论之不足贵。而一家独得之见，为契合于真理，然后始为转机耳"。① 章太炎在《驳中国用万国新语说》中提出以下观点，现分条列出。（1）今者南至马来，北抵蒙古，文字亦悉以合音成体，彼其文化，岂有优于中国哉？合音之字，视而可识者，徒识其音，固不能知其义，其去象形，差不容以一黍。（2）若豫睹知书之急，谁不督促子弟以就学者，重以强迫教育，何患汉字之难知乎？（3）若是者，诚不若苟习官音为易，视彼万国新语，则难易相距，犹不可以筹策计也。必欲尽废汉文，而用万国新语者，其谬则有二事：一、若欲统一语言，故尽用其语者，欧洲诸族，因与原语无大差违，习之自为径易。其在汉土，排列先后之异，纽母繁简之殊，韵部多寡之分，器物有无之别，两相径挺。此其荦荦大者，强为转变，欲其调达如簧，固不能矣。（4）且万国新语者，学之难耶，必不能舍其土风，而新是用；学之易耶，简单之语，上不足以明学术，下不足以道情志。学之近文者，其美乃在节奏句度之间，不专以文辞为准。（5）余谓切音之用，只在笺识字端，令本音画然可晓，非废本字而以切音代之。故尝定纽文为三十六，韵文为二十二，皆取古文、篆、籀径省之形，以代旧谱，既有典则，异于向壁虚造所为，庶几足以行远。如是上纽下韵，相切成音。（6）今若恣情变乱，以译万国新语则易，以读旧有之典籍则难。彼意本以汉文难了，故欲量为革更，及革更之，令读书者转难于昔，甚矣其果于崇拜欧洲，而不察吾民之性情士用也！（7）是故吹万不同，使其自已，前者唱喁，后者唱于，虽大巧莫能齐也。② 上述第（1）条中所谓："今者南至马来，北抵蒙古，文字亦悉以合音成体，彼其文化，岂有优于中国哉？合音之字，视而可识者，徒识其音，固不能知其义，其去象形，差不

---

① 上海沐君《辟谬》，载于《新世纪》1910年2月19日，第118号第10版/11版。
② 太炎：《驳中国用万国新语说》，载于《国粹学报》1908年5月19日/1908年6月18日，第41/42期。

容以一黍。"主要针对"新世纪派"所谓的"文字革命"而提出,真在《进化与革命》一文中指出:"于进化、淘汰之理言之,惟良者存,由此可断言曰:象形、表意之字必代之以合声之字,此之谓文字革命。"① 章太炎反对所谓合声文字比象形、表意文字更先进的论调,他认为各国文字"优劣所在,未可质言",② 文字和文化一样,无高下之别,只有国性不同。所以,他在《驳中国用万国新语说》之外,还于《民报》刊发《规〈新世纪〉》一文,当时《新世纪》周刊利用所谓科学和进化论作为理论基础,为其废除中国文字而辩护,该文即针对此而作。章太炎首先辨明了科学和人文学科在研究性质上的区别,他认为科学是"远于人事者,经验既多,其规则又无变,而治之者本无爱憎之念存其间,故所说多能密合",而人文学科是"近于人事者,经验既少,其规则复杂难齐一,而治之者加以爱憎之见,则密术寡而罅漏多"。所以,语言文字之学与无政府主义的学说一样,"本与科学异流,亦与哲学异流,不容假借其名以自尊宠"。③ 这明显驳斥了《祖宗革命·家庭革命之一》中所谓"人类进化,脑关改良,科学以兴,公理乃著,此新世纪革命之本原。与科学及公理为反对者,即迷信与强权也"。④ 章太炎曾在《四惑论》中提出:"今人以为神圣不可干者,一曰公理,二曰进化,三曰惟物,四曰自然。"章太炎正是要破"新世纪派"利用公理以"束缚人"的用心,使人重获自由。⑤ 从民族主义的立场出发,章太炎担心的问题是"新世纪派"的欧化倾向会助长帝国主义的入侵,他指出:"彼徒知以变语求新学,令文化得交相灌输,而不悟本实已先拨。岂必如露人之迫波兰,英人之迫杜兰斯瓦使舍其国语而从新主,纵汉人自废之自用之,其祸已不可噬齐矣。"⑥ 这也是章太炎常常视吴稚晖为"洋奴"的深层原因。章太炎所论与"新世纪派"

---

① 真:《祖宗革命·家庭革命之一》,载于《新世纪》1907年6月29日,第2号第1版。
② 太炎:《驳中国用万国新语说》,载于《国粹学报》1908年5月19日,第41期。
③ 太炎:《规〈新世纪〉(哲学及语言文字二事)》,载于《民报》1908年10月10日,第24号,第46页,科学出版社1957年版。
④ 真:《祖宗革命·家庭革命之一》,载于《新世纪》1907年6月29日,第2号第3版。
⑤ 太炎:《四惑论》,载于《民报》1908年7月10日,第22号,第1—4页,科学出版社1957年版。
⑥ 太炎:《规〈新世纪〉(哲学及语言文字二事)》,载于《民报》1908年10月10日,第24号,第59页,科学出版社1957年版。

所论相较，则水准高下一目了然，吴稚晖等人的论说则近于诟誶，缺乏学理之分析，将中国文字中所包含的传统文化彻底割裂。章太炎正是抓住这一点，指出若推行万国新语，则中国传统学术将难以甄明，文人士大夫的情感也难以寄托和发舒，更为严重的是将导致中国文化的沦亡。章太炎从自己所持的历史主义立场出发，他对于汉字的态度，与他在《〈齐物论〉释》中保有的文化观是一致的，正所谓"夫吹万不同，而使其自己也"①，所以在他心目中，万国新语不可能成为世界统一的文字。太炎同时注意到言文一致将是未来之趋势，他创制了切音符号以备文字读音的辨识，此一项的影响将在后文述及。

3. 回护汉文之影响

当时，支持国粹学报的读者也感受到了语言、文字与国家兴亡之关联，正如许之衡在《读〈国粹学报〉感言》中所称："外人之灭我国也，必并灭其宗教，灭其语言，灭其文字。知文字语言之要，而不知宗教之要，非得也。"② 然而，晚清时期的万国新语之传播亦达到一定效力，以1908年为例，"张继在东京《民报》社开世界语讲座，宋教仁、章太炎、朱执信、鲁迅、周作人、汤增璧、苏曼殊参加学习。同年，刘师培等人回国，在上海从事世界语活动。蔡元培先生在德国自学世界语，以后他支持《新世纪》周刊传播世界语"。③ 钱玄同也曾在1907年接触过世界语，从他的日记可以看到他对章太炎和"新世纪派"之间争论的看法。他在1908年4月22日记载道："午后先至太炎处。太炎出一篇曰：《驳中国用万国新语说》，将《新世纪·万国新语之进步》一篇驳尽，且中多精义。又将声韵三十六字母改用小篆取最简单者用之。将《广韵》二百六韵并为二十二文（上、去、入规以〇），亦用小篆最简单者改之。言反切上一字字母下一字字母所成，仅用韵母字母即可相切，故作此形，期可如日本カナ之注音，法甚善也。因交我令即印出。"④ 钱玄同继续对《新世纪》欲在中国推行万国新语和创制中国新语的宣传进行了评价，他在1908年4月29日记述道："《新世纪》四十号到。愈出愈奇。前拟用万国新语代

---

① 《庄子》，方勇译注，中华书局2010年版，第16页。
② 许之衡：《读〈国粹学报〉感言》，载于《国粹学报》1905年7月22日，第6期。
③ 侯志平：《世界语运动在中国》，中国世界语出版社1985年版，第21页。
④ 钱玄同：《钱玄同日记》（整理本·上），杨天石主编，北京大学出版社2014年版，第128页。

汉语，已觉想入非非，今复有创中国新语者，其编造之字身、句身，以知字能识万国新语为目的，此等可笑之事，太炎谓其发疯，诚然。"① 由此可见，那时的钱玄同对于中国的汉语还是极力护持的，五四时期他提出废除汉字已是后话了。章太炎在《驳中国用万国新语说》中所创制的切音符号，不仅使章氏自己感到自豪，关键还在于它对历史所产生的深远影响。章太炎的弟子朱希祖在日记中记载了民国初年读书字音统一的经过。朱希祖时任教育部读音统一会浙江省代表，他于1913年初赴京参加统一字音的工作。朱希祖在日记中记载了他重新阅读章太炎所撰《驳中国用万国新语说》一文，分别为1913年2月15日和2月18日，随后，他记叙了读音统一会针对议案表决的两次会议经过。现略作摘引如下。3月11日记载："上午至许季绂处，托其将议案并纽文韵文之篆母（系章太炎师所定者）与钱稻孙一阅，即送至议长处。此议案六人具名：朱希祖、马裕藻、陈睿、许寿裳、周树人、钱稻孙。……余所提议赞成者颇多，惟杭人汪怡安大加反对，讨论甚久。余与幼渔、季绂、稻孙力辩驳之，未议决即散会。"3月12日继续记载道："故付表决时，到会会员共四十五人，赞成余说者二十九人，得多数通过。议决：以整个独体汉字为反切，其余二十余家所造之字母均废弃。从此简字不能通行于中国，希祖与有微力也。"②

章太炎在与"新世纪派"论争汉字存废这一问题时，站在历史主义的文化立场上，他所设计的切音符号之所以能够被采纳，也证明了他坚持回护汉文的合理性和前瞻性。若从传播学的角度分析，"在每一次传播中，我们携带我们的文化参与传播，于是，我们的文化就反映在我们的语言里，并通过我们的语言表现出来"。③ 语言在传播中渗透着文化的元素，进而从文化多元主义角度审视，文化和语言又都与民族密切相关，奥地利学者康拉德·洛伦茨指出："文化是民族认同的标志。一个民族得以繁衍，在很大程度上有赖于文化传统的世代相传。"他进一步认为："所有的文化发展都是以积累的传统为基础的，而传统的蓄积则是以那些全新

---

① 钱玄同：《钱玄同日记》（整理本·上），杨天石主编，北京大学出版社2014年版，第130页。

② 朱希祖：《朱希祖日记》，中华书局2012年版，第102页。

③ [美]施拉姆、波特：《传播学概论》，何道宽译，中国人民大学出版社2010年版，第81页。

的、所有动物物种都不具备的特性——尤其是抽象思维与语言文字——为基础的。"① 石元康先生引述语言学家俄尔夫的观点,"不同的语言包含着不同的世界观",所以他进而认为:"我们既然无法将两种语言融合在一起创造出一种新的语言,那么如果要维持多元文化的话,惟一的办法只有允许各民族保持他们自己的语言了。"② 当代学者张志扬比较了中西文明之后,指出了中国文化即民族文化的出路,便是很有见地和开创性的,今天我们反观"新世纪派"的所谓文字革命和社会革命,以及相伴随而产生的彻底反传统意识,更加能够理解张志扬的批评。他指出:"如果仅仅依靠启蒙主义实行社会革命与国家革命,则必然以毁坏、丧失民族文化根基为代价,那么这种社会革命与国家革命只能是对西方的尾随与对民族的背叛。换句话说,这种革命仅仅获得的是西方殖民主义的性质。"③ 可以说,章太炎在晚清的中国较早地触及对启蒙理性的反省问题,这个问题正是建立在他对远西和中国文明的初步的比较之后得出的。但是,章太炎同时也反对传统中的不合理因素,以达到他回护传统的目的。

三 "国粹"之传播效力

(一)《国粹学报》在学术界之影响力

《国粹学报》创刊于 1905 年 2 月 23 日,大约 1911 年 9 月停刊,共出八十二期,历时七年。其初始的撰稿人有黄节、邓实、刘师培、马叙伦等,后来撰稿人增多,主要有邓实、黄节、刘师培、陈去病、黄侃、章太炎、马叙伦、王国维、罗振玉、王闿运、柳亚子、郑孝胥等 50 多人,阵容"豪华",力量强大,几乎囊括了当时中国的国学名家。《国粹学报》第一年第 5 号、第一年第 11 号重印广告显示,该报初印 3000 册,立即售罄,再版印行,后每期售数达 5000 份,在当时相当可观,迅速获得显著

---

① [奥地利]康拉德·洛伦茨:《文明人类的八大罪孽》,徐筱春译,安徽文艺出版社 2000 年版,第 137—148 页。
② 石元康:《从中国文化到现代性:典范转移?》,生活·读书·新知三联书店 2000 年版,第 285 页。
③ 张志扬:《启蒙:落日前的凭吊——为"五四"九十周年而作》,载于杨国良主编《古典与现代》(第一卷),广西师范大学出版社 2010 年版,第 110 页。

学术地位。① 若论《国粹学报》在学术界所产生之影响，本文仅搜集若干参与学报工作的学者和一些读者之回忆，从这些零星之评价中感受学报在当时的传播效力。

马叙伦曾回忆道："余昔固与太炎共鸣于《国粹学报》，彼时乃以挤覆满洲政权为职志。以民族主义之立场，发扬国粹，警觉少年，引入革命途径，固不谓经国致治永永可由于是矣。"② 胡朴安对学报的回忆最为详细，他指出："开民国学术群众运动之先河，有二大团体焉。一国学保存会，一南社。二团体皆创造于光绪之季年。国学保存会，抱光复汉族主义，阐发亭林船山之学说，发行《国粹学报》，一时撰述之士，如章太炎、刘申叔、黄晦闻、陈巢南、黄季刚等，鄙人亦为撰述员之一，一时影响所及，学术界勃然有生气焉。……民国成立，《国粹学报》停刊，然而东南学者，皆受太炎之影响，《国粹》虽停，太炎之学说独盛。……《国故》与《华国》及东南大学之《国学丛刊》，皆《国粹学报》之一脉，而为太炎学说所左右者也。"③ 马叙伦乃是编辑兼撰稿人，其阐明了发扬国粹的民族主义立场。胡朴安同样是学报的撰稿人之一，他在回忆中说，《国粹学报》与五四之后兴起的《国故》《华国月刊》等期刊可谓是一脉相承，表明辛亥时期的学术与五四时期是承前启后的关系，胡氏的回忆还述及章太炎在民国前后对东南地区学术影响之大。后来，作为撰稿人的罗振玉纠集同志，他创办《国学丛刊》也是受到《国粹学报》的启发，罗振玉和胡朴安皆是民国时期的国学大师，他们参与《国粹学报》，可见学报的阵容确实强大。

同时代的读者也有诸多对《国粹学报》的回忆，顾颉刚曾回忆道："这个刊物（指《国粹学报》）从乙巳（1905）到辛亥，我整整地看了七年。它洗涤了《新民丛报》给我的保皇思想，把我带上了革命的道路；但也引我走上了钻研本国的学术文化的道路。"④ 吕思勉在回忆文章中提到："辛壬以后，欧化之趋势渐甚，而国故之论乃同时发生。其时谓之国粹。上海发行《国粹学报》，持续最久，且当时尚印行旧书多种，最足为

---

① 陈希：《岭南诗宗：黄节》，广东人民出版社2008年版，第50—52页。
② 马叙伦：《马叙伦自述》，中国大百科全书出版社2012年版，第125页。
③ 胡朴安：《民国十二年国学之趋势》，原载于《民国日报·国学周刊》1923年10月10日，载于桑兵等编《近代中国学术思想》，中华书局2008年版，第182—183页。
④ 刘俐娜：《顾颉刚自述》，河南人民出版社2005年版，第26页。

研究国故者之代表。"① 叶圣陶也曾受到《国粹学报》《国学萃编》以及黄晦闻、邓秋枚等人组织的国学保存会的影响，与顾颉刚、王伯祥等同学组织国学研究会。② 对于《国粹学报》产生的革命效力，学者们也有阐发。冯友兰后来指出："当时上海有一个刊物，名为《国粹学报》，被认为是一种革命刊物。章炳麟在东京一面鼓吹革命，一面提倡国学，当时的人认为这两方面是一致的，他提倡国学也是他的革命活动。"③ 可见，当时很多人认为提倡国学和排满的种族革命具有一致性。周作人在回忆录中也曾谈到《国粹学报》的影响力问题："前清光绪年间，上海出版《国粹学报》，黄节的名字同邓实（秋枚）、刘师培（申叔）、马叙伦（夷初）等常常出现，跟了黄梨洲吕晚村的路线，以复古来讲革命，灌输民族思想，在知识阶级中间很有势力。"④ 的确，《国粹学报》的影响力在知识阶级中间，从当时游学日本和留学东京的学生的日记中也可以看到这一点，《宋教仁日记》《钱玄同日记》和《朱希祖日记》等中间都记载了作者读《国粹学报》的情况。

由以上学者的回忆和对当时日记中记载内容的分析来看，《国粹学报》之价值不仅在于激发青年致力于传统学术的兴趣，更在于能够刺激他们的民族主义意识，叶圣陶和顾颉刚等人创办国学研究会正是晚清国粹思潮传播中的最佳例证。我们还看到，《国粹学报》不仅在国内传播，其发行远至海外，宋教仁、钱玄同、朱希祖、周作人都可算作当时日本留学生的代表，他们的日记中皆多次出现阅读《国粹学报》的记录，这正表明在西学东渐的潮流之下，对于传统旧学保有深厚情感的青年是多么希望可以在保存国粹的平台之下找到自己的心灵皈依。《国粹学报》在晚清的中国率先开辟了"整理国故"的先河，学报不仅是学术探讨的平台，更是排满宣传和近代学术转型之尝试的阵地。学报之影响更是波及民国之后，像顾颉刚和钱玄同等活跃于新文化运动前后的学者，他们开始关注学术正是在国粹思潮的影响之下。作为新文化的反对派，《国故》杂志同人中刘师培、黄侃、马叙伦等曾是《国粹学报》的中坚力量，所以说作为学术

---

① 吕思勉：《三十年来之出版界》，载于文明国编《吕思勉自述》，安徽文艺出版社2013年版，第76页。

② 商金林：《叶圣陶年谱长编》（第一卷），人民教育出版社2004年版，第31页。

③ 冯友兰：《中国现代哲学史》，广东人民出版社1999年版，第21页。

④ 周作人：《苦茶——周作人回想录》，敦煌文艺出版社1995年版，第381页。

期刊,《国粹学报》可谓新文化运动的一支潜流。

(二) 辛亥革命时期学术期刊之特征

《国粹学报》作为辛亥前十年中举办时间最长、影响力最大的学术期刊,其特征很具有代表性。据本章第一节中所述,学报延续了汉学系统中的今文学和古文学之间的论争,同时学报的产生又与20世纪初列强欺凌的国际环境直接相关。当时各派救国人士"痛感民族危难而主张弘扬民族文化,增强民族自信,以'保国保种'","所以,既具有自豪自信的爱国气概,又具有保守的排他的褊狭心理的国粹主义文化流派能够兴盛于一时"。① 所以,《国粹学报》作为学术期刊,在近代中国的国内外环境之下,它不能够做到完全"求是",而不去考虑"致用"。章太炎在《诸子学略说》中所确立的标准,"盖儒生以致用为功,经师以求是为职"②,章氏自己亦很难实现他所定下的标准,这或许正是朱维铮先生所谓中国经学中存在的"通经致用""学随术变"的传统所造成之影响。③ 学者王国维已经感受到晚清杂志中政治和学术相混之害,他呼吁道:"故欲学术之发达,必视学术为目的,而不视为手段而后可。汗德《伦理学》之格言曰:'当视人人为一目的,不可视为手段。'岂特人之对人当如是而已乎,对学术亦何独不然?"他最后还指出:"未有不视学术为一目的而能发达者,学术之发达,存于其独立而已。然则吾国今日之学术界,一面当破中外之见,而一面毋以为政论之手段,则庶可有发达之日欤!"④ 王国维所述对于学术之态度主要集中于他所关注的哲学领域,对于其个人而言或许可以做到独立,但是,对于当时的报刊却很难做到,就如同传统的经学很难摆脱儒术的左右一样。在民族主义革命和西方列强侵凌的双重危机之下,如《国粹学报》这样的学术期刊,可谓过渡时代之期刊,又或者是革命时代之期刊。

---

① 丁伟志、陈崧:《中国近代文化思潮》(上卷),社会科学文献出版社2011年版,第308页。

② 章绛:《诸子学略说》,载于《国粹学报》1906年9月8日,第20期。

③ 朱维铮:《中国经学史十讲》,复旦大学出版社2002年版,第15页。

④ 王国维:《论近年之学术界》,载于溥杰、邬国义主编《王国维全集》(第一卷),浙江教育出版社2009年版,第123—125页。

四 《教育今语杂志》：中国教育史上的隐秘一页

《教育今语杂志》是章太炎在1910年3月于东京创办的白话教育类刊物，是私人举办教育期刊的一个有益尝试。学术界并未将此刊物作为专门研究对象，自然就忽略了它在教育史上的价值；研究者们主要关注此刊中所刊发之章太炎的文章，一类集中于章太炎之国粹教育思想，另一类集中于章太炎之白话文。①本文对《教育今语杂志》的研究，侧重其在教育史中的发展历程，将杂志的举办看作章太炎"国粹"思想的一个实践，最终将章太炎的教育宗旨与王国维的进行比较，展现《教育今语杂志》的启蒙价值所在。

（一）《教育今语杂志》之创办

《教育今语杂志》的创办，据汤志钧转引魏兰《陶焕卿先生行述》称，"组织《教育今语杂志》"，作为光复会的"通讯机关"。封面为章氏手书，署"共和纪元二千七百五十一年正月二十九日发行"，封底刊"编辑兼发行者：教育今语杂志社；印刷者：秀光社。"社址为"日本东京大塚町五十番地教育今语杂志社"，②撰稿人主要为章太炎、钱玄同、陶成章。这里有必要对刊物的创设背景进行交代。《民报》封禁之后，章太炎从事国学的研究和教育工作，他在给蔡元培的信中称："弟自《民报》封禁以还，专以讲学为务。"③这一时期，发生了"伪《民报》"事件及光复会所主导的第二次"倒孙风潮"，光复会和同盟会之间的裂痕日深。陶

---

① 论述章太炎之国粹教育相关论文有：（1）郭军《章太炎"国粹"教育思想探析》，西北师范大学硕士学位论文，2006年4月。（2）张瑞庆《章太炎教育思想研究》，河北大学硕士学位论文，2006年6月。（3）刘虹、刘在山《试论章太炎的教育思想》，载于《河北学刊》1996年第2期。论述章太炎之白话文相关论文有：（1）陈平原《关于〈章太炎的白话文〉》，载于《鲁迅研究月刊》2001年第6期。（2）汤志钧《章太炎与白话文》，载于《近代史研究》1990年第2期。

② 魏兰：《陶焕卿先生行述》，载于汤志钧编《章太炎年谱长编》（上册），中华书局2013年版，第186页。

③ 《章太炎致蔡元培函（1911-6-21）》，载于中国蔡元培研究会编《蔡元培全集》（第十四卷），浙江教育出版社1998年版，第409页。

成章则力图重组光复会，于是1910年2月，光复会于东京成立总部，以章太炎为正会长，陶成章为副会长，南洋英、荷各埠亦设分会。作为光复会的领袖人物，陶成章素来重视革命人才之培养，章太炎更是精研国学，以学术和国粹激励游学士子，总之，都是为了以备将来不时之需。章太炎在《民报》后期，因"见同盟会渐趋腐败，愤欲为僧，以求梵文于印度"。① 可见，章氏对于革命内部和外部的斗争确实有了倦怠之意，陶成章在写给蔡元培的信中也描述了章太炎当时的境况，他说："章现不再问他人是非行为，仅邀集旧事同人，注意于教育商业之问题，近亦稍有头绪矣。革命之事，姑俟之数年后可耳。"② 陶成章对章太炎不愿做《光复报》的主笔表示感叹："至于太炎，未始不可作文，而奈其不肯作文何！"③ 可见，章太炎此时已经不愿再做政论文章了。1910年2月，广州新军起义失败后，革命党内弥漫着一股悲观气息。陶成章对于革命之事也认为诉之于数年之后，所以他认为光复会重建后的任务"必不汲汲扩张，以教育为进取，察学生之有志者联络之，如是而已"。④ 这表明陶成章欲用教育启蒙为革命做长久坚持，又因为"倡言革命，则在日本定难发行，止可于历史中略道之"，所以用教育之名为掩盖，"以此较倡言为更有益，盖徵诸实事，易使人起爱国心也"。⑤ 陶成章所论举办教育杂志的宗旨与章太炎"用国粹激动种性"的理想是一致的，他欣然接受了《教育今语杂志》主编之职，从某种意义上说，主办《教育今语杂志》正是章太炎国粹思想在教育领域内的实践。

《教育今语杂志》创刊号登载《刊行〈教育今语杂志〉之缘起》，阐明办刊宗旨为："环球诸邦，兴灭无常，其能屹立数千载而永存者，必有特异之学术，足以发扬其种性，拥护其民德者在焉。中夏立国，自风、姜

---

① 章太炎：《与浙江统一党支部电》，马勇编《章太炎书信集》，河北人民出版社2003年版，第464页。
② 《陶成章复蔡元培函（1910-5-25）》，载于中国蔡元培研究会编《蔡元培全集》（第十四卷），浙江教育出版社1998年版，第411页。
③ 陶成章：《同龚宝铨复沈钧业信》，湖南省社会科学院编注《陶成章信札》（修订本），岳麓书社1980年版，第56页。
④ 陶成章：《致魏兰书》，载于汤志钧编《陶成章集》，中华书局1986年版，第189页。
⑤ 陶成章：《致李燮和胡国梁信》，载于湖南省社会科学院编注《陶成章信札》（修订本），岳麓书社1980年版，第34页。

第六章　国粹与"学战"：章太炎与辛亥前的学术期刊

以来，沿及周世，教育大兴，庠序遍国中，礼教昌明，文艺发达，盖臻极轨。秦、汉讫唐，虽学术未泯，而教育已不能普及全国。宋、元以降，古学云亡，八比诗赋及诸应试之学，流毒士人，几及千祀。十稔以还，外祸日急，八比告替。兼欧学东渐，济济多士，悉舍国故而新是趋，一时风尚所及，至欲斥弃国文，芟夷国史，恨轩辕、厉山为黄人，令己不得变于夷。……明正道，辟邪辞，凡诸撰述，悉演以语言，期农夫野人，皆可了解。所陈诸义，均由浅入深。盖登高必自卑，升堂乃入室，躐等之敝，所不敢蹈。真爱祖国而愿学者，盖有乐乎此也。"① 本缘起历数中夏之教育历程，其发凡起例无不与章太炎思想相铆合，认为决定种性乃至国性者为"特异之学术"，不仅指出宋、元之后八股取士所带来的危害，又批判了废除科举之后"舍国故而新是趋"和"斥弃国文"的欧化主义潮流。最终通过开展循序渐进之教育，以达启迪"爱祖国"之心智。《教育今语杂志章程》列出：第一章，宗旨，"本杂志以保存国故，振兴学艺，提倡平民普及教育为宗旨"。②《章太炎学术年谱》考述，"上引《缘起》和《章程》，可能出于钱玄同之手。但自第三册起，编辑署名'庭坚'，而钱玄同于本年秋季回国，到嘉兴中学任教，因此，是否黄侃参与了编辑，尚不得知"。③ 上述年谱作者从"说注音方法""论孔子""论老庄""论治史学""论本国学问""论通借"六个方面列举《教育今语杂志》中相关文章的观点和章太炎的思想是相同的，从而驳辩了萧一山《清代学者著述表》、曹述敬《钱玄同先生年谱》所认为的这些文章是钱玄同所撰的观点。④ 陈平原先生在其所撰《关于〈章太炎的白话文〉》一文中对上述年谱作者的论证也表示了赞同。

（二）《教育今语杂志》之教育观

清末私人创办的教育专业期刊极少，最为著名者就是由罗振玉于1901年创办的《教育世界》，罗氏前期担任主编，自第69期开始由王国维担任主编。王国维与章太炎皆是晚清民国时期为人所敬仰之国学大

---

① 《刊行〈教育今语杂志〉之缘起》，载于汤志钧编《陶成章集》，中华书局1986年版，第451页。

② 汤志钧编：《章太炎年谱长编》（增订本·上册），中华书局2013年版，第186页。

③ 姚奠中、董国炎：《章太炎学术年谱》，山西古籍出版社1996年版，第150页。

④ 同上书，第151页。

家,但他们在教育领域也有可比较之处。首先,他们主办过教育类刊物,王国维1902年在武昌农务学堂任教期间,就已经是中国最早的教育刊物《教育世界》的主笔了。其次,章太炎和王国维在教育宗旨方面亦有相似之处。民国建立前后,正是中西教育思想激烈碰撞的时期,如何在传统与西方间进行抉择也体现了学者们的思考维度。王国维和章太炎面对晚清以来教育界普遍偏重西艺、西法而忽视传统人文学科的现状(表现在晚清学制改革、学堂课程设置以及民国初年学校课程的设置),他们都比较注重教育的理想主义一面而抵制其功利性的倾向。1906年,王国维发表了著名的《论教育之宗旨》一文,在其中他提出要培养能力全面、和谐发展的"完全之人物",他认为"教育之事亦分为三部:智育、德育(即意志)、美育(即情育)是也"。① 他因此成为我国教育史上首位明确提出培养德、智、体、美四育主张的第一人。章太炎在辛亥革命时期也是特别重视革命者和国人的道德建设,他说:"吾于是知道德衰亡,诚亡国灭种之根极也",而且他还认为现阶段道德培养重于智识,"方今中国之所短者,不在智谋而在贞信,不在权术而在公廉"。② 章太炎所办之《教育今语杂志》亦暗合德、智、体这三个方面的教育内容,下面以表格形式列出。关于教育目的方面,王国维与章太炎可谓不谋而合。1914年,王国维作《〈国学丛刊〉序》,在此文中他提出了著名的学习"有用之学"和"无用之学"之辨,他指出:"凡学皆无用也,皆有用也。"③ 前面已经述及章太炎在《〈国粹学报〉祝辞》中所确立的近代学术独立之宗旨,"学以求是,不以致用,用以亲民,不以干禄"。④ 这是章太炎对于学术所持的一种理想信念,这条标准也可以看作他对于教育哲理的一个推衍,富含了道德色彩,而王国维对于学术作为终极目的之要求,亦显得高妙而恰当。

---

① 王国维:《论教育之宗旨》,载于舒新城编《中国近代教育史资料》,人民教育出版社1961年版,第1008页。

② 太炎:《革命之道德》,载于《民报》1906年10月8日,第8号,第15—16页,科学出版社1957年版。

③ 王国维:《〈国学丛刊〉序》,载于《王国维遗书》(第四集),上海古籍书店1983年版,第8页。

④ 章炳麟:《〈国粹学报〉祝辞》,载于《国粹学报》1908年2月21日,第38期。

表 6-1　　　　　　　　《教育今语杂志》办刊宗旨之体现

教育类型	栏目	文章名称	作者
德育	社说	《中国文化的根源和近代学术的发达》	独角
		《论教育的根本要从自国自心发出来》	独角
		《庚戌会衍说录》（《留学的目的和方法》）	独角
智育	中国文字学	《中国文字略说》	浑然
		《说文部首今语解》	
		《论文字的通借》	独角
	中国历史学	《中国政治史略论》	良史
	中国地理学	《中国地理沿革说略》	一龙、章公
	群经学	《论经的大意》	独角
	诸子学	《论诸子的大概》	独角
	附录	《珠算讲义》	天乐乡人
		《英文丛志》	伯嘉
体育	社说	《中国古代尚武精神的教育》	应戈
教育哲学	社说	《常识与教育》	独角

注：独角为章太炎在此刊中所用化名。

清末以来，学者注重传统学术的研究和传播，而学术教育本身也正处于中西、新旧潮流之间，深受传统经史教育影响的学者对此都比较关注。梁启超曾说："综观此时代之学术思想，实为我民族一切道德、法律、制度、学艺之源泉。"① 章太炎在主办《教育今语杂志》之时，秉承了他以往钻研学术的一贯姿态，继续发扬他在《民报》时期所提倡的以"国粹"触发爱国心的理念，他以白话文为契机进一步探索传统学术和文化的教育及传播，可以说是开辟了"学术下移民间"的一种新尝试，当然，这与陶成章欲将革命教育蕴含于历史之中的初衷是一致的。

（三）《教育今语杂志》之发行及影响

陶成章等光复会创始人原计划教育杂志发行数字可达 500 余册，便可长期运营以补印刷经费不足之弊，但是，杂志由于销路有限终致停刊。陶

---

① 梁启超：《论中国学术思想变迁之大势》，载于吴松等《饮冰室文集点校》（第一集），云南教育出版社 2001 年版，第 218 页。

成章曾致书李燮和道出窘境："近来杂志每期发出，而款均未来，一月开销，至少一百二十元，真正困难万分。"他又催促李燮和"速为鼓吹，扩充销路"，"否则将有倒闭之忧"。① 结果却是"真售去者，不满三百册，其余均搁在代派所"，② 这种经营状况遂使杂志陷入困顿，加之撰稿人缺乏等因素，《教育今语杂志》发行至五六期而停刊。教育杂志发行期虽短，但在辛亥革命前十年中间所发行的教育期刊中留下了光辉的足迹，在教育史上也有它的地位和意义。杂志虽然没有达到扩大商业宣传的目的，但是光复会同人兴办教育以及宣传革命之功在南洋华侨中产生了不小的影响，"网甲岛华侨，对于李燮和、沈钧业之信用极深，故其佩服章太炎与先生之心尤切"。③ 最终，我们从《教育今语杂志》可以窥见章太炎之教育思想以及对于国粹教育理念的进一步阐扬，下面我们通过章太炎在教育杂志中的社说来展现他是如何利用白话文宣传国粹与教育理念的。

章太炎在《论教育的根本要从自国自心发出来》这篇社说中系统地阐明了他的文化观，他既反对欧化主义者，又否定反传统的态度，提倡中西文化的会通。章太炎认为一国之人民应该坚守自己文化的本体，"本国没有学说，自己没有心得，那种国，那种人，教育的方法，只得跟别人走"。他批判西化派"只佩服别国的学说，对着本国的学说，不论精粗美恶，一概不采"。对于修治本国学说的学者中存在的"治了一项，其余各项，都以为无足重轻，并且还要诋毁"的现象也很不满意。④ 伴随着西学东渐，对于西方所独有之学说，章氏以谦逊之态度认为："别国所有中国所无的学说，在教育一边，本来应该取来补助，断不可学《格致古微》的口吻，说别国的好学说，中国古来都现成有的。要知道凡事不可弃己所长，也不可攘人之善。"⑤ 章太炎对于外来学说的这种"采他人之长补己之短"的态度，比国粹派同人所宣称的"以西学证明中学"要显得更为

---

① 陶成章：《致李燮和等书》，载于汤志钧编《陶成章集》，中华书局1986年版，第186页。

② 陶成章：《致沈复声书》，载于汤志钧编《陶成章集》，中华书局1986年版，第194页。

③ 魏兰：《陶焕卿先生行述》，载于汤志钧编《陶成章集》，中华书局1986年版，第434页。

④ 独角：《论教育的根本要从自国自心发出来》，载于《教育今语杂志》1910年5月8日，第3期，第1—8页。

⑤ 同上书，第27页。

谦虚和严谨。在《留学的目的和方法》一文中，章太炎用极为浅显的语言辨明了学问与致用的关系，这与王国维所提倡的"以学术为目的"价值观是一致的。他说："但看起来，有几分不对，致用本来不全靠学问，学问也不专为致用。"他进而认为："近来分科越多，理解也越明白，自己为自己求智识的心，比为世界求实用的心，要强几倍。"① 这与章太炎在前述《〈国粹学报〉祝辞》中所提出的"求是"与"致用"之间的取向问题是一致的。章太炎着重批评了当时的学校教育，他说："兄弟看起来，德育、智育、体育这三句话，原是应该并重"，"不过学校里面的教育，到底与道德不相干"。② 章太炎肯定了传统的书院教育，指出："中国向来教官只是个虚名，实在施教的，还是书院里头的掌教。"他对官方教育的见解独特，认为："不过看中国几千年的历史，在官所教的，总是不好；民间自己所教的，却总是好。"③ 因为章太炎担心"今学校为朝廷所设，利禄之途，使人苟媮，何学术之可望？"④ 在本章第一节中已经提到章太炎为《国粹学报》所确立的近代学术独立之宗旨，这里章氏重申了他的观点。

通过《教育今语杂志》中的白话文章，我们能够看到章太炎不仅能够用白话文讲述艰涩枯燥的传统学术内容，亦可以清晰、完满地表述他关于中国学术建设之宗旨和态度，并可以实现其学术教育之目的。章太炎并非排斥白话文，他之所以在创办《民报》时期推崇雅致的文风，也是由于他明白精英阶层的读者群对于文体有着较高的审美取向，而当传播对象为平民阶层时，他相应地自会选择较为通俗的白话文体，这也正是他在文风雅、俗之间的一种取舍。《教育今语杂志》诞生在清末各种教育大潮之下，刊物中的内容亦体现了军国民教育和平民教育的潮流。另外，在革命派期刊大都努力制造革命排满舆论和进行革命动员的宣传之大潮下，章太炎等人能够致力于教育之启蒙，亦属难能可贵。民国之后的历史，证明了革命派报刊所进行的政治鼓吹过多，而从事于民众启蒙的努力较少，这正是共和制度在中国实施缺乏民众基础的原因所在。

---

① 独角：《庚戌会衍说录》，载于《教育今语杂志》1910 年 6 月 6 日，第 4 期，第 1—2 页。
② 同上书，第 3 页。
③ 同上书，第 15—18 页。
④ 章炳麟：《与王鹤鸣书》，载于《国粹学报》1910 年 3 月 1 日，第 63 期。

五 结语

　　章太炎是作为《国粹学报》的灵魂而存在的，在时间上他为《国粹学报》撰稿在先，主编《民报》在后，所以说，他将弘扬国粹的理念带入了《民报》的办刊实践中，然而，国粹无阻于革命的传播，这已经由当时读者的回忆而得以证实。章太炎为《国粹学报》所订立的"求是"宗旨，为民国以后学术期刊的创建树立了典范，章太炎"对近代学术精神的诠释"，"从逻辑上宣告了晚清经世实学的终结"。[①] 从《国粹学报》到《学林》杂志，我们已经能够从辛亥革命时期的学术期刊中窥探到新文化运动时期文化保守主义者的立场，戊戌时期"学战"的影响将继续延伸到民国时期，章太炎与欧化主义者的战斗也将以新的面目继续下去。

---

　　① 冯天瑜、黄长义：《晚清经世实学》，上海社会科学院出版社2002年版，第84页。

第七章

舆论监督与报刊转型：
章太炎与《大共和日报》

武昌起义爆发之后，章太炎终止东京讲学，关注国内形势的发展，上海光复后，章太炎带领一批青年学子归国，其中，除直接受业弟子外，还有不少追随者。① 章氏于1911年11月15日返回上海，次日，革命派在上海的核心言论机关《民立报》发表评论称："章太炎，中国近代之大文豪，而亦革命家之巨子也。正气不灭，发为国光，文字成功日，全球革命潮，呜呼盛已！一国之亡，不亡于爱国男儿，文人学士之心，以发挥大义，存系统于书简，则其国必有光复一日，故英雄可间世而有，文豪不可间世而无，留残碑于荒野，存正朔于空山，祖国得有今日，文豪之力也。……惟望我同胞奉之为新中国之卢骚。"② 《民立报》充分肯定了章太炎在晚清排满革命中所作出的杰出贡献，对于辛亥之前在革命舆论动员上所造成的历史功绩，他也颇为自豪，但是他更着眼于未来的政局建设。"辛亥（一九一一）武昌起义，先生归国，于开国建设大计多所匡救"。③ 章太炎对于民国初年政局之影响，还是通过报刊这个舆论的阵地来实现的，最重要的就是以他为社长的《大共和日报》。该报于1912年1月4日创刊于上海，1915年6月30日停刊。其初为中华民国联合会之机关报，1912年5月转为共和党的报纸，后又成为进步党的报纸。④ 因为，此报与章太炎对于政党政治之认识和民主共和制度之探索密切相关，所以学术界很少将该报作为单一研究对象，而是在关注民初政党政治的时候关涉到该

---

① 姚奠中、董国炎：《章太炎学术年谱》，山西古籍出版社1996年版，第178页。
② 《欢迎鼓吹革命之文豪》，载于《民立报》1911年11月16日，第395号，第5页。
③ 《国学大师章太炎先生》，载于《燕京学报》，第20期，转引自《太炎先生自定年谱·附录》，载于沈云龙主编《近代中国史料丛刊》（第六十八辑），文海出版社1966年版，第61页。
④ 史和、姚福申、叶翠娣编：《中国近代报刊名录》，福建人民出版社1991年版，第39页。

报的政治舆论导向。① 本文首先对章太炎在民国初年的政党政治活动进行叙述，进而关注章氏任社长的《大共和日报》之转型问题，最终论述章氏个人和《大共和日报》于民国元年在舆论监督方面所做的努力。在时间段上，本文大致以1912年1月3日中华民国联合会成立为起点，下限定为1912年9月，王揖唐改组统一党，这时章太炎对于政党政治的热度已逐步趋于冷却。正如学者汪幼海所认为的，章太炎在《大共和日报》的政论共计26篇，其中有25篇发表于1912年10月之前，"这一现象同章太炎政党生涯终结相吻合"。②

一　政党政治之实践与报刊转型

（一）《大共和日报》创刊之背景

关于《大共和日报》的创刊背景，作为总编辑的马叙伦曾有详细的回忆，他这样记载："这时，章炳麟先生已由日本回到上海，同来的有他的学生，几位四川人，其中一位就是现在重庆民主运动里的斗士黄墨涵先生（他名叫云鹏）；都住在爱俪园——哈同花园。我每日都和章先生去商谈。袁世凯叫冯国璋攻破了汉阳，上海各报不敢发表，因为那时人民宁信《民立报》为宣传捏造的消息，而对于真实的如革命军失败的消息，就会打毁报馆的，《申报》《新闻报》就被打过，这是民意的测验。章先生却得了黎元洪的电报。章先生气得给我的信上竟称黄兴做逃帅。我那时就由应德闳先生给章先生和程德全拉拢了，为的是要北伐。因此，这份报纸取

---

①　学术界研究《大共和日报》和章太炎关系的论文仅有：汪幼海：《〈大共和日报〉与章太炎》，载于《上海社会科学院学术季刊》1997年第2期。学术界在研究民国初年政党政治涉及统一党、共和党相关内容的主要著作有：（1）[日]宗方小太郎：《辛壬日记·一九一二年中国之政党结社》，冯正宝译，中华书局2007年版。（2）谢彬撰：《民国政党史》，中华书局2007年版。（3）戴天仇等撰：《政党与民初政治》，中华书局2007年版。（4）张玉法：《民国初年的政党》，岳麓书社2004年版。（5）李剑农：《戊戌以后三十年中国政治史》，中华书局1980年版。（6）姜义华：《章炳麟评传》（上），南京大学出版社2011年版，参见其中第十二节《从反对激烈主义到反对稳健主义》。学界出版的关于民国初年政党政治的资料集有：朱宗震、杨光辉编：《民初政争与二次革命》，上海人民出版社1983年版。

②　汪幼海：《〈大共和日报〉与章太炎》，载于《上海社会科学院学术季刊》1997年第2期，第172页。

名《大共和日报》，请章先生做社长，杜士珍任经理，我担任了总主笔，章驾时、汪东（章先生的学生）都是主笔（章驾时因军事关系，始终未到）。"①经由马叙伦的回忆，我们能够看到同盟会的机关报《民立报》为了鼓吹革命形势，不惜牺牲新闻之真实性以换得政治宣传的效果。章太炎之所以筹备建立宣传机关，目的正在于反对清廷，鼓吹北伐舆论，为全国统一制造声势。这位曾经的《民报》主编，以文字"排满"的骁将，极为重视报刊的宣传作用。在筹备《大共和日报》过程中，太炎本欲邀请钱玄同襄理报务，他在致钱氏的信中提道："《大共和报》亦请旭初撰述，旭请以其兄君济代，恐不可行。足下有暇，速即来沪为要。"②最终，不知为何钱玄同没有加入。章太炎在担任社长后不久，便对杜杰风、马叙伦两人表示不满，他向钱玄同倾诉道："《大共和日报》发端，自杜杰风、马夷初后并入联合会，仆虽有社长之名，亦犹蜇仙为浙江都督也。曾请黄美润、汪寄生二君襄理，美润能言政事，寄生稍近浮华，其中议论含有锋芒者，杜、马震于临时政府之威，多不敢录。夷初专任编辑，于时事实无所知，不能有所别择。屡次要挟，权不得行，故今已辞去社长任，彼族自为之。"③章太炎见杜、马二人畏惧临时政府，不敢刊载督责之文，遂计划辞去社长职务，这充分表明了章氏的办报态度和宗旨。

武昌起义爆发后，报界的情况较为混乱，如上述马叙伦的回忆，革命派的报刊存在评论激烈、新闻失真的现象，④这是由于"排满"革命之长期宣传并与君宪派在敌视态度中论战而形成的。本文前面的章节已经论述的《民报》和《国粹学报》皆可称为革命时代之报刊，第五章中已经述及梁启超在探讨报刊建设时所提出的报刊之国家视野和世界视野。在辛亥革命的前一年，梁氏进一步阐述了他的报刊理论，他在《〈国风报〉叙

---

① 马叙伦：《马叙伦自述》，中国大百科全书出版社2012年版，第29—30页。
② 章太炎：《与钱玄同》，载于马勇编《章太炎书信集》，河北人民出版社2003年版，第145页。
③ 同上。
④ 武昌起义爆发后，武汉的《大汉报》为了稳定民心和军心，鼓舞反清士气，大量制造了虚假新闻。可以参考（1）唐惠虎、朱英主编《武汉近代新闻史》（上卷）武汉出版社2012年版，第265—267页。（2）罗福惠、朱英主编《辛亥革命的百年记忆与诠释》（第二卷），华中师范大学出版社2011年版，第351页。当时，还有一些小报同样存在捏造虚假消息的现象，具体可以参考《辛亥革命的百年记忆与诠释》（第二卷）第355页。

例》中较为系统地阐述了他的报馆天职观,他认为报馆(报刊)必须具备"五本",一曰常识,二曰真诚,三曰直道,四曰公心,五曰节制;同时还需具备"八德",一曰忠告,二曰向导,三曰浸润,四曰强聒,五曰见大,六曰主一,七曰旁通,八曰下逮。① 梁氏在论述"公心"和"节制"时指出:

> 若怀挟党派思想,而于党以外之言论举动,一切深文以排挤之;或自命为袒护国民,而于政府之所设施,不问是非曲直,不顾前因后果,而一惟反对之为务,此皆非以沽名,即以快意,而于舆论之性质,举无当也。
>
> 近儒之研究群众心理学者,谓其所积之分量愈大,则其热狂之度愈增。百犬吠声,聚蚊成雷。其涌起也若潮,其飙散也若雾。而当其热度最高之际,则其所演之幻象噩梦,往往出于提倡者意计之外,甚或与之相反。此舆论之病征也。而所以致病之由,则实由提倡者职其咎。盖不导之以真理,而惟务拨之以感情,迎合佻浅之性,故作偏至之论。②

胡汉民曾在《〈民报〉之六大主义》一文中,欲将报刊纳入理性判断的轨道,但在实际中,革命报刊因为秉持革命的名义,在气势上显得咄咄逼人,这在晚清和民国初年都有表现。梁启超虽然在政治上坚持的是君主立宪之立场,但他提出报刊超越党派之见解却是具有超越意义的。民国建立之后,民主共和已经成为既定事实,而政党报刊也面临着转型,但是,因为政见和党派利益,民初政党报刊很少能够做到完全向商业化、大众化报刊的转变,笔者以为《大共和日报》在章太炎任社长并主导时期大致是最接近这一目标的政党报刊。

(二) 以"完全共和政府"为职志

南京临时政府成立之后,章太炎联络清季预备立宪公会人士张謇、程

---

① 梁启超:《〈国风报〉叙例》,载于《饮冰室合集》(文集之二十五·上),中华书局1989年版,第19—22页。

② 同上书,第20页。

德全、赵凤昌、陈三立、熊希龄、汤化龙、汤寿潜等,于 1912 年 1 月 3 日自组"中华民国联合会",对同盟会采取敌视态度。并致函君宪派首领梁启超,征求参加。其后则合并改称"统一党"。① 在联合会创立之前,1911 年 11 月 21 日《时报》载:《程都督章炳麟来电》,说明组织联合会,"并拟在沪开办《大共和报》。近以扶助临时政府之成立,远以催促共和政府之完全。其会所暂设苏州军政府内"。② 《大共和日报》之发刊辞亦称:"我中华国民所望于共和者,在元首不世及,人民无贵贱。"③ 1912 年 3 月 1 日,中华民国联合会改组为统一党,其宗旨为巩固全国之统一,建设中央政府,促进共和政治。④ 作为统一党的政治领袖和共和报的主办者,章太炎对于共和政治的认识也有轨迹可以追寻。早在《民报》时期,太炎就撰有《代议然否论》一文,他指出:"要之代议政体,必不如专制为善",进而认为"置大总统则公,举代议士则戾",革命党之目的乃是"恢廓民权",在这一前提下,章太炎最终认为:"执守共和政体者,故以为选举总统则是,陈列议院则非。"⑤ 很明显,章太炎经过比较中西的政治制度,而欲将代议制从共和制度中剥离,实现一种适合中国的独特的共和政体,因为在他看来,"共和之名不足多,专制之名不足讳,任他人与之称号耳"⑥。辛亥革命前的构想,促使了章太炎在民国初建之后欲将共和制的设计转化为实践。其实,章太炎对代议制的认识亦经历过转变,他在致蔡元培的信中总结道:"向日信中国出巴比伦,又不信老庄学说,又谓代议政体必过专制,今皆知其不然。"⑦ 章太炎思想的转变,亦是庚子之后的几年思想界对于西方重新审视的一种反映,梁启超在 1903 年的美洲之行后,于 1904 年在《新民丛报》上发表《新大陆游记》,游记中同样反映

---

① 中华民国史事纪要编辑委员会编:《中华民国史事纪要》,中华民国史料研究中心,1971 年版。
② 汤志钧编:《章太炎年谱长编》(增订本·上册),中华书局 2013 年版,第 216 页。
③ 《本报发刊辞》,载于《大共和日报》1912 年 1 月 4 日,第 1 号,第 1 版。
④ 谢彬:《民国政党史》,中华书局 2007 年版,第 41 页。
⑤ 太炎:《代议然否论》,载于《民报》1908 年 10 月 10 日,第 24 号,第 8—10 页,科学出版社 1957 年版。
⑥ 太炎:《代议然否论》,载于《民报》1908 年 10 月 10 日,第 24 号,第 18 页,科学出版社 1957 年版。
⑦ 《章太炎致蔡元培函(1911-6-21)》,载于中国蔡元培研究会编《蔡元培全集》(第十四卷),浙江教育出版社 1998 年版,第 409 页。

出他对美国共和制度的反思。正是因为章太炎也看到西方共和制度的弊端,所以他提倡:"光复之后,复设共和政府,则不得已而为之也,非义所任、情所迫也。"① 综合以上所述,我们便能够理解《大共和日报》发刊辞中所宣称的"专制非无良规,共和非无秕政"一说的真实意蕴了。章太炎从其历史主义立场出发,认为:"中国本因旧之国,非新辟之国,其良法美俗,应保存者,则存留之,不能事事更张也。"② 共和报的发刊辞中详细地向读者阐明了美、法两国共和制度的弊端,宣称"政治法律,皆依习惯而成",鼓吹中国应该在英国的君主立宪和美、法的民主立宪之外,"继起为第三种",③ 这种政治的构想显然与章太炎的思想是一致的,《大共和日报》也因为章太炎之政论而扩大了其在民国初年的影响力。

(三) 致力于政党监督和舆论监督

自1912年2月12日清帝退位,帝制趋于终结,南北皆赞同共和主义。筹划政党成为各派政治势力最为关心的问题,正如一些学者所总结的:"武昌起义和各省的响应,将新政府的组织提上日程,仿照美、法两国,建立共和立宪政权,光复各省成为共识。尽管当时存在总统制与内阁制、联邦制与单一制的分歧,但既然是共和立宪,就离不开政党的作用。"④ 章太炎对于政党的认识也有一个变化过程,他在辛亥革命之前,曾在《民报》中撰有《箴新党论》一文,针对君宪派所进行的组党和立宪活动,章氏从道德层面对新党进行了揭批,相关内容在《民报》一章中也有所提及。在该文中,章太炎指出:"新党者,政府之桀奴","党人死权而忘国事也。"⑤ 辛亥革命爆发后,章太炎在槟榔屿《光华日报》连续刊载《诛政党》一文(分别于1911年10月26日、28日和31日三次

---

① 太炎:《官制索隐》,载于《民报》1907年6月8日,第14号,第3页,科学出版社1957年版。

② 《中华民国联合会第一次大会演说辞》,载于《大共和日报》1912年1月5日,第2号,第1版。

③ 《本报发刊辞》,载于《大共和日报》1912年1月4日,第1号,第1版。

④ 张勇:《再议"革命军起、革命党消"》,载于《清华大学学报》(哲学社会科学版),2002年第1期,第17卷,第36页。

⑤ 太炎:《箴新党论》,载于《民报》1906年12月20日,第10号,第5—14页,科学出版社1957年版。

第七章 舆论监督与报刊转型：章太炎与《大共和日报》

刊完），他在文中称："天下之至猥贱，莫如政客。……盖欧、美政党，自导国利民至，中国政党，自浮夸奔兢，所志不同，源流亦异，而漫以相比，非妄则夸也。"① 李细珠先生认为："章太炎所谓的'诛政党'，并不是一概反对政党，而是要反对中国旧式的党派争斗，并建立西式近代政党。"② 李先生所谓反对旧式党派斗争是正确的，说章氏欲建立西式近代政党则不符合实情。章太炎认为："近世朋党者，新党所从出，政党又新党之变相。"③ 王玉华教授针对章太炎的政党观，提出了以下的认识："他只看到了'政党政治'在其运作过程中所呈现出来的外在化的表面现象，对于'政党政治'所担当的进行'组织政治'的功能，章太炎似乎缺乏了解，这导致了章太炎对于'政党政治'的批评缺少现代性的眼光。"④ 这种看法，较为确切地表达了章太炎在民国建立前对政党的思想认识，民国建立之后，章氏在政党政治的实践中加深对政党的认识。章太炎成立政党的主要目的在于"排一党专制之势"，⑤ 他积极促成中华民国联合会改组为统一党，"统一党成了前清官员和士绅要求向新秩序过渡的桥梁"。⑥ 在章太炎那里，政党的主要目的是议政和监督，而非参政。学术界对于章太炎在辛亥革命爆发后所提出的"革命军起，革命党消，天下为公，乃克有济"这个口号的研究已经比较深入，⑦ 其研究视角已经由取消革命转向

---

① 章太炎：《诛政党》，载于汤志钧编《章太炎年谱长编》（增订本·上册），中华书局2013年版，第204页。

② 李细珠：《"革命军起，革命党消"新解》，载于《中山大学研究生学刊》（社会科学版），1996年第3期，第17卷，第41页。

③ 章太炎：《诛政党》，载于汤志钧编《章太炎年谱长编》（增订本·上册），中华书局2013年版，第207页。

④ 王玉华：《多元视野与传统的合理化：章太炎思想的阐释》，中国社会科学出版社2004年版，第343页。

⑤ 章太炎：《致任甫先生书》，载于丁文江、赵丰田编《梁启超年谱长编》，上海人民出版社2008年版，第416页。

⑥ ［美］费正清编：《剑桥中华民国史》（1912—1949·上卷），杨品泉等译，中国社会科学出版社1994年版，第212页。

⑦ 此口号原载1911年12月12日刊出的天津《大公报》，题名为《章炳麟之消弭意见》，转引自汤志钧编《章太炎年谱长编》（增订本·下册），中华书局2013年版，第711页。关于此口号提出之相关研究，较近的有：（1）张勇《再议"革命军起，革命党消"》，载于《清华大学学报》（哲学社会科学版）2002年第1期（第17卷）。（2）杨天宏《政党建制与民初政制走向——从"革命军起，革命党消"口号的提出论起》，载于《近代史研究》2007年第2期。

力促近代政治之转型。学者杨天宏在论述此口号的文章中指出:"'革命军起,革命党消'是可以并且实际产生了促成中国政治近代转型效应的政治呼吁。"① 学者马勇对此有进一步的理解,他说:"章太炎或许意识到政治的专业化和专门化,认识到革命党人只不过是一个革命的政党,而不是执政的政党。中国政治的特殊性需要专业的政治团队和政治人物,所以当革命军兴起的时候,革命党人的使命也就完成了,这其实也是光复会当年的宗旨,'光复汉族,还我河山,以身许国,功成身退'。"② 以上所述乃是章太炎在民国建立之前所提出的一种新政党观,当然这种关于政党转型的言论,是那个时期很多人共同的看法。章太炎在民国初年努力组织政党,一个重要的目的就是监督政府。

章太炎在确立中华民国联合会之性质时,就订立下了基调,"本会性质,对于政府立于监督补助地位也"。③ 他在《致杭州电文》中表明了自己的职志,"炳麟愿作民党"。④ 在《致汤寿潜电》中重申了自己的立场,称:"仆天性耿介,惟愿处于民党地位。"⑤ 到1913年6月,章太炎在致友人的书信中依然表示:"仆不欲谋国务员,以同盟会及统一、共和党反对者多,无烦虚文提出,近仍以高等顾问优游讽议。"⑥ 章太炎对于政党和自我的期许,与他欲在言论界开展监督政府之目标也是一致的。章太炎曾在《民国报》发表宣言,称:"如仆一身之计,则愿处言论机关,以裁制少年浮议。"⑦ 章太炎在南通共和党分部成立之时谈到他对于政党的看法,他认为:"政党最好以两党为适宜。一国若仅一政党,恐限于专制。"他从民族主义立场出发,以维护国家利益为根基,区分了同盟会和统一党的不同目标,"同盟会派以民权为重,统一党则重视国权"。他

---

① 杨天宏:《政党建制与民初政制走向——从"革命军起,革命党消"口号的提出论起》,载于《近代史研究》2007年第2期,第18页。
② 马勇:《章太炎邹容》,团结出版社2011年版,第121页。
③ 《中华民国联合会第一次大会演说辞》,载于《大共和日报》1912年1月5日,第2号,第1版。
④ 章炳麟:《致杭州电文》,载于《时报》1912年1月8日,转引自汤志钧编《章太炎政论选集》(下册),中华书局1977年版,第545页。
⑤ 《章炳麟致汤寿潜公电》,载于《民立报》1912年1月8日,第448号,第3页。
⑥ 章太炎:《与伯中》,载于马勇编《章太炎书信集》,河北人民出版社2003年版,第476页。
⑦ 钱须弥编:《太炎最近文录》,国学书室,1915年版,第6页。

第七章　舆论监督与报刊转型：章太炎与《大共和日报》

还强调"伸张国权为吾党唯一之政见。吾党之监督政府者，监督其丧失国家权利耳"。① 康有为于 1913 年 2 月在《不忍》杂志上发表《中华救国论》，其关于政党的认识和章太炎十分相似，他提出："国宜有两政党，而不可多政党，宜有大政党，而不可多小政党"，"小党则化合为大，多党则并和为少。"② 看来政党的归并是民国初年政界的共识，然而，章氏之所以倡导两党制，和当时临时政府的表现有关，是因为"在南京临时政府时代，当然还是同盟会的干部人员握重权，而该会中的一部分成员，妄自骄功，举动暴烈，干部领袖，不能节制，同盟会便为人所诟病"。③ 章太炎在《参议员论》一文中直接批评临时政府道："及南京政府既设，一党专制，惟务阿谀，毂转云旋，今又复于清时旧贯。"④ 在维护国家权利方面，章太炎对南京临时政府的批评更为激烈，正如他自己所总结的："本党所作事业，亦非各团所及，如反对汉冶萍合资为一件，国都地点在北京为一件，排斥都督所派之参议员为一件。"⑤ 从维护国权的目的出发，实行监督政府之责，制造一种"破坏"舆论，正如章太炎在前述南通共和党分部成立时的演讲中所重申的："本党所用破坏手段，如汉冶萍、如参议院借债问题，亦系破坏手段，但与革命不同耳。虽所用种种手段不能必效，然唤起舆论，未尝不发生动力。"⑥

维护国家权利的需要，促使政党必须转型；而报纸作为发布新闻和舆论监督的阵地，在南北趋于统一和共和制度的确立之下，同样面临一种改弦更张的局面。而章太炎所主办的《大共和日报》则在民国初年率先开始了这种尝试。

---

① 汤志钧编：《章太炎年谱长编》（增订本·下册），中华书局 2013 年版，第 717—718 页。

② 康有为：《中华救国论》，载于《康有为全集》（第九集），姜义华、张荣华编校，中国人民大学出版社 2007 年版，第 324 页。

③ 李剑农：《戊戌以后三十年中国政治史》，中华书局 1965 年版，第 153 页。

④ 章太炎：《参议员论》，载于钱须弥编《太炎最近文录》，国学书室，1915 年版，第 49 页。

⑤ 章太炎：《关于统一党不与他党合并之演说》，载于汤志钧编《章太炎政论选集》（下册），中华书局 1977 年版，第 591 页。

⑥ 汤志钧编：《章太炎年谱长编》（增订本·下册），中华书局 2013 年版，第 719 页。

(四)在"党报"与"国报"之间

绪论中已经述及,梁启超在主办《新民丛报》期间,提出了报馆应具备两大天职:"一曰对于政府而为其监督者,二曰对于国民而为其向导者是也。"① 梁氏于晚清之际从国家主义的立场出发,提出报馆对政府的监督之责,民国建立之后,南北混一,他的这种新闻理论才真正得以贯彻。梁启超在辛亥革命前就比较关注政党的建设,也比较重视党报的宣传工作,他在《清议报》时期,就认识到"有一人之报,有一党之报,有一国之报,有世界之报。……以国民之利益为目的者,一国之报也"。② 梁氏所主办的《国风报》和《庸言》杂志,正是朝着"国报"方向努力的一种办报实践。《大共和日报》较为中立的性质乃是由统一党的性质决定的,在章太炎没有脱党之前,他对统一党的定位是:"统一党本处中流,于政策则有相竞,于势位则无相争。"③ 从统一党非常重视国权亦可以看出,其所施舆论监督之责也并非限于一党之宗旨,从共和报所刊发的社论《本报百六十日之回顾》可以清楚地看到,其中称:"本报固无日不以国利民福为薪向者也,同人尚不敢自足,今又大加扩充矣。"其中重申了共和报的办报方针:"一为铸造健全之舆论,一为输进世界之智识。"④ 晚清民国时期,西方国家的报刊已经处于大众化媒体传播时代,政党报刊的色彩趋于淡化,梁启超的"党报""国报"和"世界之报"思想正是中国政治家对于世界潮流的一种反馈。学者汪幼海称:"《大共和日报》吸纳先进经验,党派报纸商业化经营,"⑤ 其实商业化的经营正是报刊走向大众化的最显著特征,《大共和日报》处于"党报"向"国报"过渡形态之中,这是章太炎所主办的政治类报刊中最接近现代报刊形态的一例。

---

① 中国之新民:《敬告我同业诸君》,载于《新民丛报》1902 年 10 月 2 日,第 17 号,第 1 页。

② 任公:《本馆第一百册祝辞并论报馆之责任及本馆之经历》,载于《清议报》1901 年 12 月 21 日,第 100 册,成文出版社 1967 年版,第 6301 页。

③ 《章太炎通信》,载于《大共和日报》1912 年 6 月 26 日,第 175 号,第 1 版。

④ 斐青:《本报百六十日之回顾》,载于《大共和日报》1912 年 6 月 21 日,第 179 号,第 1 版。

⑤ 汪幼海:《〈大共和日报〉与章太炎》,载于《上海社会科学院学术季刊》1997 年第 2 期,第 167 页。

二 《大共和日报》致力于舆论监督之努力——
以民国元年为中心

（一）鼓吹共和

《大共和日报》在创立之后，对于共和政治的宣传和鼓吹可谓不遗余力，在1912年2月12日清帝退位之前，共和报在批评袁世凯内阁之时，支持北伐，与革命派报刊的舆论方向较为一致。

《大共和日报》在创刊号中刊发了一谔所撰写的社论《论吾国应确定共和之由及其主义》，此文首先就对当时北方所面临的形势进行了分析："十数年来，吾国士夫，奔走海内，运动革命，改建共和政体者，今则由理想而见诸事实。唯北廷未覆，和议粗定，国体问题尚待付诸国民会议公决。吾东南各省，西北一部，固早持民主主义，确立政府，勿俟赘述。而北方汉土，尚有一二惑于袁氏君主之说，以对外问题为口实，而欲苟安旦夕者，复有近见之士，以蒙、藏携贰拥戴满清为羁縻之术，或持虚君共和、模棱两可为调停之计，此种谬说皆足以阻挠共和之进行，而置国家于累卵。"作者还提出有进行根本改革的必要，他说："吾国积弱已久，推其原因，实由满政府之腐败恶劣，牢不可破。……自倾覆满庭改建共和以外无长策也。"① 尊武在《告临时政府》的社论中点明了共和制的精神为："所贵于共和者，贵其重民而去尊也，贵其集思而广益也，法之利病，因地而变治之，良楷待人而行。"他的论说延续了章太炎为中华民国联合会定下的历史主义基调，"世士不察共和之实，不思国家所以长治久安之策，徒啖虚名，遂忘旧贯"。② 一谔继续撰文对共和之义进行阐释，他在《释共和》一文中指出："夫共和云者，国家最高机关，由众庶集合或选举代表所组成，合之议体也。于是有直接民主制与代议民主制之别。……吾国土广，民众断难仿行，故今日所建设之共和，应采代议民主制无

---

① 一谔：《论吾国应确定共和之由及其主义》，载于《大共和日报》1912年1月4日，第1号，第1版。

② 尊武：《告临时政府》，载于《大共和日报》1912年1月7日，第4号，第1版。

疑。"① 通过以上的论述，我们看到《大共和日报》在建立之初，就非常注重对民主共和制度的宣传，这当然是为了反对传统中国延续千年的君主专制制度服务的，当然，短期的目标就是直指北方的清廷。

共和报在发行后不久，袁世凯继续实施两面权术，"他希望依靠自己的武力、洋人的支持以及灵活的政治权术来操纵一切，以使满洲人丧失权力，并把革命派打入冷宫"。② 虽然反对袁世凯的舆论力量较小，但《大共和日报》与革命派报刊此时的反袁言论有一致的地方。尔和在《问清袁内阁》一文中对袁世凯内阁提出批评，他指出："专制内阁，共和国民之敌也，不屑与语，但观袁内阁往还电文，核诸大夫无外交之义，袁氏已自破春秋公律。……袁氏所揭橥于众者有二端：曰存亡绝续之交，不忍取天下于孤儿寡妇之手；曰虑伤各国皇室之感情，为列邦所否认；是二说者，诚伪姑不较，吾先问君主立宪今后果以何术能行之中国。"③ 相应地，共和报以宣扬北伐的方式支持共和政府，1912年1月10日的报纸刊发本埠新闻称："中华民国北伐铁血团系由黄鼎君等组织而成，联合各省北伐军队总以扫灭满虏，完全汉室，协助共和政府为唯一之宗旨。"④ 当时，同盟会一系的报刊《民立报》《天铎报》等都积极鼓吹北伐之舆论。马君武曾撰社论批评袁世凯内阁，称："新共和国之对袁世凯，当明认其为民贼、为公敌、为满奴，所有由袁世凯对民政府提出之议和条件，当断然拒绝之。"⑤ 柳亚子也在《天铎报》中积极倡导北伐，他在社论《北方设立临时政府与优待虏廷之抗议》中指出："所望北征将士，爱国健儿，但以血战为荣，勿闻退位而喜，全国一心，万矢一的，习流之卒先定青齐，上陆之兵速援秦晋。而关外义军后先夹击，早成扼吭抚背之形，则亡虏馀魂久游釜底，枭雄贼智终罄囊中。"⑥ 在清帝退位的前一日，柳亚子还撰写

---

① 一谔：《释共和》，载于《大共和日报》1912年1月8日，第5号，第1版。

② [美]费正清等编：《剑桥中国晚清史》(1800—1911·下卷)，中国社会科学院历史研究所编译室译，中国社会科学出版社1985年版，第521页。

③ 尔和：《问清袁内阁》，载于《大共和日报》1912年1月9日，第6号，第1版。

④ 《北伐铁血团出现》，载于《大共和日报》1912年1月10日，第7号，第5版。

⑤ 君武：《论国人处置袁世凯之法》，载于《民立报》1911年11月18日，第397号，第1版。

⑥ 《北方设立临时政府与优待虏廷之抗议》，原载于《天铎报》1912年2月7日，转引自柳亚子《柳亚子自述续编》，人民日报出版社2011年版，第376—377页。

了社论《取消临时政府问题》，继续提议兴北伐之师，文中说："武昌为发难之区，宜请黎都督首先创议，通电各省，不认议和辱国之中央政府，推翻优待虏族条件，破裂和局，魁日北征，先解秦晋之危，继捣幽燕之窟，俟虏社已屋，逆酋已诛，然后公推大总统，以此次最有功于北伐者当之。"① 章太炎在清帝宣布退位以前，并不见公开反袁和支持北伐的言论，原因正在于他自日本归国时便发布启事，称自己"此来担任调人之职，为联合之谋"。② 他极力促成南北统一，宣称："今者，新国倡建，政在共和，言者必曰统一。"③ 此时，章太炎主张建都北京，舆论也大多支持袁世凯完成统一，章氏亦认为："袁公既被举为临时大总统，则名实自归之矣。"④

（二）消弭党争

民国元年，伴随民主共和制度的确立，政党政治勃兴，颇呈繁荣之景象，正如《民立报》所刊发的社论《论各政党与新中国之前途》一文中所描述的："民国成立，政党倔兴，数月之间到处林立……以政纲标示于天下者，厥有三党：曰统一党，曰同盟会，曰统一共和党。斯三党者虽不必尽国内之政治家而一网收拾，然大多数之新政治家确已尽入彀中。"⑤ 黄兴曾经针对民初政党政治之情形进行了论述，建议取缔一些不法党派，他说："民国肇造，各处人士多仓卒联合，竞立党派，邀集一切学识经验不相等之人，合为一群，对于国家无一定政见，故党派愈觉纷歧，往往以一二人之浊见，蛊惑多人，互相排挤，有一重大问题出，专攻他党，不问是非，除排挤外，几无所谓正当之解决。"⑥ 梁启超以更加长远之眼光看

---

① 《取消临时政府问题》，原载于《天铎报》1912 年 2 月 11 日，转引自柳亚子《柳亚子自述续编》，人民日报出版社 2011 年版，第 378 页。

② 《章太炎之计划》，载于《民立报》1911 年 11 月 21 日，第 400 号，第 5 页。

③ 章太炎：《先综核后统一论》，载于《大共和日报》1912 年 1 月 11 日，第 8 号，第 1 版。

④ 章太炎：《驳黄兴主张南都电》，载于钱须弥编《太炎最近文录》，国学书室，1915 年版，第 31 页。

⑤ 空海：《论各政党与新中国之前途》，载于《民立报》1912 年 3 月 9 日，第 502 号，第 1 页。

⑥ 中华民国史事纪要编辑委员会编：《中华民国史事纪要》，中华民国史料研究中心，1971 年版。

到了政党勃兴之后舆论的重要性，他在《致袁项城书》中指出："政党之论，今腾喧于国中。以今日民智之稚，民德之漓，其果能产出健全之政党与否，此当别论。要之，既以共和为政体，则非有多数舆论之拥护，不能成为有力之政治家，此殆不烦言而解也。"① 政党党派的纷争，势必引起舆论界的重视，《大共和日报》对此也非常关注，屡有消弭党争的报道见诸报端，1912年6月21日紧要纪闻中称："近来政治界党争甚烈，国家前途大受影响，兹闻参议院议员拟联合三党（即同盟会、共和党、统一共和党）之国务员、新闻记者及参议员等，组织一政谭会。"② 两日后，共和报刊载了王渊译自《东京日日新闻》的一篇文章，其中论道："民国今日之大病即在党同伐异四字"，"至今日而中国之国是仍无可观者，革命以后进步、退步欤？吾不得而知之。"③ 章太炎在南京临时政府取消之后，于1912年4月、5月间对同盟会和立宪党的认识有所改变，他说："然则立宪党、官僚派之害，过于同盟会远矣。"④ 章太炎对于政党纷争也表示出失望之态，他指出："今者，党派竞争，几于抗兵相加矣。"⑤ 到1912年8月下旬，章太炎因不满共和党、统一党现状，宣布脱党，这表明他对政党政治已渐失信心。章太炎在致黎元洪的信中表达了自己对政党的看法，他说："浃旬以来，默观近状，乃知中国之有政党，害有百端，利无毛末，若者健稳，若者暴乱，徒有议论形式之殊。乃其偕在议院，胡越同舟，无非以善腾口舌为名高，妄扩院权为奉职，奔走运动为真才，斯皆人民之蠹蠹，政治之秕稗。"⑥ 1912年11月25日，章太炎与陈绍唐发起的根本改革团在北京成立，章太炎发表了极有创见的演说，其中说道："并非共和果优于立宪……今日政体虽变，实质未变，前清官吏贪婪，民国官

---

① 梁启超：《致袁项城书》，载于丁文江、赵丰田编《梁启超年谱长编》，上海人民出版社2008年版，第401页。

② 《消弭党争之政谭会发见》，载于《大共和日报》1912年6月21日，第170号，第3版。

③ 《民国近状》，载于《大共和日报》1912年6月23日，第172号，第1版。

④ 章太炎：《关于统一党不与他党合并之演说》，载于汤志钧编《章太炎政论选集》（下册），中华书局1977年版，第592页。

⑤ 章太炎：《统一党独立宣言书》，载于汤志钧编《章太炎政论选集》（下册），中华书局1977年版，第595页。

⑥ 章太炎：《与黎元洪》，载于马勇编《章太炎书信集》，河北人民出版社2003年版，第384页。

吏亦贪婪；前清政府卖国，民国政府依然卖国；前清政府尚以夤缘奔竞为可耻，民国则以夤缘奔竞为运动。……若以前清十年以前之政治与今日政治比较，今日之政治尚有逊色。"① 从以上言论来看，章氏认为政党只讲"私利"而无"公心"，最终导致民国政治的倒退，而到1913年3月宋教仁被刺以后，章太炎对袁世凯的看法也逐渐发生改观，在《致伯中书八》中他提出："项城不去，中国必亡。"② 章太炎对于民初共和政治评价的出发点，还是延续了他在《民报》时期所提出的"革命道德"的命题，建设民主的制度更需要议员和各政党的党员以道德自律，他说："共和政体，以道德为骨干，失道德则共和为亡国之阶，此孟德斯鸠所已言者。"③

（三）对南京临时政府之监督

上一节言政党，而相对于政府，章太炎和共和报皆秉持民族主义的立场，以保障国家主权为职志，督责政府不断自我完善。前文已略微述及章太炎对南京临时政府之批评，主要是因为南京临时政府的"专制"行为所致。其实，这是由章太炎对同盟会的认识决定的。他曾在《与浙江统一党支部电》中回顾道："仆自抵东办报，亲戚故旧音问俱绝，后见同盟会渐趋腐败，愤欲为僧，以求梵文于印度。"④ 南京临时政府成立后，以同盟会成员为主导，章氏对临时政府的政治作为多有不满之处，但他批评政府并非为了一党之私利，对此他曾说道："仆在南方，于《大共和日报》中极斥同盟会办事不合，以南方政府之专横也；而穷途失志辈之骂同盟者，则为争官争衣食计；公私之辨，较然易知，岂能以政党为官僚派开辟门径哉！"⑤ 前文已经提到，统一党重视国权，更加注重维护民族利益，所以章氏批评政府往往以此为立足点，他在《销弭党争书二》中批评道："南京政府既成，任用非人，便佞在位，私鬻国产，侵牟万民，无一事足

---

① 《章太炎言语妙天下》，载于《神州日报》1912年12月1日，转引自汤志钧编《章太炎年谱长编》（增订本），中华书局2013年版，第728页。
② 章太炎：《致伯中书八》，载于汤志钧编《章太炎政论选集》（下册），中华书局1977年版，第661页。
③ 同上书，第645页。
④ 同上书，第464页。
⑤ 章太炎：《关于统一党不与他党合并之演说》，载于汤志钧编《章太炎政论选集》（下册），中华书局1977年版，第592页。

以对天下者。同盟会人,惟是随流附和,未尝以片语相争,海内视同盟会,盖与贵胄世卿相等,起而与之抗者,非独一人之私也。"① 到1913年,章太炎还与友人谈及此事,他说:"吾辈前日所以诋同盟会者,以其陵轹平民,失平等之性质故也。"② 从统一党的角度看,章太炎监督政府立足于国权;从章氏个人看,则其监督政府之立足点还是延续了《民报》时期"恢廓民权"的底色。单以南京临时政府这一时段为例,主张建都北京问题,反对汉冶萍抵押贷款问题,却还内务部报律问题等,章太炎和《大共和日报》都发挥了引导舆论的作用,下面将分别进行论述。

首先,针对建都问题。章太炎在《致南京参议会论建都书》中指出:"中国幅员既广,以本部计,燕京虽偏在北方,以全邦计,燕京则适居中点,东控辽、沈,北制满、回,其力足以相及。"③ 章太炎又撰写了《驳黄兴主张南都电》,内中对袁世凯表示支持和肯定,驳斥了黄兴主张建都南京的六条意见,章氏主张建都北京还是从民族主义的立场出发,可以北控藩属,震慑清廷残余势力,同时,在北方建都,亦有千年历史文化作为依据。若就维护国家疆土之统一和民族利益为出发点,则章太炎之建议可谓有功于后世。但若从政治发展来看,则章氏亦有失误,太炎弟子但焘认为其师撰写《告癸丑死义烈士诸君文》乃是针对"以临时政府移宅宛平,追惩前失,深自引咎,欲来者之引为鉴也。"④

其次,关于汉冶萍借款一事。《大共和日报》刊发了《章太炎先生布告》一文,内中章太炎叙述道:"其时已闻汉冶萍有抵押事,而尚未知合资也。"章氏到上海后才得知孙中山"与克强、盛宣怀、松方正义四人,订立合同,以汉冶萍公司抵押千万,半作政费,半入公司,不胜诧绝"。章太炎依然从维护国家利益的角度看待此事,他指出:"若以汉

---

① 章太炎:《销弭党争书二》,载于钱须弥编《太炎最近文录》,国学书室,1915年版,第77页。

② 章太炎:《致伯中书一》,载于汤志钧编《章太炎政论选集》(下册),中华书局1977年版,第644页。

③ 章太炎:《致南京参议会论建都书》,载于汤志钧编《章太炎政论选集》(下册),中华书局1977年版,第562页。

④ 但植之:《章先生别传》,载于《制言》1936年9月16日,第25期,广陵书社2009年版,第2666页。

第七章 舆论监督与报刊转型：章太炎与《大共和日报》

冶萍抵押，则国命遂亡矣。"① 南京临时政府因此事受到舆论界之压力，最终迫使孙中山"以汉冶萍由私人与外人合股得钱，难保无意外枝节，旋令取消"。② 当时，舆论界对南京临时政府之监督，使临时政府多次借款都未能成功，加剧了临时政府的财政危机，从而迫使临时政府最终难以为继。

最后，关于却还内务部报律问题。1912年3月6日出版的《临时政府公报》上刊发了由内务部制定的三条报律，《申报》对此事的反应最为迅速，于当天就在该报上刊发《上海报界上孙大总统电》，反对南京临时政府"欲袭满清专制之故智，钳制舆论"的行为，③ 章士钊当日也在《民立报》上刊发了《论报律》一文，高度赞扬了英美国家对言论自由的保护，号召舆论界反对临时政府所制定之报律。章太炎大致受到以上两文的启发，他于1912年3月7日在《大共和日报》中刊发了《却还内务部所定报律议》一文，内中首先指出："案民主国本无报律，观美、法诸国，对于杂志新闻，只以条件从事，无所谓报律者。"他还从立法权的角度指出："内务部所司何事，当所自知，辄敢擅定报律，以侵立法大权，己则违法，何以使人遵守？"④ 章太炎的这篇评论影响很大，同日还刊发于《民立报》之上，当时在报界的一致反对中，南京临时政府取消了该报律。章太炎和章士钊在这次事件中，都起到了引导舆论的重要作用，此事件正体现了民国初年的民气之旺盛，但是，我们也应该看到章太炎等人对西方的报律以及报律的价值理解并不深入，后文对这个问题将略作探讨。

除此之外，《大共和日报》对于临时参议院及其所制定的《临时约法》也持否定态度。1912年8月6日社论称："曩者南京临时政府，以国会未能仓猝召集也，而欲搆成一立法机关，于是设参议院，订《临时约法》，考其编制，其不合于共和国议会之组织者，固不待言。故本报屡谓此种参议院，既非人民公意所承认，其所订《临时约法》，亦出于少数人

---

① 《章太炎先生布告》，载于《大共和日报》1912年3月6日，第63号，第1版。
② 《大总统咨参议院答复汉冶萍借款并无违法文》，载于《临时政府公报》1912年3月1日，第26号。
③ 《上海报界上大总统电》，载于《申报》1912年3月6日，第14021号，第2版。
④ 《却还内务部所定报律议》，载于《大共和日报》1912年3月7日，第64号，第1版。

之私见。"① 这与章太炎的态度和认识是一致的,章氏曾指出:"金陵法纪未成(参议员非民选议员,所定约法,乃暂时格令耳)。"② 因此,章太炎认为:"国民为共和国主人,有主权者,参议员为都督府差官,无主权者,故国民对于参议院之临时约法,有不承认之权。"③ 南京临时政府时期,章太炎对同盟会的领袖多有批评,但他并非出于党见和个人之私利,依然是站在道德的立场和维护民权的初衷之上,他对黄兴的批评最多,指出:"若黄兴者,招募无赖,逼处金陵,兵无伍两,供饷巨亿,身虽辞职,而江南脂膏,自此垂尽。其募集国民捐法,比于摸金发丘,残酷尤甚,非所谓民贼者乎?"针对陈其美他批评道:"若陈其美者,闒茸小人,抑无足道。上海光复,攘李燮和之功以为己有,偷儿成群,拥为都督。"④ 章太炎对民国之后的政党之要求,与他在戊戌和《民报》时期秉持的道德批判是一脉相承的,从他对统一党党员的要求就可以看到,"黜远浮华,崇贵干练,弗空张文法而遗事实,弗终朝坐论而惮簿书,弗牢持省界而外异乡,弗媢嫉贤能而私小己,以振前清夸淫惰弛之习,为新国先声,斯岂独一党之幸,虽中邦其永赖焉"。他要求党员务必做到"身不在官,责人求备"的监督政府之责。⑤

林语堂称:"从中日战争到民国建立这段时期,是中国报业史上的'黄金时代'。"⑥ 如《大共和日报》这般的报刊在民国元年的确发挥了对南京临时政府的监督作用,但是从客观上却加速了南京临时政府的解体,在舆论上,无形中支持了袁世凯政府的权威。1913年7月,"二次革命"爆发后,《大共和日报》逐步为袁世凯利用,章太炎与共和报的观点也日渐相左,最终二者的关系遂至破裂。

---

① 天随:《论国人当注意于国会之组织》,载于《大共和日报》1912年8月6日,第216号,第1版。

② 章太炎:《驳黄兴主张南都电》,载于钱须弥编《太炎最近文录》,国学书室,1915年版,第32页。

③ 章太炎:《否认临时约法》,载于钱须弥编《太炎最近文录》,国学书室,1915年版,第39页。

④ 《却共和党诸君子》,载于《大共和日报》1912年9月19日,第260号,第4版。

⑤ 章太炎:《统一党独立宣言书》,载于汤志钧编《章太炎政论选集》(下册),中华书局1977年版,第594—595页。

⑥ 林语堂:《中国新闻舆论史》,刘小磊译,上海人民出版社2008年版,第118页。

三 章太炎与民国元年之舆论界

张玉法先生在描述民国初年的政党政治时指出："政党的纷乱与庞杂，是民初的重要政象之一。"他从政治因素分析，归纳出两个方面的原因："其一，假政党为争夺权利之具；其二，为政治树立对抗力。"① 基于以上两个方面的原因，民初政党政治所造成的歧见与纷争，自然地反映到政党报刊之中，报刊所形成之舆论也成为"政治树立对抗力"的一种手段。姚鹓雏在《姚鹓雏剩墨》一书中记载了民国初建时上海主要报刊的大致情况，姚氏记载道："辛亥，民国成立。余始以陈陶遗之介，入《太平洋报》佐叶楚伧事编辑，时沪上党报如林，因以多识豪俊，如于右任、邵力子、杨千里、朱宗良主《民立报》；宁太一、黄季刚主《民声报》；汪旭初主《大共和报》；邹亚云、陈布雷主《天铎报》；周浩、陈匪石主《民权报》；吕天民、陶望潮、邵元冲、沈道非等主《民国新闻》；而楚伧、柳亚子、李叔同、胡朴安、寄尘兄弟及余，则在《太平洋报》。"② 按照宗方小太郎的记载，以上报刊中属于同盟会派的有《民立报》《天铎报》《民权报》《民国新闻》《太平洋报》，属于共和党一系的有《民声报》（《民声日报》），《大共和日报》则为统一党之机关报。另外，诸如《申报》和《新闻报》皆无党派关系，持论比较中立。③ 可见，当时同盟会在上海之舆论界所占有报刊数量之多，而统一党这一系的报刊则只有《大共和日报》，所以，在舆论界的较量中，同盟会派报刊显得咄咄逼人。

（一）新闻界之失真与混乱

本章第一节中业已提到，马叙伦在自述中谈及武昌起义之后，上海的舆论界对于汉阳失守报道不实的现象，民众宁可相信《民立报》等报刊的捏造宣传，对于如实报道革命军失败消息的《申报》和《新闻报》，甚

---

① 张玉法：《民国初年的政党》，岳麓书社 2004 年版，第 39—40 页。
② 司马朝君：《黄侃年谱》，湖北人民出版社 2005 年版，第 60 页。
③ [日] 宗方小太郎：《辛壬日记·一九一二年中国之政党结社》，冯正宝译，中华书局 2007 年版，第 242—243 页。

至出现了打砸报馆的恶劣情节，这正表明当时狂热和激进的革命潮流欲图吞噬新闻界的真实声音。《大共和日报》的建立已经超越了党派之见的狭隘立场，试图让黑白不得混淆，以"直言无忌"的态度，达到"国民之所自靖"的目的。① 民国元年，戴天仇在《民权报》连续刊发四篇文章对章太炎进行人身攻击，原因乃是他们认为章太炎与同盟会为敌，客观上支持了袁世凯政府。戴天仇此一时期的言辞非常激愤、言语中充满诟骂之辞，作为新闻评论确实难以服众。他在《哀章炳麟》一文中指出："章炳麟之倒行逆施甚矣，海内外之稍有思想者，无不极力反对之。嗟乎，以章炳麟之才之学，苟能尽忠于民党，或从事教育，或尽力著述，则中华民国开幕之大文豪、大教育家舍章而外无他人。何以一变再变，竟不惜以牺牲一人名誉者，而牺牲中华民国全国之国民，甘心为袁世凯作走狗，抑亦厉矣。"② 当时，黄侃所主持的《民声报》替章太炎辩护，则遭到了戴天仇的强烈斥责，戴氏在《非民声之〈民声报〉》一文中批评道："《民声报》既为狗彘不食之章炳麟作辩护，又为国民公敌之袁世凯作辩护。"③ 不仅如此，戴天仇还旧事重提，他将章太炎在东京讲学时期与刘师培夫妇的通信再次刊发，欲重新将"暗探"之污名加于太炎身上。《章炳麟之丑史》一文即为此而作，内中称："若存心忠厚，则直可认为著《訄书》之章炳麟，已与邹昧丹同死，其至于今日存在者，并非章炳麟，特禽兽而冠人名者耳。"④ 戴天仇所撰《该死的章炳麟》一文更是道听途说，极尽污蔑之能事，将章太炎视为欲行暗杀手段的宵小之辈，最后声称："吾为中国人，中国人而有章炳麟之逆贼，而无人诛之，又为中国人羞。"⑤ 综观戴天仇在《民权报》中所持之言论，完全从同盟会之立场出发，对不同政见则毫无包容之理，正如他自己所论："唐绍仪去矣，同盟会之国务员

---

① 《本报发刊辞》，载于《大共和日报》1912年1月4日，第1号，第1版。
② 戴天仇：《哀章炳麟》，载于唐文权、桑兵编《戴季陶集》，华中师范大学出版社1990年版，第365页。
③ 戴天仇：《非民声之〈民声报〉》，载于唐文权、桑兵编《戴季陶集》，华中师范大学出版社1990年版，第367页。
④ 戴天仇：《章炳麟之丑史》，载于唐文权、桑兵编《戴季陶集》，华中师范大学出版社1990年版，第374页。
⑤ 同上书，第388页。

第七章　舆论监督与报刊转型：章太炎与《大共和日报》

全辞职矣，政客之逐鹿场开矣，党报攻击之风烈矣。"① 更有甚者，沙淦在《社会世界》发表《章炳麟之十大罪》，堪称攻击和讨伐章太炎之檄文，作者列举章太炎所谓盗贼荣誉之十大罪状，称章氏为"浙江之败类，袁世凯之傀儡，中华民国之蟊贼"。② 民国元年，报界之混乱可见一斑，报刊甚至成为政党相互攻讦之工具。

（二）章太炎针对报界现状的批判

针对上述政党报刊之间的互相攻击现象，章太炎在《致报界俱进会书》中详细地表达了对京城报馆混淆黑白的不满，他说："京城报馆三十余家，大抵个人私立，取快爱憎，以嫉妒之心，奋诬污之笔。其间虽有一二善者，而白黑混淆，难为辨别。都城斗大，闻见易周，然其信口造谣，甚于齐谐志怪。昨者，《国民公报》《定一报》二十二日、二十三日登载'章太炎在总统府中，以手枪吓唐总理。'奇怪之谭，绝无影响。曾请内务部饬警官前往取销，而京城各报，憨不畏法，不肯取销。如此之类，不止一端。上则扰乱政治，下则摇惑民心，皆由腐败官僚有意编造，以快一己之私。"章太炎继续又谈到南方报纸的情况，与北方相差无几，"此种报章，南方各报，亦多见及，望弗以亡是乌有之谈，传为实录，则幸甚"。③ 章太炎还在《与浙江统一党支部电》中对同盟会一系的报刊表示不满，其中称："诬人之言，心所不可。《天铎》《民报》诸报市井丑谈，未脱南洋、美洲口吻，夫何足致辨哉！"④ 章太炎在与汤国梨女士的通信中也谈到时下报纸多无根之谈，"今日可以不必看报"⑤。直到1913年5月，章太炎还向《时报》编辑道出政党相争之下的报纸混乱现象，他说："所上大总统函电，真〔具〕有明文，而两党殊涂，各欲假借鄙言，以抒己见，浮辞飞语，大半无根。……所愿报纸传单等类，据实著录，勿据传闻，勿尚假托。尤愿世界明眼人信所可信，疑所当疑，因为危言蒙蔽，致

---

① 戴天仇：《共和政治与政党内阁》，戴天仇等：《政党与民初政治》，中华书局2007年版，第207页。
② 沙淦：《章炳麟之十大罪》，载于《社会世界》1912年第2期，第27页。
③ 《致报界俱进会书》，载于《大共和日报》1912年6月2日，第151号，第1版。
④ 章太炎：《与浙江统一党支部电》，载于马勇编《章太炎书信集》，河北人民出版社2003年版，第464页。
⑤ 汤国梨编：《章太炎先生家书》，上海古籍出版社1985年版，第6页。

贻祸于邦家也。"① 以上所述，看似因为政党政见不同，所以导致党报之间互相攻伐，其实，还与民国初年报界积极争取新闻自由权利有关。1912年3月，南京临时政府提出："民国完全统一前，清政府颁布一切法令，非经民国政府声明继续有效者，应失其效力。"② 所以，临时政府颁布《暂行报律》三章，希望报界可以作为过渡时期之条例遵守。然而，此议一出，遭到南北报界的一致反对，章太炎所撰写的《却还内务部所定报律议》一文成为各家报馆争相转载的代表性评论。最终，孙中山令内务部取消了《暂行报律》，现在看来，民国初年虽然被誉为"报界的黄金时代"，因为当时没有报律的规范，所以不利于政府对报业的管理。像章太炎这样的社会精英也"没有认识到新闻法在实现新闻自由中的作用"③，所以，当时新闻界的失真和混乱与报界人士只顾争取新闻自由权利，进而忽视了新闻法律的建设并误解报律之价值都有莫大的关系。正如学者桑兵所指出的，"党争与无法状态使报馆的社会责任感弱化，加上没有独立的通讯社，信息渠道不畅，访事人又无完善制度保障与规范，在不受法律保护和约束的情况下，报馆往往随意刊载各种道听途说，有闻必录，追求新奇谲诡，甚至不惜编造消息，耸人听闻"，最终导致"新闻失真度太高，报馆的公共形象严重污损，报业终究难逃沦为政客工具或被武夫宰割的厄运"。④《大共和日报》最终也难逃被袁世凯收买的命运，成为进步党的发声"喉舌"。

四　结语

民国元年，章太炎组织统一党，以廓然大公之心甘作民党以监督政府，在1912年的前半年主要利用报刊舆论以监督南京临时政府，真正做

---

① 章太炎：《与〈时报〉》，载于马勇编《章太炎书信集》，河北人民出版社2003年版，第511页。

② 《内务部颁布暂行报律电文》，载于《南京临时政府公报》1912年3月6日，第30号。

③ 卢家银：《民初报界抵制报律的深层原因分析——以〈暂行报律〉事件为中心》，载于《国际新闻界》2009年第3期，第120页。

④ 桑兵：《清末民初传播业的民间化与社会变迁》，载于《近代史研究》1991年第6期，第75—76页。

到了"达民隐"和"伸民气"之目的。① 伴随着章太炎对于政党政治的失望，他于本年8月宣布脱党，随后与《大共和日报》的关系也渐趋疏远，章氏的政论文章遂刊发于《民立报》《时报》等报刊之上了。章太炎利用报章鼓吹共和制度，组织民党担负起监督政府之责，不论对于南京临时政府还是北京政府都是一视同仁；在维护国家权利的前提下，对于孙中山和袁世凯的批评并无不同，这也是他耿介个性的体现。《民报》时期的宣传最终目的是"恢廓民权"，而民国建成之后正是实践这一目标的良好时机，但结果却是"光复以来，号称平等，而得志者，惟在巨豪、无赖。人民无告，转甚于前，茹痛含辛，若在囹圄"。② 章太炎致力于政党和报刊，其目的都是制衡政府，进而言之在于"求民情者，当顺于编氓，不在豪家荡子"。③《大共和日报》努力从"党报"向"国报"超越，不再局限于狭隘的党派宣传，民国元年的《大共和日报》在章太炎的引导下确实表现出了一种大众化媒体的特点。民国元年，何天柱在致梁启超的信中说道："初一日《大共和报》有章太炎一书，论吾党事者，甚为公允，请检阅。"④ 此言可算作对章太炎报刊言论的公允评价。戴天仇在《民权报》中的表现，正如章太炎所言乃是充满"斗狠之气"，"腾而为诟言"，最终导致"政党相仇"。章太炎对于言论界的要求则是要"足以匡国政"，"评议当近真"，新闻记者当如史官努力做到"史之权下移于民"。⑤ 正是因为当时政党相互争夺，而忽略了民众的因素，同盟会虽然被称为"民权党"，他同样"是没有民众作基础的政团"，民初"所有的政党都与民众不生关系，都成了水上无根的浮萍，在势都没有成功的希望"。⑥ 章太炎虽然看到了民气的重要，但是他不可能在政治实践中

---

① 章太炎：《统一党独立宣言书》，载于汤志钧编《章太炎政论选集》（下册），中华书局1977年版，第595页。

② 同上。

③ 章太炎：《〈新纪元星期报〉发刊辞》，载于汤志钧编《章太炎政论选集》（下册），中华书局1977年版，第624页。

④ 何天柱：《致任公夫子大人书》，载于丁文江、赵丰田编《梁启超年谱长编》，上海人民出版社2008年版，第408页。

⑤ 章太炎：《〈新纪元报〉发刊辞》，载于钱须弥编《太炎最近文录》，国学书室1915年版，第12—14页。

⑥ 李剑农：《中国近百年政治史：1840—1926年》，复旦大学出版社2002年版，第328页。

获得成功，毕竟他是学者而不是政客，章太炎更适合监督政府。今天我们重新审视民国元年的历史，章太炎对于共和精神的倡导以及他致力于新闻舆论监督的探索，无不为民国初年的历史增添不少光辉之笔。

第八章

学术民间化之新探索：
章太炎与《华国月刊》

《华国月刊》由章太炎弟子汪东等召集，1923年9月在上海创刊，章太炎任社长，汪东任编辑兼撰述。撰述为黄侃、孙世扬（鹰若）、钟歆、但焘（植之）、李健、孙镜、田桓。编辑为方海客、汪景熙。而后实际的作者还有刘师培（遗稿）、唐大圆、刘绍宽、吴承仕、汪荣宝、吴梅等。旧体诗作者如陈柱、况周颐、姚华、陈三立、陈衡恪、姜忠奎等。[1] 本杂志举凡经学、史学、哲学、小学、金石、文学、典章制度等内容无所不包，并设置有通论、记事、通讯等栏目，可见《华国月刊》是以学术研究为重心，略涉时论的学术型刊物。学术界并未关注《华国月刊》作为一个学术群体在学术史中之地位，主要原因可能是其所坚持的学术民间化倾向，又或者是因为围绕月刊并未形成如"学衡派"那样的学派。但以上诸因并不妨碍我们对《华国月刊》作出评价，月刊所体现的文化保守主义取向，使得它站在了新文化运动的对立面上。因为该杂志所涉内容体大宏博、细密深邃且精于故训，本文仅从学术发展脉络和文化思潮论争的宏观角度进行论述，希望可以将《华国月刊》之宗旨凸显于时代背景之下。另外，囿于时间和精力，本文对章太炎此生所主办的最后一份学术期刊《制言》杂志，也仅能略微进行瞥观，以待未来开展更深入的研究。

上一章述及章太炎在民国元年利用《大共和日报》所开展的监督政府、宣传共和等举措，到1923年《华国月刊》杂志的创办，对于章太炎，这中间尚有十余年的人生历程应作一交代。从南京临时政府到袁世凯的北京政府，章太炎都作为总统府的高级顾问而献言献策，并以在野党的身份监督政府，伴随着《大共和日报》被袁世凯所收买，章太炎也失去

---

[1] 沈卫威：《"学衡派"谱系：历史与叙事》，江西教育出版社2007年版，第107页。

了这一发言的阵地。1913 年，二次革命爆发后，章太炎北上入京，使酒骂袁，后被袁世凯幽禁，直至袁氏去世后十日才获得自由。在监禁期间，章太炎的学术成果主要就是修订《訄书》，改名《检论》，并逐步完成《菿汉微言》。1917 年之后，中国国内政治可谓风云变幻、波谲云诡，章太炎置身于政治风浪的潮头，为护法积极奔走，足迹遍布西南。五四时期，章太炎关注南北议和问题；1920 年之后，章太炎开始倡导联省自治，并积极支持孙中山北伐。到 1927 年南京国民政府成立之前，章太炎积极投身于政治建设之中，他通过刊布电文、发表政论、书信言说等方式不断表达自己的政治观点，关注内外时局发展。这大约十年中，章太炎用于学术研究的时间比较有限，《华国月刊》创办之后，他对学术的关注才略微多了起来。在政治与学术之间保持比较悠游的状态是很难的，毕竟人的精力有限，章太炎自己也曾表达过这层意思，他说："一个人要兼擅'经义'——学问——'治事'——办事——两者，是不容易的。"① 在月刊创办之前，章太炎于 1923 年 7 月在《申报》上发布启事，称："径启者，国事蜩螗，人思拨乱，鄙人虽端居里巷，而不能不以此撄心。凡以学校事状相商、专家著述相示者，请暂时停止。自愧精力衰颓，不能如王姚江、曾湘乡诸公于人事扰攘之中，从容讲学，天实恨之，亦望人之恕我也。"② 以上所述，仅从政治与学术两个方面对章太炎的人生轨迹作以铺陈，下面还需要提及章太炎与两份报刊的筹建构想。

章太炎不仅强烈反对袁世凯称帝，还利用《民立报》等报刊发表言论批评袁世凯政府的作为。章氏被袁世凯幽禁时，负责护卫章太炎前往龙泉寺的陆建章说："太炎先生不可得罪，用处甚大。他日太炎一篇文章，可少用数师兵马也。"他还指出袁世凯曾经手书八条内容以保护章太炎，其中第二条称："说经讲学文字，不禁传钞，关于时局文字，不得外传，设法销毁。"③ 章太炎在言论界的力量深为袁世凯忌讳，这亦表明了章太炎在民国初年舆论界的影响。章氏本人更是注重报刊宣化人心、引导民众

---

① 章太炎：《"经义"与"治事"》，载于马勇编《章太炎讲演集》，河北人民出版社 2004 年版，第 116 页。

② 章炳麟：《章太炎专心国事之通启》，载于《申报》1923 年 7 月 16 日，第 18098 号，第 4 版。

③ 刘禺生：《章太炎先生在莒录》，载于《制言》1936 年 9 月 16 日，第 25 期，广陵书社 2009 年版，第 2688 页。

的作用，1913年初他在东北筹边使任上曾计划组织《筹边日报》，这个计划虽未能实行，但却表明了章太炎的抱负。1917年上半年，章太炎在上海发起并组织了亚洲古学会，该会预备着手创立《大亚洲》杂志，由章太炎担任总编辑，后由于张勋复辟，时局巨变，章太炎追随孙中山南下护法，《大亚洲》杂志也未能筹建。以上言及的两份报刊，都未能付诸实施便告终，这又是章太炎在报刊领域内欲进一步开展政治和学术共同建设的明证。

一 《华国月刊》之创建

《华国月刊》创办之前章太炎个人的历程已经大略谈及，下面简要对月刊创办前后的学术背景和学界思潮作一介绍。那时，最大的背景就是五四新文化运动的开展，自1915年始，到20年代初，这个运动大约已经进入后期。学者郑大华认为："五四时期文化保守主义思潮出现兴盛，并成了当时能与反传统主义的西化思潮、马克思主义的俄化思潮鼎足而立的主要文化流派之一。"这三大流派在思想的互相撞击下，产生了几次大的思想文化论战，"如东西文化论战、科学与人生观论战、新旧文学论战等"。[①] 到20世纪20年代，伴随新思想运动的推进，"在理论论争方面，反对新思潮的人到了后来力量也逐渐强大起来"。按照美国学者周策纵先生的看法，在思想文化论战之外，"更具争议性的问题"还应该包括疑古、重估遗产与整理国故、非宗教运动。[②] 从具体的学派和学术期刊来看，当时与章太炎有关联的还有《国故》杂志、《甲寅周刊》和"甲寅派"以及"学衡派"。1919年1月26日，刘师培、黄侃、陈汉章及北大学生陈钟凡、张煊等数十人发起组织《国故》月刊，由刘师培和黄侃担任总编辑。《国故》提倡文言文和儒家传统伦理，成为北京大学保守派师生的宣传阵地，但是，该杂志仅发行四期便告终结。章太炎在该刊物发表有四篇文章。章士钊于1925年7月将《甲寅》改为周刊，重新复刊。当时，形成了一个反对白话文和新文化运动并复古的"甲寅派"。章太炎曾于1916年为《甲寅》杂志撰写《重刊〈甲寅〉杂志题词》一文，可见章

---

① 郑大华：《民国思想史论》，社会科学文献出版社2006年版，第114页。
② [美] 周策纵：《五四运动史》，陈永明等译，岳麓书社1999年版，第443—450页。

太炎过往对章士钊之赞许。1922年1月,《学衡》杂志在东南大学创办,以自哈佛大学归来的毕业生吴宓、梅光迪、汤用彤等人为核心人物,《学衡》杂志的刊发时断时续,持续时间较长,直到1933年才停刊,共刊出79期。其他的主要撰稿人还有刘伯明、胡先骕、柳诒徵、王国维、陈寅恪、缪凤林、林宰平、太虚等,广义而言,"学衡派"还应包括东南大学和南京高师"史地研究会"主办之《史地学报》和另一个由学生群体组织的《文哲学报》,还有上述两校合力组成之"东南大学南京高师国学研究会"在1923年3月创办的《国学丛刊》。学者沈卫威称:"'学衡派'的存在是新文化—新文学的反动。"[1]"学衡派"成为五四时期与北大及其《新青年》杂志相抗衡的文化保守主义群体。沈卫威在其著作中将《学衡》视为"以陈独秀、胡适为代表的新文化运动—新文学运动的激进主义思潮的反对势力","学衡派"上承"国粹派""国故派",他将"学衡派"界定为文化上的保守主义。[2] 关于文化保守主义的基本内涵,笔者在绪论中已经作了交代,从以上对五四新文化运动前后文化思潮和文化流派的论争来看,《华国月刊》亦属于文化保守主义这一阵营,《华国》及其同人同样是站在与新文化运动相异的立场上来开展学术传播的。

(一) 太炎弟子的第二次集结

在前述第五章中,笔者在论述章太炎和《民报》时,已经谈及太炎弟子与后期《民报》之间的相关内容,章太炎将其弟子汪东、汤增璧、黄侃、周作人以及和他关系相友善之同人共同组成了《民报》社—国学讲习会群体,是为太炎弟子的第一次集结。《华国》杂志创办,会集了章太炎的早期弟子汪东、黄侃、但焘,以及民国之后师事太炎的吴承仕、孙世扬、田桓等,其中,任撰述的孙世扬和钟歆为黄侃弟子。最后将要述及的《制言》杂志,将是章太炎弟子以苏州章氏国学讲习会为平台的第三次集结。这三次办报经历,贯穿了章太炎的一生,同时也是他对戊戌变法时期所形成的"学会—报刊—学堂"启蒙模式的继承和创新。然而,《华国》杂志时期并未创办学会,实乃事出有因。曾有读者徐哲东致信汪东询

---

[1] 沈卫威:《我所界定的"学衡派"》,载于《文艺争鸣》2007年第5期。
[2] 沈卫威:《回眸"学衡派":文化保守主义的现代命运》,人民文学出版社1999年版,第6、76页。

第八章 学术民间化之新探索:章太炎与《华国月刊》

问为何不办学会以研究国故,他问道:"近日海内有志国故,能实事求是者,尚不乏人,先生胡不商诸太炎先生,发起一学会邪。鄙意此事亦非甚难,而可收转移风会之效,尊意如何?"汪东在回复中解释道:"往者创刊《华国》,本欲渐次扩为学社,继因编辑事繁,而人事又相纷扰,更无余力及之,然此志固未息也。"① 这一时期,筹建学会的条件的确没有具备,只能留待 30 年代之后太炎弟子的第三次集结了。

《华国》杂志具有一鲜明特点,即以章太炎之学术声名为旗帜,凝聚人心,发扬国光,振起国故,著名佛学家唐大圆称赞章氏:"勠力史学,以存国性,誉扬政法,用剂时宜,足谓苦口婆心,津筏无极。"② 唐大圆看到章太炎欲通过学术以达致用和救世之目的,当时,章太炎的弟子但焘通过阐发章氏旧说,融入新学理表明新义,颇能够引起时人的关注;章氏的另一弟子孙世扬则继承了其师观审学术发展与流变的思想,为《华国月刊》立定了学术价值取向。但焘先后在月刊"通论"栏目中发表多篇论说,关注国会政治和代议制度的有《给事中制度论》(1924 年第 1 卷第 5 期)、《御史制度论》(1924 年第 1 卷第 6 期)、《广章太炎〈代议然否论〉》(1924 年第 1 卷第 9 期),由古代政治制度阐述新义的有《周礼政铨》(1924 年第 1 卷第 2、5、7、9 期)、《裁道设府议》(1924 年第 1 卷第 8 期)、《乡官制度论》(1924 年第 1 卷第 4 期),阐述学制改革和教育改革的有《改革学制私议》(1924 年第 1 卷第 7 期)、《复书院议》(1924 年第 1 卷第 4 期),以上各论或者与章太炎商议,或者加以章太炎之按语,表明太炎弟子比较注重学术研究中之师承关系。《华国》之中,章太炎与弟子吴承仕互相以书信探讨《尚书》之经义、训诂并考订清代之史事,章氏还与友人、弟子就三体石经问题进行多次交流。著名佛学家太虚和唐大圆担任撰述,他们对于法相唯识学和"佛教救世"的主张进行了详细的阐发,与章太炎在辛亥革命时期提出的"以宗教发起信心"以及用"菩萨行"救世颇具相似之情怀。汪东的苦力经营,黄侃及其弟子的鼎力相助,但焘、孙世扬、吴承仕等弟子的撰文并探讨,他们共同构成了《华国月刊》社的主要力量,加之其他各界学者的参与,月刊自 1923 年 9 月创刊,1926 年 2 月停刊,共出版 28 期,维持两年有半不曾间断。

---

① 徐哲东:《徐哲东来书》,载于《华国月刊》1925 年 4 月 15 日,第 2 卷第 6 期。
② 唐大圆:《唐大圆来书》,载于《华国月刊》1925 年 4 月 15 日,第 2 卷第 6 期。

（二）对新文化—新文学之反动

《华国月刊》所秉持的是文化保守主义立场，这与"学衡派"颇为相似，前述内容中业已对《学衡》杂志创办的相关背景作一介绍，目的正在于点明与《华国》同时期可共鸣的期刊还有很多。梁启超在《清代学术概论》中论述"清代思潮"时这样说道："'清代思潮'果何物耶？简单言之：则对于宋明理学之一大反动，而以'复古'为其职志者也。"他接着阐述道："综观二百余年之学史，其影响及于全思想界者，一言蔽之，曰'以复古为解放'。……然其所以能著著奏解放之效者，则科学的研究精神实启之。"① 梁启超在新文化运动时期已经感到学术界的大转型将再次酝酿，他的"反动"说经常为学者们称引，沈卫威用此说来描述"学衡派"，笔者这里也借用"反动"说将《华国月刊》称作对新文化—新文学的反动，这里表达的是一种文化的立场。

《华国月刊》所标明的宗旨即是："甄明学术，发扬国光"，另外，月刊选材宽泛，从"《七略》所录"到"稗官之说"，可谓"兼收并容"，"法语庄论得假之以行"。章太炎对于举办学术期刊内心也怀有一份期待，因为自他在东京讲学，主编《民报》，指导《学林》杂志，辛亥革命之后，十余年都没有主持过学术期刊了。"民国既建，丧乱屡更，栖栖南北，席不暇暖"，太炎弟子汪东集合同志，创办《华国月刊》，与章太炎"频年所怀，亦相冥契，故乐从其请"。面对新文化运动之后的学术界，章太炎称："异说之昌披，惧斯文之将队（坠）。"此时，西方学术势力的影响更为剧烈，他批判很多学者"大氐稗贩泰西，忘其所自，得矿璞以为至宝，而顾自贱其家珍"。② 章太炎在《〈王文成公全书〉后序》中直接表达了他对新文化运动的不满，他指出："未几有云新道德、新文化者，专已自是，以拂民之旧贯。新法行二十余年，如削趾适履，民不称便，而政亦日紊，新道德、新文化者，有使人淫纵败常而已矣。"③ 可以说，五四新文化运动时期章太炎的学术立场乃是他在《国粹学报》时期的一种

---

① 梁启超：《清代学术概论》，朱维铮校注，中华书局 2010 年版，第 5—9 页。

② 《〈华国月刊〉发刊辞》，载于汤志钧编《章太炎政论选集》（下册），中华书局 1977 年版，第 779—780 页。

③ 章炳麟：《〈王文成公全书〉后序》，载于《华国月刊》1924 年 11 月 15 日，第 2 卷第 1 期。

第八章　学术民间化之新探索：章太炎与《华国月刊》　213

延伸，本质上还是如何对待中学、西学的关系问题。再看同期的《学衡》杂志，其宗旨为："论究学术，阐求真理，昌明国粹，融化新知。以中正之眼光，行批评之职事。无偏无党，不激不随。"① 除将刊物态度定为"无偏无党"之外，在"昌明国粹，融化新知"这一主旨中，新知的地位明显重要起来，比起《国粹学报》曾经"以西学证明中学"的思路，《学衡》杂志欲实现新知与旧学更好地会通。这一点正是《学衡》与《华国》宗旨同中存异的地方，办刊人员学术背景的差异决定了二者的不同。面对新文化运动咄咄逼人的态势，《华国月刊》同人的回应也渐次开展起来。

我们在第六章中曾提到晚清学术变迁中国粹和国故等概念的流变，新文化运动时期伴随"整理国故"运动的兴起，学界普遍使用国故一词，《华国》亦是如此，这表明人们对于中国固有文明的认识更趋于理性。汪东也指明了《华国》杂志对国故之新认识，他说："惟本刊宗旨，与曩之《国粹学报》《中国学报》等，稍有差别，盖于国故二字之界限，取广义而不取狭义也。"汪东针对张继认为该刊所登载的《养蚕学》与"国故无涉"而指出："后世文靡，去质日远，崇饰儒术，汎扫百家，不废其事，而顾轻其所学。《齐民要术》《务本新书》《农桑辑要》之类，但取以覆酱瓿。故科学之不昌，非本无其术，末世文胜之弊也。今观《养蚕学》篇章节目，多仍旧藉，其书亦按国情立言，不能尽废西法者，优绌之验自尔。就我固有者与彼相校，而参酌取舍之，非纯窃彼所有，似不得遂谓无关国故也。"汪东最后还强调编刊宗旨道："苟能和会中西，自抒新论者，皆所辑录，守此准绳，未尝或背。"② 汪东论述《养蚕学》一例，表明他对国故与科学之间关系的思考，这也反映了"整理国故"思潮对于《华国月刊》同人之影响，后文将对此问题继续论述。汪东在《华国》中撰写的第一篇通论《新文学商榷》中已经表露出对于新文化提倡者的不满之情，他说："前几年新文化的潮流很盛，到了现在，虽已稍稍平静，却依然有一部分的势力。这几个提倡新文化的学者，把西欧学术，顶礼膜拜，自不消说，翻转来还要把中国原有的文化，看得好像不共戴天似的，提起来便发竖眦裂，甚至说中国学术没一件可以研究，中国书籍没一部可

---

① 《介绍〈学衡〉杂志》，载于《中华图书馆协会会报》1926年第2期。
② 汪东：《汪旭初与但植之书》，载于《华国月刊》1924年2月15日，第1卷第6期。

以存留，几乎恨到秦火当时，燔烧未尽。"① 汪东所针对的乃是学界部分学者所鼓吹的"全盘西化"思潮，持这种论点的代表人物是广东岭南大学的教授陈序经，而北大的《新潮》社成员毛子水针对《国故》杂志所展开的"研究国故"的议题，指出："'国故'是过去的已死的东西，'欧化'是正在生长的东西；'国故'是杂乱无章的零碎智识，'欧化'是有系统的学术。"② 辛亥革命时期"新世纪派"的代表吴稚晖，到了五四时期，继续将他的全盘反传统意识推向极致，他质问道："什么叫做国故，与我们现今的世界有什么相关？他不过是世界上的一种古董，应保存的罢了。"他还极端地认为国故应该"丢在毛厕里三十年"。③ 汪东反对所谓"欧化"的主张，他还提出了"新""旧"文化的融合问题，他说："新文化固当虚心容受，旧文化也断不可以一概抹杀，如果一个人能彀新旧兼贯最好，不能，便联结两派的学者，通力合作，重在互相引证发明，不要互相诋毁。至于辩论，自然是不可少的。"④ 汪东所述乃如何对待新、旧文化问题，反传统的激进主义者多视新、旧文化之间存在明显的界限，将传统和现代进行二元化的区分，而保守主义者正好相反。黄侃在《国故月刊题辞》中便提出："夫化之文野，不以强弱判也；道之非是，不以新旧殊也。"⑤ 同样，吴宓对于新、旧文化之间的关系有细致的阐述，他认为："何者为新？何者为旧？此至难判断也。……以此类推，而不应拘泥于新旧，旧者不必是，新者未必非，然反是则尤不可。……然人事之学，如历史、政治、文章、美术等，则或系于社会之实境，或由于个人之天才，其发达也，无一定之轨辙，故后来者不必居上，晚出者不必胜前。因之，学问之道，应博极群书，并览古今，夫然后始能递底彻悟，比较异同。"⑥ 由此，我们看到，如《华国月刊》这般秉持文化保守主义倾向的刊物，他们将新、旧文化视为一个有机整体，进而延展到传统和现代之间的不可

---

① 汪东：《新文学商榷》，载于《华国月刊》1923 年 10 月 15 日，第 1 卷第 2 期。

② 毛子水：《国故和科学的精神》，载于《新潮》1919 年第 1 期，第 5 版。

③ 吴稚晖：《箴洋八股化之理学》，载于张君劢、丁文江编《科学与人生观》，岳麓书社 2012 年版，第 260 页。

④ 汪东：《新文学商榷》，载于《华国月刊》1923 年 10 月 15 日，第 1 卷第 2 期。

⑤ 黄侃：《〈国故〉月刊题辞》，载于《国故》1919 年第 1 期。

⑥ 吴宓：《论新文化运动》，载于孙尚扬、郭兰芳编《国故新知论：学衡派文化论著辑要》，中国广播电视出版社 1995 年版，第 80 页。

分割性；而激进的反传统派则正好相反，他们欲用新文化取代旧文化，并且视国故为死掉的"解剖"对象。

"文学革命"是新文化运动的重要组成部分，而文学革命的首要任务就是白话文运动。1917年初，胡适和陈独秀相继在《新青年》上发表《文学改良刍议》和《文学革命论》，他们的文章成为"文学革命"的先声和指导性文件。孙世扬在《华国月刊》第一期便发表《文学管窥》一文，他区分了"文言"和"质言"，以功能而言，二者不可偏废，他阐述道："今世所谓科学、哲学，皆质言也，所谓宗教，兼尚文质者也，唯文学则纯乎尚文言。虽诸记事、论理之文皆是质言，而文学之本原由人心生，人心之所之，蕴而未发者，情志是也，形见于言者，文学是也，唯人心之所之无方，斯文学之所言亦无拘束。是故文学能言科学、哲学、宗教所能言者，更能言科学、哲学、宗教所不能言者。"孙世扬认为文学以文言为载体，文学和科学的不同在于文学是从人心生发出来，富含感情，这正是文学的特别之处。他在文章最后批评了激进派欲废除文言文的做法，称："近人或慕远西言文一致，遂欲弃旧文而用白话，则以典籍雅言，谓之死文学，不知文学自有条例，无今古之别，何有于生死也。……文学所以发抒人情，人情之好恶取舍亡常，系乎成俗曲期，则有彼以为美，此以为恶，此之所长，彼或谢短。今远西所谓文学者，徒有戏曲、小说之流，或者见异思迁，乃欲持彼之成见以平章此土之文学，吾未见其为知文学也。"①《华国月刊》与新文化—新文学相异的立场，已经初步地点明，下面将要对月刊在各领域内开展的研究工作分别进行论述。

二 《华国月刊》之表现

（一）致力于国故研究之领域

《华国月刊》的宗旨在上文已经指明，这里我们还需明确其所保持的学术立场，《华国》中所刊发的第一篇通论则向世人言明了他们的立场。这首篇通论名为《国学通论》，为太炎弟子孙世扬所撰，此文首要阐明了学术与风俗的关系。该文开头论道："凡人函五常之性，其刚柔缓急音声

---

① 孙世扬：《文学管窥》，载于《华国月刊》1923年9月15日，第1卷第1期。

不同，系水土之风气，故谓之风；好恶取舍动静亡常，随君上之情欲，故谓之俗。唯学术出于风俗，乃亦有转移风俗之力。"作者举出三晋、燕齐、平原等不同地域产生不同学术流派为例，得出结论："盖学术之发生，固随地分而异趣矣。"① 我们不难发现，孙世扬的思想明显受到章太炎的影响，章太炎在《訄书·原学》（重订本）中就提出："立学术者无所因。各因地齐、政俗、材性发舒，而名一家。"他在此文最后总结道："故古者有三因，而今之为术者，多观省社会，因其政俗，而明一指。"②章太炎将现代学术特质的决定因素归结为社会政教和风俗，可以看出他对于传统所保持的历史主义的态度。章太炎在《国故论衡》中同样以《原学》为名，继续发展了他对于学术传承方面的见解，他首先指明："世之言学，有仪刑他国者，有因仍旧贯得之者。"是从他国借鉴，还是延续本国固有之传统，这是由一国之"地齐""政俗"和那国人的"材性"决定的，我们在前述第六章中已经提及章太炎与《国粹学报》的学术立场，即反对"欧化主义"者；章太炎批判"欧化"思想时称："然世人大共儦弃，以不类远西为耻；余以不类方更为荣，非耻之分也。"③ 章太炎认为学者自身要有心得，才能够在"因仍旧贯"的基础上创造新知、新理，学术贵在保持独立之地位。孙世扬最后详细地阐述了学术与政治兴废之间的关系，他说："学术在下，则与政治相抗拒，政治虽衰，学术反盛，所以转移风俗，陶铸人才，有甚于政治之为之也。……若乃以学术为政治之附庸者，反不足观矣。是故立博士以明经而经学衰，设官局以修史，而史学坏，以理学阿时君，而理学替，以诗赋取士，而文章滥，然则草偃风从之说，非所论于豪杰之士明矣。嗟乎！君子观于学术兴废之由，而知国政衰微，无害于学。"④ 孙世扬继承了章太炎中国"学术自下倡之则昌"的思想，《华国月刊》所持守的民间化学术立场可以看作是对《国粹学报》的继承和发展，章太炎在《华国月刊》中同样是处于核心的灵魂人物。

新文化运动中各派所关注的核心问题，不外乎"文学革命"、非宗教

---

① 孙世扬：《国学通论》，载于《华国月刊》1923年9月15日，第1卷第1期。

② 章太炎：《原学》，载于《章太炎全集·訄书（重订本）》，上海人民出版社2014年版，第131—132页。

③ 章太炎：《原学》，载于庞俊、郭诚永疏证《国故论衡疏证》（上册），中华书局2011年版，第646—660页。

④ 孙世扬：《国学通论》，载于《华国月刊》1923年9月15日，第1卷第1期。

运动、东西方文化论争背景之下的民主政治、中医存废、教育改革等，就《华国月刊》的具体内容，以下拟从文学、佛法救世、中医、学校教育革新、代议制这五个方面进行论述，而对传统的考据、训诂、诸子等方面研究则从略。

1. 文学

新文化运动兴起后，冠以文学以新文学之名，经胡适、陈独秀两位新文化领军人物的摇旗呐喊，又有如钱玄同、鲁迅、刘半农等学者的推广和实践，白话文运动轰轰烈烈地开展起来。当时，以《国故》《学衡》《甲寅》周刊和《华国月刊》等杂志为代表的反新文学派以文言抗衡激进派的白话文运动，在学术界也有相当之影响力。《华国》刊发的文章绝大部分皆以文言写作，并设置文苑一栏以刊载古典诗词，充分表明了刊物的文学立场。

1917年1月1日胡适在《新青年》杂志上发表了《文学改良刍议》一文，拉开了新文学运动的序幕，他呼吁并提出文学改良的八项主张，"一曰，须言之有物。二曰，不摹仿古人。三曰，须讲求文法。四曰，不作无病之呻吟。五曰，务去烂调套语。六曰，不用典。七曰，不讲对仗。八曰，不避俗字俗语。"① 随后，陈独秀呼应胡适，在《新青年》上发表《文学革命论》一文，称："余甘冒全国学究之敌，高张'文学革命军'大旗，以为吾友之声援。旗上大书特书吾革命军三大主义：曰，推倒陈腐的铺张的古典文学，建设新鲜的立诚的写实文学；曰，推倒迂晦的艰涩的山林文学，建设明了的通俗的社会文学。"② 经过胡、陈两位学者的鼓吹，中国很快被语言革命的潮流席卷，我们必须承认这种潮流带有"要求艺术为社会和政治服务的倾向"，美国学者格里德已经看到："文学革命从其发端就是更广阔范围的思想改革运动的工具，也是一股用它的诺言波及甚广以至很快就以'新文化运动'闻名的变革潮流的工具。"③ 通过胡适和陈独秀的言论，我们可以清晰地看到这种倾向，胡适在论述可供文学选择的材料时提出，应该包括贫民社会的一切痛苦情形，"如工厂之男女工

---

① 胡适：《文学改良刍议》，载于《新青年》1917年1月1日，第2期，第5版。
② 陈独秀：《文学革命论》，载于《新青年》1917年2月1日，第2期，第6版。
③ [美] 格里德：《胡适与中国的文艺复兴——中国革命中的自由主义（1917—1937）》，鲁奇译，江苏人民出版社2005年版，第75页。

人，人力车夫，内地农家，各处大负贩及小店铺"。他还指出应该关注"今日新旧文明相接触，一切家庭惨变，婚姻苦痛，女子之位置，教育之不适宜……种种问题"。① 陈独秀在《文学革命论》一文中则直接提出："今欲革新政治势不得不革新盘踞于运用此政治者精神界之文学。"② 通过以上分析，我们不得不承认，当"文学革命"成为一种潮流，特别是具有政治含义之后，那种纯粹从文学和学术角度的质疑声音已经难以具备平等对话的氛围。

回到《华国月刊》之中，汪东所撰写的《新文学商榷》明显是针对《新青年》杂志中的诸般关于"文学革命"的言论，与胡适、陈独秀二人的理直气壮相比，汪东要显得心气平和得多，正如唐大圆在评价中说道："而今世衰道微，邪说横恣，尊者《新文学商榷》一篇，尤为言归中道，足以振聋启聩，实为天下之至文。"③ 汪东认为"白话文是可行的，却不能冒居文学之名"。所以，他的这篇文章用演说的口语方式表达，颇为通俗。汪东认为文学本有"下里巴人"和"阳春白雪"之别，所以"通俗应用，并不是文学所必须要具备的条件，而且有时越不通俗，才越见得文学的精深"。汪东认为即使如《儒林外史》这样完全用白话写成的小说，也并非人人都能了解它的好处，所以"依旧逃不出曲高和寡的公例"，他继续讲道："要晓得美文的类别甚多，以文言为纲，犹且不能范围元、明以后的小说，现在却要拿白话做主体，岂能包括一切。"汪东还针对一切"用外国体的行式"的"欧化"倾向指出："文学和别种科学不同，其精妙处，是各国有各国的精神，不能相溷的。"在全篇的结束，汪东驳斥新文学而提出三点见解："第一，主张以白话通俗应用的，只能叫白话文或通俗文，不能叫新文学。……第三，主张用外国派文法作文的，只能叫欧化或西式的文学，不能叫新文学。"④ 汪东的这篇讨论新文学的文章，以中国古典文学独具的传统和美感为立论依据，也颇富有情理，但是，正如胡适1923年2月在《申报》之五十周年纪念刊中发表的《五十年来中国之文学》一文所言："《学衡》的议论，大概是反对文学革命的尾声了。

---

① 胡适：《建设的文学革命论》，载于《新青年》1918年4月15日，第4期，第4版。
② 陈独秀：《文学革命论》，载于《新青年》1917年2月1日，第2期，第6版。
③ 唐大圆：《唐大圆来书》，载于《华国月刊》1923年12月15日，第1卷第4期。
④ 汪东：《新文学商榷》，载于《华国月刊》1923年10月15日，第1卷第2期。

我可以大胆说，文学革命已过了议论的时期，反对党已破产了。从此以后，完全是新文学的创造时期。"① 《华国月刊》也面临着同样的局面，周策纵先生说："到1922年，文学革命确实已经取得了胜利。"② 那些后来针对新文学的争论和商榷，留在思想史上的意义要远远大于对当时舆论界所形成的影响。

胡适在提倡白话文学之时，也致力于用白话写新诗，可以称为"新诗的老祖宗"。③ 新诗是白话文学的重要表现形式，章太炎在回答曹聚仁的质疑时提出了他对于诗的看法，他说："诗之有韵，古今无所变"，"中国自古无无韵之诗。"章太炎认为："无韵之作，仆非故欲摧折之，祇以诗本旧名，当用旧式，若改作新式，自可别造新名。"他还建议无韵之诗可命名为"燕语"。④ 章太炎欲为诗正名的良苦用心体现在他所撰写的《訄书·订文》一篇的附录《正名杂义》中，他指出："有农牧之言，有士大夫之言，此文言与鄙语不能不分之由。……而世欲更文籍以从鄙语，冀人人可以理解，则文化易流，斯则左矣。"⑤ 学者研究章太炎与白话文运动的关系时得出以下的结论："一、章太炎不反对白话文，却不满意于白话文运动的方式；二、他也不反对白话诗，但坚持'无韵非诗'。"⑥ 《华国月刊》对于撰述者的文体要求较为宽松，该刊"略例"中指出："文言语体，不拘一格，惟用语体者，正如演说，取其条达通俗而止。若新式符号，徒瞀眩，概所不取。"⑦ 章太炎和汪东师徒并不是反对白话文，而是反对白话文运动中的激进方式，反对那种视文言为"假文学""死文学"，⑧ 最终会被消灭的极端态度。回顾辛亥革命之前，章太炎与巴黎《新世纪》杂志的论争，"万国新语"并没有在未来的中国普及，而白话

---

① 胡适：《五十年来中国之文学》，载于欧阳哲生编《胡适文集》（三），北京大学出版社1998年版，第262—263页。

② [美] 周策纵：《五四运动史》，陈永明等译，岳麓书社1999年版，第399页。

③ [美] 周策纵：《周策纵作品集》（二），世界图书出版公司北京公司2013年版，第150页。

④ 章炳麟：《答曹聚仁论白话诗》，载于《华国月刊》1923年12月15日，第1卷第4期。

⑤ 章太炎：《订文·正名杂义》，载于《章太炎全集·訄书（重订本）》，上海人民出版社2014年版，第217页。

⑥ 潘建伟：《章太炎眼中的白话文运动》，载于《鲁迅研究月刊》2011年第10期。

⑦ 《"略例"》，载于《华国月刊》1923年9月15日，第1卷第1期。

⑧ 胡适：《建设的文学革命论》，载于《新青年》1918年4月15日，第4期，第4版。

文却成为书写的正统,或许这正是革命话语之下的必然潮流。

2. 佛法救世

新文化运动中间,激进派知识分子对孔教大肆挞伐,非宗教运动的势力逐步扩大,反对基督教会的运动表现最为激烈,这就促进和激发了佛教的革新。这场佛教改革运动中表现最突出者当数释太虚。《华国月刊》当时邀请太虚大师和著名佛学家唐大圆担任撰述,在东西方文化之争的大背景下,《华国月刊》积极宣传佛教和佛学,充分表明了刊物同人积极的入世、救世之心,又或许这是章太炎在辛亥革命前欲用佛学拯救革命道德的一种延续。太虚、唐大圆与章太炎同样深研佛学唯识宗精义,乃达大乘旨趣,三人又同具办报之经历。1920年1月太虚在杭州创办《海潮音》杂志,成为我国存在时间最长的佛学刊物。唐大圆自1925年起任《海潮音》主编,之前他还主办过《东方文化》杂志,他和太虚都曾致力于东方文化的宣传。《华国月刊》因为有了太虚大师和唐大圆的鼎力相助,才能够打开佛教救世宣传的局面。

当时,太虚努力进行佛教革命,"提出了大乘佛教文化体系架构与中国大乘佛教新本位说,提出了建设人间佛教的基本主张。"[1] 这种宗教革新所面临的外部环境即东西方文化的论争,佛教作为中国传统的文化面临着来自西方科学、宗教等方面的冲击。中国内部环境的恶劣,主要表现为军阀混战对人民生活的摧残,这就使大乘佛教"自救救人"的精神更加能够鼓舞人心。太虚和唐大圆皆通过比较东西方文化的优劣,而得出一致的结论,即唯有佛法可以拯救人心。在参与东西方文化问题论争的过程中,太虚在《学衡》杂志上发表了《东洋文化与西洋文化》一文,他从人性的角度阐述了东、西洋文化的区别所在,他指出:"现世界为一西洋文化弥纶之世界,故今言西洋文化,专就现代西洋文化之盛行者言之。其事维何?曰:发达科学知识,竭取宇宙所有,以争求满足人类之'动物欲'而已。"相比较之下,"各东方文化,则最低亦须将'动物欲'节之以礼,持之以义,以涵养人类特长灵贵之情性,使保存而不梏亡,以为希贤希圣希天之上达基本"。那么,要想最大限度地克服人的"动物欲",

---

[1] 邓子美:《中兴与嬗变——佛教复兴思潮与中国早期现代化》,载于高瑞泉主编《中国近代社会思潮》,上海人民出版社2007年版,第391页。

第八章 学术民间化之新探索：章太炎与《华国月刊》

东西洋虽然都有"进善人性"的方法，最终当"以东洋之佛法文化为至极"。① 唐大圆在《人群须速普及佛化之建议》一文中描述了这样的事实："自欧战告终，一般哲学家知物竞天择等说不可恃，多转而究东方之文化，以乞灵于佛法者，不可胜数。"② 以上言及佛学革新运动出现的外部环境，就其内部因素而言，《华国月刊》的读者金筱甫则屡有提及，他在书信中指出："民国肇造，十有四年，军阀争持，宇无宁岁。士辍于黉，农罢于野，工商顿于市肆，饥寒洊至，衣食无门，争战频年，流离失所，民之方匿。"③ 这种"率兽食人"的社会，更加亟须一种救世的良方，一种挽救人心的世间法。此世间法就是大乘佛教，此法教人求"无上菩提心"，"成正觉而得圆满"，最终"有益于世道人心"。④ 太虚所撰写的《中国人用中国法之自救》一文系统地表达了他欲培养"国民性之道德以为纲维"的构想。伴随新文化运动阵营的分化，左派分子与自由主义者异趣，太虚在该文中所反对的"欧化"，同样包含了"俄化"。太虚认为，鸦片战争后中国人开始羡效西方人的"枪炮兵舰"，中日战争后效法西方之"军政、法律、农工、商业"，庚子之后则连"政教重心"也失掉了，经过清末立宪"而成政柄迭更军阀割据之民国"。新文化运动思潮兴起后，"欧化"的风气开始波及"学术思想之文化根本"，"同时更以俄国式之革命相号召，宗教、政治、经济权力等，皆入于混乱剧变之中，乃成现在全体糜烂之时局"。西方列强不能够援救中国已逐步为国人认清，而对于俄国抱有希望者，更应该破除其"妄想"。太虚称："至今彼苏俄徒用空言宣诱，于中国稍有利益者，皆无实际之进行，头脑略清醒之国人，亦皆窥破俄之毫无诚意，衹藉之宣传其不宜于中国之共产主义，冀扰乱中国，以遂其侵略耳。"可见，太虚所持反对"俄化"之主张乃是以民族主义为立场，并不包含意识形态的成分。太虚经过重新估定中国佛、道、儒三家文化元素的价值，提出重建国民性的构想。包含四个步骤："一、宗佛法以建信基也。二、用老庄以解世纷也。三、宗孔孟以全人德也。四、归佛法以畅生性也。"他最后总结道："可知今日欲求中华国民性之道德，

---

① 释太虚：《东洋文化与西洋文化》，载于《学衡》1924 年第 32 期。
② 唐大圆：《人群须速普及佛化之建议》，载于《华国月刊》1925 年 2 月 15 日，第 2 卷第 4 期。
③ 金筱甫：《上章总长书》，载于《华国月刊》1925 年 3 月 15 日，第 2 卷第 5 期。
④ 太虚：《我之宗教观》，载于《华国月刊》1925 年 8 月 15 日，第 2 卷第 10 期。

必始乎佛法，终乎佛法，舍佛法莫为功也。"① 前面提及太虚和唐大圆皆以研治唯识学见长，太虚与章太炎又交往甚笃，以佛法应世大致也是《华国月刊》同人的共识，下面还有必要将这一时期章太炎对佛教的见解稍作补充。

　　章太炎在《民报》时期用佛法鼓吹"革命道德"的功绩，我们在第五章中已经详细阐述，这亦表明章太炎在辛亥革命时期就已经关注将佛学研究应用于社会的改造，这种以佛法应世的态度随着章氏思想的变化而有所改变。1911年章太炎在东京的演说中指出："若专用佛法去应世务，规划总有不周。……唯有把佛与老、庄和合，这才是'善权大士'，救时应务的第一良法。"② 章太炎在《菿汉昌言》中又指出："纯佛法不足以维风教"，"救敝之道，必以儒侠相附。"③ 晚年章太炎成为"儒宗"，学者有论道："章太炎的转向是佛学研究的着重点逐渐与社会改革脱节的信号。"④ 章太炎在佛学研究方面的转向，并不代表他不关注佛教改革运动，1918年太虚与章太炎、蒋作宾等人在上海共同组织觉社，主张佛化觉世，成为近代中国最早的佛学研究机构之一。太虚、章太炎等曾在觉社开设"佛学讲习会"。1926年春，章太炎与太虚、熊希龄等人在上海成立全亚佛化教育社，继续开展佛化运动。《华国月刊》邀请太虚和唐大圆担任撰述，也表明刊物对佛教改革运动的支持，所以，我们看到在社会实践中，章太炎也是倡导以佛法救世，这与他晚年提倡"儒行"精神并不矛盾。

　　3. 中医

　　中医的存废问题以及中医是否科学的问题，一直是学术界反复争论的问题之一。民国建立后，北洋政府与中医界民间人士曾就中医存废问题展开过争论，政府未承认中医作为新学制中学科的一种；新文化运动中，在"科学"的旗帜下，反传统的"西化"派自然不会放过对中医的批判，陈

---

　　① 太虚：《中国人用中国法之自救》，载于《华国月刊》1925年9月15日，第2卷第11期。

　　② 章太炎：《论佛法与宗教、哲学以及现实之关系》，载于马勇编《章太炎讲演集》，河北人民出版社2004年版，第38页。

　　③ 章太炎：《菿汉昌言》，载于虞云国校点《菿汉三言》，上海书店出版社2011年版，第103—104页。

　　④ 邓子美：《中兴与嬗变——佛教复兴思潮与中国早期现代化》，载于高瑞泉主编《中国近代社会思潮》，上海人民出版社2007年版，第388页。

第八章　学术民间化之新探索：章太炎与《华国月刊》

独秀、鲁迅、胡适等人都曾对中医提出批评，20世纪20年代中国民间也曾掀起质疑中医的声浪。正如陈独秀所言："医不知科学，既不解人身之构造，复不事药性之分析，菌毒传染，更无闻焉；惟知附会五行生克寒热阴阳之说，袭古方以投药饵，其术殆与矢人同科。"①《华国月刊》对于中医之传播，首要出发点即是反对以"科学"的名义取消中国传统文化中之医学；其次，大致与社长章太炎长期致力于中医研究有很大关系。章太炎由于受到家族和其师俞樾研治医理的影响，他在医学方面同样颇具见解，我们在第六章中论述《学林》杂志时，已经提到章太炎曾在该期刊中发表过论述中医的文章。下面将对《华国月刊》中所发表之阐发中医的文章作简要的分析，以揭示中医存在之合理价值。

章太炎在《华国月刊》中发表了一篇《论〈中医剥复案〉与吴检斋书》，在此文中他阐明了"中医不可废"的主旨，关于《中医剥复案》一书，太炎弟子吴承仕在按语中称："先是中华教育改进社有人提议规复中医学科，余氏著议驳之，复有自署朦叟者，反驳余氏，集成一书，题为《中医剥复案》。"章太炎利用其掌握之医学知识，从专业角度论述中、西医各具优长，他说："中医之胜于西医者，大氐伤寒为独甚，温病、热病本在五种伤寒之中，其治之则各有法而非叶天士辈专务甘寒者所能废也。藏府锢病，则西医愈于中医，以其察识明白，非若中医之悬揣也。固有西医所不治而中医能治之者，仆尝于肺病里水二证实验其然。"② 以历史脉络为纬，章太炎纵论各代医理短长，然而，具体到某项病灶，他依次评点各家医治之方，总之，章太炎论医就如同论学，莫不古今中外"熔于一炉"，最后才见其优劣。所以，章太炎不仅认为中医不可废，而且应兼采西医之长处。当时医学舆论界对章氏中西医之见解颇为赞同，《光华医药杂志》编者称："章太炎先生云，西医重在解剖实验，故治脏腑病见长，吾中医求岁时节令，故治时感病见长，评判中西医治疗结果，其言精当不磨。"③ 陆锦燧在《较中西医论》中所表达的见解与章太炎基本一致，他指出："凡事之能历久而通行者，必具有真理。中西医之各有所长，毋庸

---

① 陈独秀：《敬告青年》，载于《青年杂志》1915年第1期。
② 章炳麟：《论〈中医剥复案〉与吴检斋书》，载于《华国月刊》1926年1月15日，第3卷第3期。
③ 《编者后话》，载于《光华医药杂志》1936年第3期，第9版，第75页。

赘言，然学有精粗，即艺有长短。余未尝习西医，闻人称其长，简便迅速，亦闻人论其短，虚实不分也。"① 陆氏所论中西医之短长，同样是举出不同病灶，中西医皆有各自所擅长者，中医存废问题，以今日的眼光来看，应不存在问题，因为中医依然存在，并且仍然发挥着西医不可替代的作用，而且中西医学理之间正在进行合理之调试。反观过往的论争，明显看到东方文化处于弱势的抗争以及科学主义情绪的强势。

章太炎在20世纪20、30年代的中医学界影响很大，章太炎担任过《卫生报》的顾问，被中华医药联合会聘为名誉社长之一。1927年，南京国民政府成立之后，章太炎遭到国民党当局的通缉，章氏淡出了他为之奋斗三十多年的政治舞台，现实"迫使他去退守医国医人的最后一块阵地，即去从事他自幼所喜的医人的医学"。1927年中国医学院在上海成立，章太炎毅然就任该院院长；1929年上海国医学院在上海成立，章太炎同样就任院长；1934年章太炎迁居苏州，苏州医专及其所办之苏州国医研究院分别聘任太炎为名誉院长和研究院院长。章念驰先生称章太炎作为革命元勋和思想家、国学家参加了20、30年代的中西医大论战，"这可以说是绝无仅有的一位，其作用与影响是不容低估的"。②

4. 学校教育革新

章太炎对官方举办之学校（学堂）教育的批判，自戊戌维新时期就已提出，中间经过辛亥革命前的进一步思考，民国之后，他经过观察，更加坚定地认识到教育制度的缺失。章氏本人欲通过组织学会并恢复新式书院教育来弥补官方教育的不足。③

清廷废除科举，实行新式学堂教育之后，章太炎即针对这种教育制度提出批评，他在《与王鹤鸣书》中指出："今学校为朝廷所设，利禄之途，使人苟偷，何学术之可望？且主干学校者，既在官吏，关节盈篋，膏粱之家，终在上第，婆人或不得望其门。此为使学术日衰，乃不逮科举时也。"④ 章太炎对于官办学校所持有的态度一生未尝有过变化，本文第六

---

① 陆锦燧：《较中西医论》，载于《华国月刊》1923年11月15日，第1卷第3期。

② 章念驰：《论章太炎先生的医学》，载于汪荣祖《章太炎散论》，中华书局2008年版，第164—166页。

③ 本文第三章中第二节《维新遗产："学会—报刊—学堂"三位一体》已经对这一问题进行了初步的论述，可以参考。

④ 章绛：《与王鹤鸣书》，载于《国粹学报》1910年3月1日，第63期。

章中已经对《教育今语杂志》进行过论述,章太炎在《庚戌会衍说录》一文中提出了一个观点,即学校教育与道德不相干,1924年章太炎在《华国月刊》中刊发了《救学弊论》一文,继续发展了他对学校制度不能培养道德情操的看法。该文指出:

> 自湖北始设学校,其后他省效之,讲堂、斋庑备极严丽,若前世之崇建佛寺然,学子家居无是也;仆从周备,起居便安,学子家居无是也。久之政府不能任其费,而更使其家任之,学子既以粉华变其血气,又求报偿,如商人之责子母者,则趣于营利转甚。其后学者益崇远西之学,其师或自远西归,称其宫室舆马衣食之美,以导诱学子。学子慕之,惟恐不得当,则益与之俱化。以是为学,虽学术有造,欲其归处田野,则不能一日安已。自是惰游之士遍于都邑,唯禄利是务,恶衣恶食是耻,微特遗大投艰,有所不可,即其稠处恒人之间,与齐民已截然成阶级矣。向之父母妻子,犹是里巷翁媪与作苦之妇也。自以阶级与之殊绝,则遗其尊亲,弃其伉俪者,所在皆是。①

上面所引述的一段文字,表明章太炎欲恢复学者的一种气质,即"学者贵其攻苦食淡,然后能任艰难之事,而德操亦固"。章太炎这时已经认为学校教育必须改制,"择其学风最劣者悉予罢遣,闭门五年然后启,冀旧染污俗悉已湔除,于是后来者始可教也"。章太炎还认为大学之教学,"期人速悟,而不寻其根柢,专重耳学,遗弃眼学",造成文科教育存在五种弊端:"一曰尚文辞而忽事实。二曰因疏陋而疑伪造。三曰详远古而略近代。四曰审边塞而遗内治。五曰重文学而轻政事。"② 针对民国以来,特别是新文化运动以来学校教育制度存在的问题,章太炎在注重学术"求真"精神的同时,对于学术的"致用"功能亦十分重视。章太炎改革学制的构想,引起了他的弟子但焘的共鸣,但焘通过与章太炎商榷,在《华国月刊》中较为系统地探索了学制改革问题。

但焘撰写了《改革学制私议》一文,全面地提出了对于学校制度革新的建议。中国自周代以后,形成了一种"国家于教士之外,复有养士之

---

① 章炳麟:《救学弊论》,载于《华国月刊》1924年8月15日,第1卷第12期。
② 同上。

责"的传统，而晚清以来实行新学制改革以后，出现政府"令学徒出资"的规定，章太炎对此曾批判道："政府设学，所以异于私塾者，为其不以金钱卖口舌也。今者敛民之租税，以设百官，苴庶事，民力已竭矣。于俊秀之人学者，复征其听读之费，所谓教育者安在哉？"但焘此文重在揭示并号召，政府创办教育中的"营业之举""必当停废"。"买卖教育之弊"是教育制度应革新的第一要务，此外还有四项应改各处的弊害，分别为：其一，学额太多之弊；其二，多讲论少自修之弊；其三，重外学轻国学之弊；其四，重清谈轻实学之弊。章太炎提到一些解决办法，他说："余意惟有严定学额，不取学费，则国用足给，而学子亦不至以买主自大。"但焘还提议："辅之以书院，广之以特征。"章太炎称赞书院的价值道："兴书院，究之方闻之士，经世之才，多于大师讲塾、儒人学会得之，次则犹可于书院得之，而正式学校无与也。"①随后，但焘又撰写了《复书院议》一文，他欲兴书院以救学校之弊。但焘痛陈废科举、设学校后出现之弊端，他称："学制纷乱，士风日媮，议论庞嚣，罔识指归，实学不立，国故沦丧。"书院废除后，导致"经史束阁，典册代薪，炎夏不亡如线"。最终，但焘提倡设置晚清新式书院，并加以创新改制，途径为"略仿经义、治事分斋之制，而别于中置学士院，以处当代宏博之士"。但焘也肯定学校教育是不可抗拒之潮流，书院并不能取代学校，"今日学风之媮，由学制未善，非学校之罪也"。②既然，学校要继续存在并发挥作用，还需要规矩进行约束，但焘进而撰写《学校大法论》对此展开探讨。但焘认为民国以来，之所以出现学子"耳食远西偏颇之论"，甚至"拔本塞源，弃捐一切"的现象，正是学制之弊导致的。解决之道就是为学校教育"树立大法，扫除旧污"，所谓"学校大法，必以《大学》为本，其他形而下者，采远西之所长，以供吾用可也"。章太炎的意图是用《大学》的"八条目"作为指导学校大法的根本精神，"自格物、致知、诚意、正心以至修、齐、治、平"可以兼顾"修己""治人"之平衡。该文最后还记录了章太炎建议大学文学书目应该"由政府特颁"，"定官书"之目的可以"破文人放诞，法家拘牵之弊"。③

---

① 但焘：《改革学制私议》，载于《华国月刊》1924年3月15日，第1卷第7期。
② 但焘：《复书院议》，载于《华国月刊》1924年6月15日，第1卷第10期。
③ 但焘：《学校大法论》，载于《华国月刊》1925年1月15日，第2卷第3期。

第八章　学术民间化之新探索：章太炎与《华国月刊》

章太炎针对时下的学弊，提出一份《中学国文书目》，《救学弊论》一文强调读史，而此书目则促进读者对国学有一个全面了解。1923年初开始，学术界有关于"国学书目"的争论，以胡适和梁启超开列的"国学书目"为讨论的中心。① 章太炎提出这个书目，或许与当时学术界的论争有关联，但并非本文所要关注的问题，我们仅从书目的内容作简要分析。除经、史、子、集四部之外，章太炎还增加了小学、礼制、小说和当代律法类书籍，太炎一直认为小学乃是治经学和诸子学的基础。他在此书目中特别提到经部《尚书孔传》，《诗》毛《传》郑《笺》，《周礼》郑《注》，《春秋左传》杜《解》，他在《华国月刊》中刊发的《与吴承仕论〈尚书〉古今文书》（刊于《华国月刊》第2期第6册）、《读〈论语〉小记》（刊于《华国月刊》第2期第8册），另外章太炎还利用当时新出土的三体石经考订古文《尚书》，从以上我们可以看到，章太炎在《华国月刊》杂志举办的这几年中，比较关注儒家经学著作的研治和阐扬，颇有"回向经典"之势。另外，章太炎与其弟子但焘共同探讨学校制度和教育，对后世很有启发和价值，但焘将这段师生之间的问答式探讨记录到《蓟汉雅言札记》之中，对我们了解这段史实很有助益。

5. 代议制

弘扬民主与科学是新文化运动时期的两大核心议题，然而，在《华国月刊》中，章太炎及其他同人并没有去批判传统纲常礼教，也没有像反传统的激进派那样一味地追求民主和自由。章太炎及其弟子更多的是从制度层面对民主制进行反思，并从中国传统的政治资源中吸取养分，试图设计出一套更适合中国的政治制度。

在民主共和制度之下，章太炎对议会制度深为不满，他曾在《民报》中撰写《代议然否论》一文，深刻地揭露了代议制度不适合中国国情的根由。民国建立以后，议院和国会的建立已经成为既成事实，但是他对代议制的反思却没有停止，他在给章行严的书信中表达了自己的心迹，他说："吾前在日本，逆知代议制度不适于中土，其后归国，竟嗫口不言者，盖以众人所咻，契约已定，非一人所能改革。且国会再被解散，言之

---

① 关于此问题可以参考罗志田《国家与学术：清末民初关于"国学"的思想论争》，生活·读书·新知三联书店2003年版，第六章《机关枪与线装书：关于"国学书目"的论争》第一节。

惧为北方官僚张目,故长此默尔而已。今国会恶名,播于远近,亦无再成之势。穷而思变,人人皆知之矣。然则复理前论,适在今之时也。"章太炎所关注的问题,集中在监督上,一是"议员监督政府官吏",二是"人民法吏监督议员"。章太炎提出的解决之策是:"今以选举元首批准宪法之权,还之国民,此不能不取决于多数,以多数决之而无害者,以其在全体国民,不在代议士也。若夫监督政府,则当规复给事中,监督官吏则当规复监察御史,分科分道,各司其事,监督之权,始无牵制矣。不幸而给事中、御史复有作奸犯科者,不过于一科一道中为之,而非全体为之,则法廷起诉,亦易行矣。"① 但焘作《广章太炎〈代议然否论〉》以阐发章太炎对代议制的见解,文中表达了对章太炎决策的支持,他说:"今之美利坚,以创制、复决、罢免等权,归之人民,亦无窒碍,则代议政体,未为不可变易也。今若以制宪及选举元首之权,归之全民,其事本非艰阻,自此而下,则由政府处置,而别设监察、弹劾之官以纠正之,虽不用代议,亦绰有余裕矣。"② 但焘还相继刊发了《给事中制度论》《御史制度论》《裁道设府议》这三篇文章,对章太炎为了弥补代议制不足所做的制度建设进行阐释和补充。通过章太炎和但焘的努力可见,他们试图对中国传统政治资源进行创造性转化,从而弥补西方民主制度的不足。关于这一段制度建设的史实,其是非功过可能还需要更加深入地探讨和研究才能够揭晓。

(二) 民间道路的坚守

《华国月刊》的保守主义文化取向,是由其成员的学术背景和文化特质决定的,从而造就了月刊与新文化运动中的"西化派"和"俄化派"都保持了相异的立场。从报业史的角度来看,《华国月刊》只不过是那个时代众多的学术期刊之一,与众多的国立大学所举办的学术期刊相比,处于民间地位的期刊确实逊色不少,学者左玉河认为:"民国时期的章太炎、唐文治、马一浮等学者因未能进入现代大学及研究所等现代学术研究

---

① 章炳麟:《与章行严论改革国会书》,载于《华国月刊》1924 年 1 月 15 日,第 1 卷第 5 期。

② 但焘:《广章太炎〈代议然否论〉》,载于《华国月刊》1924 年 5 月 15 日,第 1 卷第 9 期。

第八章　学术民间化之新探索：章太炎与《华国月刊》　229

机构中，故处于学术研究边缘地位，难以对现代学术发展产生太大影响。"① 自《国粹学报》时期，章太炎就努力倡导学术民间化道路，所以他非常珍视戊戌维新之后的两大遗产：报刊—学会，章太炎晚年的最后实践，《制言》杂志和苏州章氏国学讲习会共同构成了培养学术人才和传播学术理念的重要平台，虽然处于民间化地位，但是，他们的影响力却不容小视，其学术地位也值得重新审视。②

三　瞥观《制言》杂志

《制言》，章太炎苏州章氏国学讲习会会刊，1935 年创刊于苏州，原名《制言半月刊》，苏州章氏国学讲习会编，章太炎主编；1939 年第 48 期起更名为《制言月刊》，改由上海制言月刊社编，1940 年 3 月终刊，共出至 63 期。这是章太炎弟子继《民报》《华国月刊》之后的第三次集结性办报。1933 年，苏州各派人士曾举办"国学会"，推选李根源为主任干事，章太炎列名会籍。"国学会"会刊为《国学商兑》，第 2 期起改名为《国学论衡》。章太炎曾撰写《国学会会刊宣言》，内中称："深念扶微业、辅绝学之道，诚莫如学会便。"③ 后因与该会宗旨不合，章太炎宣布退出，1934 年冬，章氏国学讲习会遂创办于苏州。讲习会宗旨为："研究固有文化，造就国学人才。"面对日本侵略进一步加剧，民族危机日益严峻，国学会的建立，聚集了一大批有志于中国传统国学传承的青年，对于凝聚民族精神、抗击外侮，事实上起到了一定的推动作用。同时，章氏国学讲习会所培养的国学人才，更是成为后来中国国学研究的中坚力量。直至今日，余波犹存。④ 太炎弟子沈延国称《制言》在持续时间上足可以与《国

---

① 左玉河：《中国近代学术体制之创建》，四川人民出版社 2008 年版，第 733 页。
② 可以参考田彤所撰《复返先秦：章氏国学讲习会》一文，载于《广东社会科学》，2007 年第 2 期。
③ 《国学会会刊宣言》，载于汤志钧编《章太炎政论选集》（下册），中华书局 1977 年版，第 832 页。
④ 《〈制言〉及苏州章氏国学讲习会》，载于《制言》（第一册），广陵书社 2009 年版，第 2—4 页。

粹学报》相媲美，① 其实，不仅如此，从《国粹学报》到《华国月刊》，再到《制言》的创办，可以说都是针对不同时代的学术思潮所作出的回应。反对欧化主义并保存国粹，进而反思新文化运动之下的疑古、整理国故、文学革命等思潮，目的都是振兴国学。《制言》发刊宣言中称："今国学所以不振者三：一曰，毗陵之学反对古文传记也；二曰，南海康氏之徒以史书为账簿也；三曰，新学之徒以一切旧藉为不足观也。"② 1935年秋太炎弟子孙至诚拜访章太炎时，太炎称某公好奇，曰："今则以今文疑群经，以赝器雠正史，以甲骨黜许书，以臆说诬诸子，甚至以大禹为非人类，以尧舜为无其人。"③ 由此，我们也可以看出《制言》杂志的学术立场与研究旨趣了。

《制言》杂志之创办背景与《国粹学报》最大相似处即面临民族存亡的危机，而在此种危机之下，学术与文化方显其"致用"之功和维系人心之效。章氏国学讲习会成立之时，社会各界名流中亦有不少赞助国学会者，冯玉祥在赞助书札中称："世变日滋，于斯为甚，从事振救，端资讲学。"吴佩孚则在书札中指出："当兹道德陵夷，学术芜杂，人心维危，所关至巨。"陈柱则说："诸先生发起讲学会，宏开绛帐，作风雨之鸣鸡，挽狂澜于既倒，无任赞同之至。"④《制言》创刊前后，章太炎所关注之学术脉络亦需要交代，其一曰读史，其二曰读经。章太炎1932秋在苏州作了题为《读史与文化复兴之关系》的演讲，内中称："以中国幅员之大，历年之久，不读史书及诸地志，何能知其梗概？且历史非第账籍比也，鉴往以知来，援古以证今，此如弈者观谱，旧谱既熟，新局自创。天下事变虽繁，而吾人处之裕如，盖应付之法，昔人言行往往有成例可资参证。史之有益于吾人如此，今乃鄙夷至不屑道，于是国事日棘，而应之者几无不露其捉襟见肘之窘焉。"章太炎认为复兴文化必须经过读史这一环节，他

---

① 沈延国：《记章太炎先生·在苏州》，载于陈平原、杜玲玲《追忆章太炎》，生活·读书·新知三联书店2009年版，第329页。

② 章炳麟：《发刊宣言》，载于《制言》1935年9月1日，第1期，广陵书社2009年版，第5页。

③ 孙至诚：《谒余杭章先生纪语》，载于《制言》1936年9月16日，第25期，广陵书社2009年版，第2738页。

④ 《赞助章氏国学讲习会书札》，载于《制言》1935年9月1日，第1期，广陵书社2009年版，第95—96页。

说："对于本国文化，相与尊重而发扬之，则虽一时不幸而至山河易色，终必有复兴之一日，设国民鄙夷史乘，蔑弃本国文化，则真迷失本性，万劫不复矣！"① 1935年4月章太炎在苏州章氏星期演讲会作了题为《论读经有利而无弊》的演讲，他首先点明经学乃"儒家之学，不外修己治人，而经籍所载，无一非修己治人之事"。章太炎晚年对经学的理解无疑带有很强的经世致用色彩，他视经学和史学一样皆具有"光复旧物"之价值，不仅可以拯救民心，还可以复兴民族文化，"设或经学不废，国性不亡，万一不幸，蹈宋明之覆辙，而民心未死，终有祀夏配天之一日"。② 从拯救民族危亡的角度，史学的作用则更加重要，章太炎认为："纵令分部如此，旷观海外通达之国，国无经而兴者有矣，国无史未有不沦胥以尽者也。夫中国之娄绝复续者，亦国史持之耳。"③ 在这一学术认识之下，章太炎向友人谈及晚年治学心路时说："忧患之馀，所得者独《春秋》一经，近更研治《尚书》，前后已刊行未刊行者，约得百馀事，要使文义条达，章句不芜，略与高邮《述闻》、瑞安《駢枝》骖驾而已，未敢云疏通知远也。国家兴废，既与秦汉不同，今虽有张苍、伏生之寿，欲何所待，且效宋元间金华诸子保其残绪耳。"④ 章氏国学讲习会之中，经部的《尚书》和《春秋》由章太炎亲自主讲，亦可见章氏晚年治经学之路向。

《制言》杂志的版面革新，得益于太炎弟子钱玄同的建议，钱氏在致潘景郑的信中提及是否可由潘氏向太炎建言在编辑时使用"新标点、新行款及注音符号等"，⑤ 最终为章太炎所首肯。钱玄同比较关注《制言》杂志的发行及其内容，在章太炎去世之后，他在致潘景郑的信中述及了章太炎的历史功绩，指出："先师尊重历史，志切攘夷，早年排满，晚年抗

---

① 章太炎：《读史与文化复兴之关系》，载于马勇编《章太炎讲演集》，河北人民出版社2004年版，第107—110页。

② 章太炎：《论读经有利而无弊》，载于马勇编《章太炎讲演集》，河北人民出版社2004年版，第211页。

③ 章太炎：《与李源澄》，载于马勇编《章太炎书信集》，河北人民出版社2003年版，第951页。

④ 章太炎：《与邵伯絅书》，载于汤志钧编《章太炎年谱长编》（增订本·下册），中华书局2013年版，第857页。

⑤ 钱玄同：《致潘景郑》，载于《钱玄同文集》（第六卷·书信），中国人民大学出版社2000年版，第302页。

日，有功于中华民族甚大。其思想得力于《春秋》，《国故论衡》之'原经'篇中说明此旨，去年所讲之'经学略说'亦及此义。"① 章太炎的民族主义思想贯穿其一生，起源于《春秋》，终止于抗日救亡，钱玄同的总结亦可算作得其真味。《制言》杂志的影响波及海外，据美国旧金山苏醒之的来件可以知晓，苏醒之在来件的末尾赞叹道："今者朴学大师，余姚章太炎，昔以开革命先风之笔，继俞曲园经学大家后，而为经史字学之究，傍及耶佛时学。以其研究真切，著作之富（有《章氏丛书》数十种），国内学者，咸见而让步。近闻又有虎邱讲学之说，要人助之于上，名流赞之于下，不数月而大事以成。然则章氏将发掘五千年来未曾发之宝藏以遗世耶？抑欲整理国故，以启后人耶？抑为中西学术之融会沟通耶？抑欲振纲纪，以正世道人心耶？因是有无限之希望存焉。"② 从《国粹学报》的"保存国粹"，经由《华国月刊》的"甄明学术"，再到《制言》的"整理国故"，其实质还是要实现中西学术之间的融通与转型。

四 结语

论及《华国月刊》所造成的影响，下面则以钱玄同和胡适的一段书信往还为例加以说明。钱玄同在1925年5月10日致胡适的信中记述道："《华国》二册奉上。我稍微有些错记，他底文笔里并没有说到'科学方法'，但他骂提倡新文化、新道德为洪水猛兽，自是指吾辈而言。……又以'学者浸重物理'为'率人类以与鳞爪之族比'，则反对研究科学，旗帜甚为鲜明矣。是则'敝老师'底思想，的的确确够得上称为昏乱思想了。我以为他这种思想，其荒谬之程度远过于梁任公之《欧游心影录》。吾侪为世道人心计，不可不辨而辟之也。"钱玄同文中的"他"和"敝老师"就是章太炎，他写此信的目的就是希望胡适可以出来做"思想界底医生"展开批判。③ 钱玄同所引述的文章是章太炎刊发于《华国月刊》中的《〈王文成公全书〉题辞（附后序）》一文，前文已经提到章太炎在该

---

① 钱玄同：《致潘景郑》，载于《钱玄同文集》（第六卷·书信），中国人民大学出版社2000年版，第305页。

② 《海外应声》，载于《制言》1935年12月1日，第6期，广陵书社2009年版，第525页。

③ 钱玄同：《致胡适（十三）》，载于《钱玄同文集》（第六卷），中国人民大学出版社2000年版，第114—115页。

文后序中批判了新文化运动的倡导者,自然引起了其弟子钱玄同的不满。胡适在回复钱玄同的信中称:"《华国》《学衡》都已读过。读了我实在忍不住要大笑。近来思想界昏谬的奇特,真是出人意表!我也想出点力来打他们,但我不大愿意做零星的谩骂文章。这种膏肓之病不是几篇小品文字能医的呵。'法宜补泻兼用'。补者何?尽量输入科学的知识、方法、思想。泻者何?整理国故,使人明了古文化不过如此。"[1] 通过胡适的言论,我们看到作为"新派"人物的他自然视《华国》和《学衡》为"昏谬",是新文化派打击和批判的对象。章太炎晚年提倡读经被时人视为保守和落后,他自己却认为:"今日一切顽固之弊,反赖读经以救。"他强烈地批判了新文化运动兴起后,反传统之说误导人入歧途,他指出:"今者新奇之说,流为格言,日驱人于顽固而不返者,曰'发展个性也'。曰'打倒偶像也'。发展个性,则所趣止于声色货利,而礼义廉耻一切可以不顾。打倒偶像者,凡一切有名无形者,皆以偶像观之,若国家,若政治,若法律,若道德,无往而非偶像者,亦无往而不可打倒者。洵若是,则于禽兽奚择焉?世以是乱,国以是危,而种族亦将以是而灭亡矣。今学校之弊,既至如此,而国家岁费巨亿,以育人才,卒造成特殊之盐商子弟,长此以往,宁堪设想?论者不自病其顽固,而反惧经学之致顽固乎?"章太炎认为如《论语》中所言的"兴于诗,立于礼,成于乐"可以"陶熔百千万人",[2] 章太炎非常注重传统经典的教化之功,文化传统中同样包含兴起民德的优良因素。所谓保守派和西化派之间的立异,大致就是对待传统的态度不同,若从整理国故的角度来看,即围绕"国故之生死"问题存在不同立场。金耀基先生在研究传统与现代化的关系时指出:"五四对中国文化的重估,实际上是走上了激进的反传统道路,在五四一代的精英层的思维中,中国的文化传统是中国现代化的阻力与障碍,把'传统'与'现代'看成对立性的两橛,因而批判传统常变成打倒'传统',亦且成为一种风尚。实际上传统中尽有与现代化不止不相冲突,亦且正可以成为现代化的助力与资源,世上可以有不同形态的'现代化',但决没有'没

---

[1] 胡适:《致钱玄同》,载于耿云志、欧阳哲生编《胡适书信集》(上),北京大学出版社1995年版,第360—361页。

[2] 章太炎:《论读经有利而无弊》,载于马勇编《章太炎讲演集》,河北人民出版社2004年版,第210—216页。

有传统的现代化'"。①

　　章太炎晚年之所以被认为保守、倒退、落伍,在激进的反传统的潮流之下,人们"厌常而喜新"的心理,自然地裹挟着那些固守自己思想和传统的人成为"旧派"人物,前文已经列举汪东、黄侃和吴宓的论述,他们并不认为新旧文化、新旧知识之间存在一鲜明的界限,更不能以新旧定是非,《国故》月刊社曾经向《公言报》辩解"论北京大学新旧学派一条"时指出:"时至今日,学无新旧,唯其真之为是。"② 所以,在保守主义者看来,并不存在新、旧之分,"守旧"之说更是无稽之谈。如果从保守主义学者的代际因素考虑,章太炎与刘师培大致属于清末民初这一时期,而学衡派同人则属于五四时期,那么后者不同于前者的地方,正在于他们"注重借用西方现代的研究方法,从哲学和文化学层次上去建构自己保守主义的文化理论","更具有原创性和影响力"。③ 章太炎和刘师培正是近代学术体制转型中承前启后的学者,在绪论中,笔者已经指出不少学者提出平视"五四"和"辛亥"学术的见解,我们不能够以新一代的诞生而视上一代的学者为"守旧",这样就会陷入"庸俗进化论"的误区。

---

① 金耀基:《五四与中国的现代化》,载于郝斌、欧阳哲生主编《五四运动与二十世纪的中国》(暨"北京大学纪念五四运动 80 周年国际学术研讨会论文集"),社会科学文献出版社 2001 年版,第 65 页。

② 万仕国:《刘师培年谱》,广陵书社 2003 年版,第 272 页。

③ 郑大华:《民国思想史论》,社会科学文献出版社 2006 年版,第 113 页。

第九章

章太炎传播思想探析

　　章太炎的传播思想不仅融入了时代潮流，同时也独具特色。他在办报实践中坚持政治与学术的双向进路，所以他的传播思想都统摄在政治与学术的脉络之下，前述第一章已指出章太炎一生的办报经历可分为三个部分：革命宣传、舆论监督和保存文化。章太炎在革命宣传中关注民权和民众的启蒙问题，而对民众的启蒙又以对清末士人的思想和学术的启迪为先导。章太炎以报刊为平台对政府进行舆论监督，历经清末、北洋和南京国民政府时期，可谓贯穿他的一生；章氏在办报中坚持独立立场，在政治宣传中不畏强权，在学术传播中护持"求是"底线，这些无不体现章氏传播思想中的自由主义色彩。纵观章太炎的一生，他深受民族主义思想的熏染，爱国思想成为章氏传播思想的主线，将学术思想的传播提升到"学战"层面，进而保存文化。在报刊文体方面，章太炎比较关注报刊文体传播的雅俗之辨，章太炎在坚持报刊文体的文学性之外，还注重利用报刊登载演讲等形式，力图用白话文加强思想的传播效力。

一　清末革命传播主题之下的启蒙因素

　　清末自康有为、梁启超鼓吹维新变法以来，在传统经世思潮和西学东渐潮流的共同熏染下，学界掀起了强劲的以"开民智"为目标的启蒙思潮，在这十余年中，章太炎走出书院开创了自己独具风格的报人生涯。在西方科学技术的冲击之下，清末学者们便不得不面对传统中学如何向近代"新学"转型的问题，章太炎的思想较为敏锐，他在接触报刊之初，便开始探索这一问题了。

（一）传播西学以开民智

章太炎于 1900 年 7 月公开与清廷决裂，在这之前他利用报刊对民众进行启蒙主要体现于传播西学，并比较中西方制度、科学技术和学术的优劣。章太炎在这一阶段刊发的报刊文章中，通过对中西方文化与制度的比较，形成了自己独特的文化观。

1. 翻译西书西报：传播西学的首要任务

章太炎在任《时务报》主笔时，在其所撰写的《论学会有大益于黄人亟宜保护》一文中指出中国当时面临的形势是"小雅尽废，四夷交侵"，所以他试图在文化层面和政治层面都要振起并有所作为，这两个方面成为他日后宣传的重心。章氏主张立学会以达"昌吾学""强吾类"的效果，他提倡革政的目的在于"礼秀民、聚俊才"。[①] 学校是传播西学、西政的良好场地，而报刊则是传播西学、西政的良好平台，译介西方书籍和报刊又成为宣传西学的重要途径。

章太炎极力鼓吹墨子的格物致知精神，他在《〈实学报〉叙》中称赞墨翟道："其声、光、热、重之学，奭然为诸子最。"[②] 章太炎利用中国传统学术思想资源来阐释西方学说，实现中西的互通，利用西学观念以发掘中国传统学术的现代价值。章太炎在《读〈管子〉书后》一文中盛赞《管子》中的《侈靡》篇，称该篇"可谓知天地之际会"，从而道出了西方近世商业资本兴起的缘由。[③] 管仲对侈靡的见解之所以能够回答后世西方商业兴起，正在于管仲对天地时运的把握比较准确，他的思想具有预见性是基于对事物发展规律性的体认。章太炎通过对中西学术思想的沟通，试图为传播西学做好舆论的准备，进而为宣传译介西方学说铺平道路。章太炎在《〈实学报〉叙》一文中称报纸应该"以译书为鹄的，以译事为乏，相为裨辅"。[④] 章氏在《译书公会序》一文中详细阐明了翻译西书的重要性，他指出自中西通商以来，中国翻译的西方书籍仅有四百种，而且主要来源于报纸，但是列国经典著作和变法急需的著作十分欠缺，所以应

[①] 章炳麟：《论学会有大益于黄人亟宜保护》，载于《时务报》1897 年 3 月 3 日，第 19 册，第 4—7 页。

[②] 章炳麟：《〈实学报〉叙》，载于《实学报》1897 年 8 月 28 日，第 5 页。

[③] 章炳麟：《读〈管子〉书后》，载于《经世报》1897 年 8 月 22 日，第 3 册，第 25 页。

[④] 章炳麟：《〈实学报〉叙》，载于《实学报》1897 年 8 月 28 日，第 4 页。

第九章　章太炎传播思想探析

该全面翻译西方著作，包括"公法律令、学政管制、格物商务"等诸多方面。①章太炎所鼓吹的译书原则，无一例外地体现在他所参与的报刊之中。翻译西方各国报纸的文章以拓展新知、扩充见闻成为变法前后驱新报刊的一种潮流。从章太炎首次出任撰述的《时务报》到任主编的《亚东时报》，这些报刊无不体现了译介西方新知新闻的特点，比如《经世报》第二册所翻译的西方各国报刊文章比较丰富，涉及《中法新汇报》、英京《自立报》、英国《泰晤士报》《法国时报》《英华政报》《巴黎时报》，共计六种报纸。章太炎还亲自笔译西书，他在《昌言报》中连续刊载了《斯宾塞尔文集》，该文体现了章氏对于西方社会发展原理和自然科学的理解，从他编译的内容可见他对西方技艺的推崇，《文集》第一论指出："既而合群以成一艺，如造时辰表者、制玻璃者，皆是也。顷之，则一国之艺，分省而治。……又继此而后成国，则考工始精。而器用之良窳，物产之美恶，必睨一国以为鹄。"②章太炎所译的斯宾塞尔的进境之理，乃是一种社会进化之理，或者叫作变化，随着人类互相交通，各国技艺也在相互竞争。章氏编译此文的目的正是要指明中国只有变（法）才能在社会竞争中生存。由这一时期可以看到，章太炎努力宣传西艺、西法，为破除守旧之人的陈腐观念作出了较大贡献，他还着力在舆论中对传统学界中存在的空谈与虚文的风气进行批判。

在《台湾日日新报》任撰述期间，他撰写了《人定论》一文，利用自然科学破除上古人民的愚昧见解，他指出："实验之学不出，而上古愚人之惑，亘千世而不解。"③章太炎为经世实学开辟道路，他批判晚明心学流入狂禅一派而学风空疏，指出："昔明之季，尝以谈禅为荣矣。志节虽盛，而其气呰窳，无能济变。其贤者则以王之厨馔嫔御腥蝼膻恶而不可近，而视天下事若尘垢；不贤者则藉巧说琦辞以为名高，至于敌情之狡诈，兵力之盛衰，地形之险易，蓄藏之充虚，一切不省。"④章氏借古以喻今，言明清末学风与明末相近，在《译书公会序》一文中他又直接批

---

①　章炳麟：《译书公会叙》，载于译书公会会报报馆编《译书公会报》1897年11月1日，第2册，中华书局（重印），2007年版，第2页。

②　曾广铨采译，章炳麟笔述：《斯宾塞尔文集》（续），载于《昌言报》1898年8月27日，第2册。

③　章炳麟：《人定论》，载于《台湾日日新报》1899年1月24日，第222号，第1版。

④　章炳麟：《变法箴言》，载于《经世报》1897年8月，第1册，第24页。

判晚清学人对于"列国之要最，肘腋之隐患，一切不省"，近世五十年以来，"士大夫不治国闻，而沾沾于声病分隶，戎士视简阅仅若木熙，无一卷之书以教战者，怀安饰誉，其祸遂立见于今日"。① 最终，章太炎借助斯宾塞尔的社会进化理论表达对守旧之士的批判，《文集》指出："彼浅见寡闻者，见格致日进，而己所依倚之理，将败绩失据，则大声而丑娸之，斯可哂也。"② 其目的都是宣传他在《译书公会叙》一文中所表达的主旨：左政法、开民智。

2. 平视中西的文化观

中西方交通以后，政治、经济和学术思想诸多方面都相互碰撞，如章太炎这样的转折时代的学者便不得不比较中西双方的各自特点和地位。

章太炎从种族相异的角度提出种族不同则文化不同的观点，他在《论学会有大益于黄人亟宜保护》一文中指出："均是人也，而修短有异，黄白有别，则德性风俗亦殊。"③ 章太炎对中西方种族的认知，已经超越了传统经学对华夷之辨的理解，具有了近代平等精神的趋向。章太炎在《变法箴言》一文中对中国学界中存在的妄自尊大的"西学中源"说进行了批判，④ 章氏批评这种认为西方先进的技术都是出自中国的观点，指出他们只会助长学者的虚骄自满。章太炎虽然倡导士人革新观念沟通中西之学，却不能容忍时人以媚态对待西方。他曾指出："邑里儇子故尝习西书者，始掉头而不返，复与西人居，睹其储藏而窥其械用，震怖于其宫室服食之都丽，乃苦不能自致，而愿为之赘属。其悦西国者，为是悦也；其诟中国者，为是诟也。"⑤ 章太炎批评当时的轻佻之士因西方的物质文明而产生的渴慕之情，进而产生对中国的鄙夷之情。其实当时的学者在认识西方的过程中也萌发了器物和思想文化层面的不同。宋恕在《〈经世报〉叙》中指出："今之言变法者，动欲步武泰西，一若中法举无可采。然试

---

① 章炳麟：《译书公会叙》，载于译书公会会报报馆编《译书公会报》1897 年 11 月 1 日，第 2 册，中华书局（重印），2007 年版，第 2 页。

② 曾广铨采译，章炳麟笔述：《斯宾塞尔文集》（续第六册），载于《昌言报》1898 年 10 月 30 日，第 8 册。

③ 章炳麟：《论学会有大益于黄人亟宜保护》，在于《时务》1897 年 3 月 3 日，第 19 册，第 3 页。

④ 参见前文中第三章中（二）《对维新变法之宣传》一节的内容。

⑤ 章炳麟：《变法箴言》，载于《经世报》1897 年 8 月，第 1 册，第 27 页。

问俄、法、英、德、花旗、日本各雄国,植民之政,其教养生聚,有能出吾唐虞、六府、洪范、八政、周官三百六十属之外者乎?"宋氏承认西方的机器制造技术极为精巧,但是中国先秦的实体达用之学并不逊色于近世之西方,原因正在于中学里的经世传统隐而不彰,"久久失其传耳"。宋恕还举例说明日本人也是黄种,他们崛起的原因正是"师白而宗儒",①"师白而宗儒"正与日本明治时期的教育理念"和魂洋才"相合。由此,我们可以看到当时的一些学者,他们并不承认中国的思想文化比西方落后,对于中国科学技术的失落他们也试图寻找其原因所在。所以我们看到,章太炎由种族进而关注中西方之间科学、学术等方面的差异,逐步形成了一种包容性的多元文化观。

戊戌前后的章太炎在传播西学、启迪民智的过程中,逐渐认识到民权的兴起是时代的潮流,这也为他后来反思君主专制制度和走向革命奠定了思想的基础。

3. 民权意识的萌芽

章太炎在赞同变法时期的报刊宣传中,他强调兴学会、办报刊以"昌吾学""强吾类",② 章太炎频繁地使用"黄种"一词,这与他致力于宣传合群共御外辱有很大关系,在他的眼中,种族是作为一个整体出现的,甚至扩大到亚洲黄种民族。既然要强大种族,自然要开启民众的智慧,"民智欲开,转相效放,自兹以往,中国四百兆人,将不可端拱而治矣。……居今之世,将欲壅遏民气,使不得伸,无论其无成绩也"。③ 章太炎可谓为他的开民智、兴民权的舆论宣传开了一个好头,在后面的政论中不断加强宣传,到他任《台湾日日新报》特约撰述的时候,可谓达到高潮。

民权和君权始终是学者们关注的问题,章太炎在论述他的平等观时也探讨了他对两者的看法,他论述道:"古者谓君曰林烝,其义为群,此以知人君与烝民等,其义诚大彰明较著也。"④ 这里的"等"字表明了章氏将君与民等视的态度,进而他继续指出近世乃是商业化时代,君主以政治

---

① 宋恕:《〈经世报〉叙》,在于《经世报》1897年8月,第1册,第5、7页。
② 章炳麟:《论学会有大益于黄人亟宜保护》,载于《时务报》1897年3月3日,第19册,第5页。
③ 同上书,第6页。
④ 章炳麟:《平等论》,载于《经世报》1897年8月12日,第2册,第28—29页。

权威干预市场规律的现象已经不能为"民权之世"所容了，他是想言明世界是由"君权之世"向"民权之世"过渡。① 1898年底戊戌变法失败之后，章太炎避地台湾担任《台湾日日新报》特约撰述，这一时期他的思想开始逐步趋向革命，从他撰写的宣传民权的文章可以感受到。或许与身处大陆之外亦有关系，章太炎已经不能满足于"开瀹民智，以为招携怀远之具"的传播西学的现状，② 他开始称颂民主制度，"晚近五洲诸大国，或立民主，或崇宪政，则一人之尊日以骞损，而境内日治"。他还批判那些妄人"荼生民、覆宗稷"，"其行迹乃多与官天下相似"。③ 对于称颂君权的人们，他通过为康有为辩护的方式，指斥道："今之言君权者，则痛诋康氏之张民权；言妇道无成者，则痛诋康氏之主男女平等。"④

章太炎在戊戌变法失败之后，排满思想日益萌芽，兴民权的言论也日渐明显，表现最为突出的就是在《台湾日日新报》任撰述的阶段，这一阶段的历练为他日后在《苏报》《民报》等刊物中宣传革命排满思想做了理论和实践的双重准备。

（二）恢廓民权

章太炎与清廷决裂后逐渐开始宣传革命，利用革命思想的宣传以开民智，这一阶段的革命宣传以《民报》为高潮，恢廓民权成为传播思想中的核心，进行道德批判为革命开辟道德，同样属于启蒙的范畴。

自从章太炎撰写了《驳康有为论革命书》一文后，《苏报》将该文删节并登载，于是该文成为清末革命风潮中极有影响力的文献。章氏所鼓吹的"以革命开民智"的思想在那时起到了振聋发聩的作用。特别是章氏在《苏报》中所撰写的《客民篇》一文，笔者以为该篇的作用在于揭示民权的主体性和重要性。⑤ "苏报案"风潮之后，经历了与清廷和租界当局的斗争后，章太炎对中国缺乏民权有了更加直观的感受。三年西牢生活之后，当他前往日本主持《民报》之时，兴民权的潮流已经汇入《民报》

---

① 章炳麟：《读〈管子〉书后》，载于《经世报》1897年8月22日，第3册，第25页。

② 章炳麟：《答梁卓如书》，载于《台湾日日新报》1899年2月5日，第227号，第5版。

③ 章炳麟：《书〈原君篇〉后》，载于《台湾日日新报》1899年2月10日，第231号，第3版。

④ 章炳麟：《〈翼教丛编〉书后》，载于《五洲时事汇报》1899年第3册。

⑤ 参见前文第四章二、《作为〈苏报〉撰稿人的章太炎》。

同人的思想意识之中。

　　孙中山在《民报》中宣传的三民主义同样强调民权，他指出："罗马之亡，民族主义兴，而欧洲各国以独立。洎自帝其国，威行专制，在下者不堪其苦，则民权主义起。"①《民报》同人在孙中山的旗帜之下，极力鼓吹民权，陈天华刊发《论中国宜改创民主政体》一文，该文从排满和反专制两个方面进行剖析，就排满而言作者称："现政府之不足与有为也，殆已成铁据。其一由于历史。……第二由于种族。今之政府，非汉族之政府，而异族之政府也，利害既相反，则其所操之方针，不得不互异。"针对中国专制制度，作者批判道："中国经二十余朝之独夫民贼，闭塞其聪明，钳制其言论，灵根尽去，锢疾久成，是虽块然七尺之躯乎，而其能力之弱，则与未成年者相差无几，遽欲与他人之成年者同享自由之福，其可得乎？"陈氏认为："欲救中国惟有兴民权改民主。"他赞颂中国人民道："吾民之聪与明，天所赋与也，于各民族中，不见其多逊。……特被压制于历来之暴君污吏，稍稍失其本来，然其潜势力固在也。"② 我们看到《民报》同人大致都是按照这两个方向进行革命宣传的，在兴民权的探索中，革命派人士逐渐看到国民性的重要，欲使国民恢复到文明的境界。马君武在《帝民说》中详细地介绍了卢梭民权学说的思想起源，言明："主治者管制被治者，被治者亦管制主治者，而人民永宁矣。"③ 我们看到，在章太炎任《民报》主编之前，《民报》同人对于革命和民权的宣传已经比较丰富，所以章氏在接手《民报》之后，在政治方面主要围绕国民道德的改造而进行宣传。④

　　章太炎在《民报》中另开一种路径，宣传鼓吹佛教，原因正如他在《演说录》中所定下的基调："所以提倡佛教，为社会道德上起见，固是

---

　　① 孙文：《发刊词》，载于《民报》1905年11月26日，第1号，第1页，科学出版社1957年版。

　　② 思黄：《论中国宜改创民主政体》，载于《民报》1905年11月26日，第1号，第42、43、48—49页，科学出版社1957年版。

　　③ 君武：《帝民说》，载于《民报》1906年8月2日，第2号，第5—6页，科学出版社1957年版。

　　④ 章太炎利用宗教改造国民道德这一主题参见前文第五章第三节《〈民报〉与革命舆论的构建》中第四小节《章太炎与革命道德之舆论构建》中的相关内容。

最要；为我们革命军的道德上起见，亦是最要。"① 章太炎努力鼓吹宗教和国粹，并致力于沟通二者与革命宣传之间的关系。毫无疑问，营造宗教和国粹的舆论乃是为了种族革命，但又不止于种族革命。章太炎革命舆论的构建，其思考维度和视野较为广阔，他所理解的种族革命不是纯粹以复仇为目的，同样也不会违背"恢复人权"，"为苍生谋其利益"的革命目的。② 章太炎在《国家论》一文中详细地阐述了国家与人民的关系，他指出："若夫国家之事业者，其作料与资具，本非自元首持之而至，亦非自团体持之而至，还即各各人民之所自有。"③ 该文从学理上分析并站在人民的立场上批判国家仅是一种概念上的存在，并非实有。最终，他的理想是要实现亚洲诸多国家的政治制度转型，实现共和制政体。然而，国家欲实现民主共和，还需要一个前提，那就是："中国以外无各列强之环伺"，④ 所以在章太炎的宣传中排满虽然是首要任务，但帝国主义的问题同样需要考虑和解决。

纵观《民报》时期章太炎的传播思想，是以道德批判的方式进行革命的宣传，以革命启迪民智，他对于民权的鼓吹往往为时人所忽略，甚至革命党人也对他产生误解，但是他对当时的青年毕竟产生了影响，比如黄侃所撰写的《哀贫民》一文就能体现其师章太炎的影响。黄侃首先指出："核民之数，富者寡，而困苦者不可亿计也。""山泽之农，浮游飘转之匄，通都大邑之裨贩，技苦窳而寓食于人之百工，其趣异而困苦颠蹇一也。"最后，他表达了对贫民的同情，并呼吁他们起来改变命运。他借贫民之口说道："殪此富人，复我仇雠，复平等之真，宁以求平等而死，毋汶汶以生也。"⑤ 由此，我们能够看到章太炎利用佛教提倡平等的用意，

---

① 太炎：《演说录》，载于《民报》1906年7月25日，第6号，第9页，科学出版社1957年版。

② 太炎：《定复仇之是非》，载于《民报》1907年9月25日，第16号，第27页，科学出版社1957年版。

③ 太炎：《国家论》，载于《民报》1907年10月25日，第17号，第7—8页，科学出版社1957年版。

④ 太炎：《中华民国解》，载于《民报》1907年7月5日，第15号，第15页，科学出版社1957年版。

⑤ 运甓：《哀贫民》，载于《民报》1907年10月25日，第17号，第25、32页，科学出版社1957年版。

"因为佛教看一切众生,皆是平等",① 章太炎利用佛学探讨人的自性问题,在《人无我论》一文中,他指出:"能证无我,而世间始有平等之大慈悲。"② 章太炎利用佛教学理进行社会平等思想的宣传,并无违背《民报》的六大主义,而是从另外的思考维度进行的阐发,其目的正是"恢廓民权",③ 对于民权的追求正是章太炎在革命宣传过程中所持有的最可宝贵的思想动力。

二 传播思想中的自由色彩

在前文第四章第五节第二子目《行动的自由主义者》中,笔者曾提出章太炎是"行动的自由主义者"这一观点,主要针对章太炎的报刊生涯和他对言论自由的追求。下面将继续围绕章太炎传播思想与自由主义的关系进行探析。

西方学界关于自由主义理念的阐释表现为两种自由观,一种是古典自由主义者所标榜的消极自由观,其表达形式为,"一方面是免于干涉和独立,另一方面是有权参与集体决策"。另一种是积极自由观,其观点是,"充分意义上的个人自由涉及拥有自我实现的机会",当然这种黑格尔式的积极自由观受到了柏林和哈耶克的批判,因为他们认为"这是一种不利于平等自由的自由理想的等式"。④ 我国学者顾肃在论述自由含义时指出:"自由主义者所阐述的自由行动指的是自愿的不受强制的行动,也就是个人不受威胁或其他形式的强制、出于自愿选择而作出的行动。"⑤ 目前学术界对章太炎的自由观和自由思想的研究并不多,蔡志栋在《章太炎自由观新探》一文中从形而上学领域的自由、认识论领域的自由以及道德哲学

---

① 太炎:《演说录》,载于《民报》1906年7月25日,第6号,第9页,科学出版社1957年版。

② 太炎:《人无我论》,载于《民报》1907年1月25日,第11号,第13页,科学出版社1957年版。

③ 可参见前文第五章第一节子目(二)《章太炎主办〈民报〉之理念》相关内容。

④ [英]约翰·格雷:《自由主义》,曹海军等译,吉林人民出版社2005年版,第81—83页。

⑤ 顾肃:《自由主义基本理念》(修订本),译林出版社2013年版,第51页。

领域内的自由三个角度，进行了探讨。① 在作者看来，章氏思想中的对"大独"精神的推崇、对庄子《齐物论》的阐释、对中国传统"儒行"的提倡等方面，都可以成为他与自由观念对话的思想因子。学者张育仁试图找寻章太炎在革命传播过程中的自由主义精神因素，作者所阐述的"俱分进化论""佛学革命论"与自由主义的关系显得牵强，但作者所指出的，"与孙中山相较，他最大的特点恐怕是：多有自由主义的个人表现，而少有系统、周密的自由主义理论"，② 这是颇为符合实际的。那么，章太炎是否可以算作自由主义者呢？根据殷海光先生对自由主义者性质的概括：一、抨孔；二、提倡科学；三、追求民主；四、好尚自由；五、倾向进步；六、用白话文。③ 虽然，章太炎占了五项，而且他也并不反对白话文，但是他并不能算典型的自由主义者。但是，章氏的思想中保守主义的倾向是很浓厚的，基于此"保持各种道德传统和文化传统是持久进步的一个必要条件"。④ 保守主义的倾向最终还是汇入了自由主义思想的源流之中了，章太炎在报刊中对自由和平等的鼓吹正是为了"恢廓民权"的需要，章太炎借译介西书和阐释传统文化资源以达到传播自由思想和理念的价值，则往往被我们所忽略。

章太炎笔述的《斯宾塞尔文集》中曾指出："真变法者，断不以规模古旧而尊之重之，亦不以前人之言通为可信，凡事必协于理而平其等，必使人人各自由，各自求其所好，各不侵占权利，彼此无犯。"⑤ 由此，我们可以想见章太炎对自由权利的边界问题已经有所接触和了解。其实，章太炎对自由权利的探讨和宣传，是以对中国传统学术思想的新阐释为途径的，这往往使人产生误解。现以章氏对庄子《齐物论》的阐释为例进行说明，章太炎在论述个体与群体之间的关系时反对"以众暴寡"，希望能够达到"循齐物之眇义，任夔蚿之各适，一人百族，势不相侵，井上食李

---

① 蔡志栋：《章太炎自由观新探——以其与中国传统思想的对话为中心》，载于《深圳大学学报（人文社会科学版）》，2011年11月，第28卷第16期，第139页。

② 张育仁：《自由的历险：中国自由主义新闻思想史》，云南出版社2002年版，第169页。

③ 殷海光：《中国文化的展望》，商务印书馆2011年版，第269页。

④ [英] 约翰·格雷：《自由主义》，曹海军等译，吉林人民出版社2005年版，第120页。

⑤ 曾广铨采译，章炳麟笔述：《斯宾塞尔文集》（续第六册），载于《昌言报》1898年10月30日，第8册，第2页。

之夫，犬儒裸形之学，旷绝人间，老死自得，无宜强相陵逼，引入区中，庶几吹万不同，使其自己。"① 1908年章太炎正在东京讲授国学，其中《庄子》正是他所讲述的内容之一，章太炎对于西方学理的介绍，正是融入了中国传统学术的内容和语言习惯，其本质还是为了贯通中西学理。章太炎透过学术研究以传播平等和自由理念，并不会因为他没有形成周密的自由主义理论而失去现代性的价值。

三　一以贯之的爱国情怀

(一) 爱国与兴民权的统一

戊戌前后，章太炎提倡"以革政挽革命"，在他的言论中，"中国"一词频繁出现，这是相对于泰西列国而言。《民报》时期章太炎对于国家的认识进一步深化，形成了他自己的国家观，进而对爱国的宣传也独具特点。爱国思想在章太炎的传播思想中是贯穿一生的，一直到晚年面对日本侵华的紧迫性，他再次奔走呼号宣传抗日救亡的主张，无不建基于对民族和国家的热爱的基础之上。

章太炎走上革命道路之后，摆脱了赞同变法之时的那种"辅佐君国、兴起宗邦"的理想，章太炎所表达的爱国则包含两层含义，第一是排满、反对专制，第二是反对帝国主义国家的侵略。早在1899年撰写的时论中，章太炎就已经明确区分了"忠君"与"爱国"的不同内涵，他指出："故其上者，忠君之忿重，而爱国之情轻；其下者，保宠之愿深，而立名之志浅。"② 排满则逐步成为爱国与爱民的逻辑前提，在《驳〈革命驳议〉》一文中，章太炎等人认为："夫中国国民，固为全国之主人翁，若今之政府，不能尽公仆之天责，而反摧夷辱戮我民为快，直群盗之尤无赖者耳！"③《民报》时期章太炎从学理层面对国家的内涵进行了阐释，另外，他对于帝国主义国家的认识也进一步深入。章太炎站在民族主义立场上，

---

① 太炎：《〈无政府主义〉序》，载于《民报》1908年4月25日，第20号，第130页，科学出版社1957年版。

② 章炳麟：《失机论》，载于《台湾日日新报》1899年4月5日，第274号，第3版。

③ 汉种之中一汉种：《驳〈革命驳议〉》，载于《苏报》1903年6月12日，第2488号，载于罗家伦主编《中华民国史料从编》，中国国民党中央委员会党史史料编纂委员会，1983年版。

他的爱国必定先要爱种，实现种族的自由和权利。章氏欲"用国粹激动种性，增进爱国的热肠"，利用文学复古增强"爱国保种的力量"。他所谓的提倡国粹首先要求人们爱惜汉种的历史，而历史又包括语言文字、典章制度和人物事迹。① 章太炎所谓的爱国已经超越了具体的作为政治意义层面上的国家，而扩展到了文化层面，所以他在《中华民国解》一文中指出："中华之名词，不仅非一地域之国名，亦且非一血统之种名，乃为一文化之族名。"② 章太炎认为国家区分文明与野蛮依靠的是礼仪之教，而非其他，所以他非常注重国粹的宣传和教育，可以说他的一生都在致力于国粹的传播与教育。由此，我们可见章太炎的爱国力量包含两层含义，其一是政治层面，即排满与民族独立；其二是文化层面，即保存国粹。

在前文第六章第一节中笔者已经通过中西"学战"这一视角，来分析国粹派同人尤其是章太炎所坚持的国学与国家命运高度一致的观点，黄节在《〈国粹学报〉叙》中指出："立乎地圜而名一国，则必有其立国之精神焉，虽震撼掺杂，而不可以灭之也。灭之则必灭其种族而后可，灭其种族，则必灭其国学而后可。"③ 他们所秉持的爱国与保存国粹的文化观有密切的联系，为何要保存国粹呢？其实目的是复兴古学（先秦之学术），从而摆脱外族专制之下的学说，最终达到复兴中国文明的效果。可以说，清末时期章太炎等国粹派学人所宣传的以学术来救亡的理念，影响是深远的，这一方面的确可以激发当时的智识阶层重新审视中国文化的价值问题。章太炎在《论教育的根本要从自国自心发出来》这一篇讲演中强调学者应该摆正看待中国历史上各类学说的形态，他指出："到底中国不是古来没有学问，也不是近来的学者没有心得，不过用偏心去看，就看不出来。"④ 这种偏心的人就是指那些一味佩服西方学说的西化派，"学战"的对象不仅指西方，同样包括国内作为西方代言人的那些学者们，这种学术上的论战从某种程度上来说正是学者们表达对于中国文化的一种温

---

① 太炎：《演说录》，载于《民报》1906年7月25日，第6号，第4、10—11页，科学出版社1957年版。

② 太炎：《中华民国解》，载于《民报》1907年7月5日，第15号，第2页，科学出版社1957年版。

③ 黄节：《〈国粹学报〉叙》，载于《国粹学报》1905年2月23日，第1期。

④ 独角：《论教育的根本要从自国自心发出来》，载于《教育今语杂志》1910年5月8日，第3期，第7页。

存，也可以说是对种族或国家的一种热爱。

民国建立之后，章太炎在新闻领域的实践主要表现为利用报刊为阵地传播其政治思想，直到《华国月刊》建立之后他才又逐步以学术研究为重心。这一阶段，章太炎积极发挥报刊监督政府、建言国策的功能，围绕争取国家权利和人民权利而开展同政府的斗争，他积极奔走国事，自谓民党并甘为民众前锋。他曾在《时报》上发表《致南京参议会论建都书》一文，内中表达了对国家未来的强烈期待之情，他号召"诸君子职在建言，订谟定命，岂忘国家久安之计，而徇朋友利禄之情，吾以为必不然矣"。① 可见，章太炎的报刊职能中很重要的方面是为了国家的长治久安而建言献策，章太炎曾在致吴景濂的函电中提到自己进行平民鼓吹和参与护法运动的缘由，他指出："至于平民鼓吹，鄙人固能任胥吏之劳，迩已与吴受天等结护法后援会，受天至粤，即属其将宣言散布。诸君扶义秉直，为国司命，其或有取乎此也。"② 章太炎参与政治是为了"为国司命"，而展开报刊的宣传则是为了"平民鼓吹"。章太炎民国之后的政治宣传还是接续了他在清末时期的"恢廓民权"的主旨，章太炎通过对宪法的研究来表达民众的权利，他曾就天坛宪法发表演说，批判袁世凯道："袁世凯之种种卖国行为，徒拥共和之名，实属专制之实，于是中央权大，地方权小，国民几有无可如何之势。"针对制宪过程，他指出："本来国民不能个个制宪，然亦当另定适当方法。我人根据第二条，即可推翻国会制宪，须由我人民直接制宪，此非难事，要视我人民能力何如耳。"③到 1927 年之后的南京国民政府，在章太炎的眼中，已经不是中华民国了，他曾经指出："他们现在说以党治国，也不是以党义治国，乃是以党员治国，攫夺国民政权，而对外仍以中华民国名义。此与袁世凯称号洪宪之后，仍以中华民国年号对外，意义相同。"④ 经过三年被通缉的蛰居生涯后，1931 年"九一八"事变爆发，章太炎再次奋力而起宣传抗日救国，不断发声批评国民党的不抵抗政策，1932 年 5 月 30 日《大公报》报道了

---

① 章炳麟：《致南京参议会论建都书》，载于钱须弥编《太炎最近文录》，国学书室，1915 年版，第 69—70 页。

② 《章炳麟致参众两院议员函》，见《吴景濂函电存稿》，载于中国社会科学院近代史研究所近代史资料编辑部编《近代史资料》（第 42 册），知识出版社 2006 年版，第 58 页。

③ 《国是会议国宪讲演记》，载于《申报》1922 年 9 月 11 日，第 17799 号，第 13 版。

④ 《三区党部呈请通缉章太炎》，载于《申报》1928 年 11 月 22 日，第 20003 号，第 14 版。

章太炎在青岛大学的演讲，内中称：

> 由于当时日本已发动"九一八"事变，侵占了中国东三省，国民党当局不战而退，拱手让出了大好河山，章太炎先生在演讲中抨击了国民党不抵抗主义，他认为"救世之道，首须尚全节"。在演讲中，章太炎先生认为："人能知耻，方能立国，遇难而不思抵抗，即为无耻，因知耻近乎勇，既不知耻，即无勇可言。激励青年学子增进人格修养，增强爱国之心。"①

章太炎一生致力于维护国民权利和国家利益，其表达出的爱国之情始终贯穿于他的报刊实践和传播思想之中，而这种爱国之情又建立在对他影响深远的民族主义情感之上，正如学者罗志田所说："如果将晚清以来各种激进与保守、改良与革命的思潮条分缕析，都可发现其所包含的民族主义关怀，故都可视为民族主义的不同表现形式。近代中国这一从上到下的共同思绪和关怀，包括爱国、种族观念、排外、社会达尔文主义、夷夏思想等等，不一而足。"②

（二）传播思想中政治与学术的两难

章太炎在报刊实践中坚持政治与学术同时进行的双向进路，这同样是他的传播思想的一个重要特征，由于人的精力有限，所以这两个方面又充满着矛盾和紧张。护国运动之后，至《华国月刊》创刊之前这段时间，是章太炎在《申报》集中刊发政论的时期，他就时局频繁发表见解并以通电联络各方，1922年《申报》刊发了他在上海进行国学讲演的记录，我们从《申报》对章太炎国学演讲的报道可以感受到章氏当时的矛盾内心。据5月20日《申报》记载："国闻通信社云：章太炎氏迩来厌弃政治，专事研究学术。近在本埠公开演讲，颇受学子欢迎。此间演讲完毕后，尚须赴杭州教育会演讲之约。章氏本寄寓沪上，现因此间过于烦嚣，颇思去而之他。闻现已托其友人在苏州购置相当房屋，以便专心典籍，避

---

① 《章太炎昨抵青岛演讲》，载于《大公报》1932年5月30日，第10365号，第1张第2版。

② 罗志田：《民族主义与近代中国思想》，东大图书股份有限公司1998年版，第4页。

免政治之牵累与烦闷云。"① 由此可见，1922 年 5 月章太炎因厌弃政治，计划专门从事研究学术，而本文前述第八章开篇所引述 1923 年 7 月所刊发的启事称，因为精力不济，章氏的学术研究和讲学之事要停止，专心为国事奔波。这一年多时间，当时的政局纷杂、事物繁多，诸如北伐军兴、废督裁兵、"停战息兵"、联省自治、国会制宪、各省联席会议等，加之沪上演讲国学并与学人书信往来探讨学术，章太炎这一时期面对的政治局势的复杂迫使他不得不放弃学术研究和传播，所以我们才看到章太炎也只能先以国事为重了。

1927 年章太炎被国民党上海市党部通缉，章氏在内外力的作用下逐步转向学术研究，极少公开露面，直到日本发动 "九一八" 事变，他才又开始呼吁抗日救国。从《华国月刊》和《制言》杂志这两份学术期刊，我们可以看到作为学术期刊，它们同样关注时局，当然其中有的学术研究同样也是受到时局影响而展开的，在学术与政治之间，我们发现在民族危机之下二者很难割裂，学术也极难完全独立。这既是学者面对的两难，同样也是期刊所必须面对的现实问题，当然，值得探讨的问题也有很多，只能留待未来了。

四 白话文：传播思想的化雅为俗

笔者在前文第五章第二节子目《〈民报〉文风之新特点》中已经较为详细地论述了章太炎在报刊实践中介于雅俗之间的文体观，在文学性和大众传播效力之间，章太炎一直在努力探索突破困局的方法。在第六章中笔者简要介绍了学界涉及章太炎与白话文之间关系的相关研究。目前，很多人对章太炎语言风格的认识是受到鲁迅先生在《关于太炎先生二三事》里记述的影响，他曾指出："回忆三十余年前，木板的《訄书》已经出版了，我读不断，当然也看不懂，恐怕那时的青年，这样的多得很。"又说："我爱看这《民报》，但并非为了先生的文笔古奥，索解为难。"② 前文已经述及《訄书》这部著作章太炎自己是较为满意的，可以传之文苑，

---

① 《章太炎将卜居苏州》，载于《申报》1922 年 5 月 20 日，第 17685 号，第 13 版。
② 鲁迅：《关于太炎先生二三事》，载于《鲁迅全集》（第六卷），人民出版社 2005 年版，第 565、566 页。

而那些时论文章，章氏自己并不满意，但相比《訄书》，在理解上要容易，所以，章氏所写的那些政论，对于当时有条件阅读报刊的读者来说，阅读上并不成为问题。那么，对于那些较为艰深的学术著作和学术思想，比如《国粹学报》中刊发的文章以及《国故论衡》《〈齐物论〉释》等著作，如何扩大它们的传播效力呢？章太炎采取的方式是创办白话文刊物和举办演讲。

章太炎标榜文章必法汉魏、六朝，其少年时"为文奥衍不驯"，"欲使雅言故训，复用于常文"。中年以后不同于少年之时，讲究"清远本之吴魏，风骨兼存周汉"。[①] 章太炎虽然直接写白话文极少，但是他并不反对白话文，而且也曾指出白话文的传播优势。章太炎在民国之后举办过很多次演讲，其中关于国学的演讲经过报刊的发表，同样引起了较大的社会反响。章太炎曾在《白话与文言之关系》这篇讲演里对学习国学的青年指出白话与文言各有其特点和作用，其基础都需要精通小学。他说："士人口语，即为文章。"[②] 章太炎在报刊实践中正是贯彻了这种见解，他于1910年3月在日本东京创办的《教育今语杂志》正是最好的见证，作为一份标准白话文刊物，《教育今语杂志》中的论说比五四时期的白话文刊物《新青年》要早九年。民国之后，章太炎通过举办国学演讲，由大众传媒进行报道的方式展开国学思想的传播；另外，他还通过举办国学讲习会，并发行刊物的方式传播国学，前者以《申报》的报道为典型，后者则以他在章氏国学讲习会的演讲为典型。

1922年的《申报》对章太炎所做的演讲分别进行报道，并刊发了演讲内容，可见，章太炎当时在国内政治和学术界的影响力。1934年冬，章太炎因与苏州国学会意见不合，在苏州发起章氏国学讲习会；1935年4月开办章氏星期讲演会，分为九期，由弟子记录并出版刊行；1935年10月之后章氏国学讲习会又编印了《章氏国学讲习会讲演记录》，分为九期。章太炎为了保持其所撰文章的文学性价值，坚持自己的文风，但是他所撰写的报刊政论文章，特别是民国之后的政论，对于有条件阅读报刊的

[①] 章太炎：《自述学术次第》，载于《制言半月刊》1936年9月16日，第25期，第8、9页。

[②] 章太炎：《白话与文言之关系》，原载于《章氏星期讲演会记录》1935年4月，第2期，转引自章念驰编订《章太炎演讲集》，上海人民出版社2011年版，第403页。

人并不存在什么问题。针对学术思想和政治理念的传播,章太炎本人也努力开展演讲,并通过报刊发表演讲内容的形式,促进自己学术思想和政治理念的广泛传播。这一特点,正是章氏本人从戊戌时期那种"报刊—学会—学堂"三位一体的模式继承而来,毫无疑问,这种模式可以有效增进学术和政治思想的传播效力。我们从章太炎的演讲内容可以看到,他通过口语同样可以表达自己的学术思想,那种认为章氏反对白话文的观点是毫无根据的,正如裘可桴在听完章太炎的演讲后所指出的:"太炎先生说:经史所载都是照实写出的白话;足见太炎先生很重视白话文。不过他的意思,是说现在的国语,只能描摹北方人口语的真相,不能描摹南方人口语的真相,这也是实在情形。"① 章太炎利用报刊和学术期刊登载白话文演讲的方式传播学术思想,这一实践很好地弥补了他的学术著作因文体古雅而给读者带来的阅读障碍。

五 结语

"文人论政"以及古代社会士人"清议"的传统,是很多处于新旧转型时代知识分子走上报刊之路的内在思想基础,章太炎对于近代报刊的认知首先源自传统,所以,章氏新闻思想的第一个特征便是从传统中求变。章太炎新闻思想的第二个特征是对所谓报刊党派性的超越。章太炎在任《大共和日报》社长期间,对于民国初年的报刊舆论因党派之争而呈现乱象表示了不满,他曾指出:"逢迎者被美誉,质直者处恶名,斯非舆论所成,而起于一党之私见。"② 章太炎新闻思想的第三个特征是他始终坚持报刊民间化的立场。从晚清到民国,章太炎所主持的报刊几乎都是非官方报刊,不论是政治类还是学术类皆是如此,这与他一直所秉持的甘为民党的监督立场有关,同样也与他所坚守的学术民间化道路有关。民间立场的坚持正是为了保持报刊的独立性地位和言论的客观性,这与他在报刊宣传中所坚持的"恢廓民权"的宗旨也是相一致的。

章太炎在新闻实践过程中的特点也是鲜明的,比如他在追求新闻自由理念的过程中,行动的人生远远多于理论的探讨,他一生中的"七被追

---

① 章太炎讲演,曹聚仁整理《国学概论》,中华书局 2009 年版,第 89 页。
② 太炎:《敬告同职业者》,载于《大共和日报》1912 年 1 月 7 日,第 4 号,第 1 版。

捕，三人牢狱"几乎都是因为言论而获罪，他为了新闻自由进行了不懈的斗争，而梁启超的新闻思想虽然较成系统，但是，在行动上梁氏是远逊于章太炎的。当然，章太炎在当时对新闻理论的认知，也存在不少缺陷，毕竟他对西方新闻学相关知识的了解不甚详细。比如他对民国《暂行报律》和新闻自由的看法存在不少问题，这些缺陷并不能否定他为近代争取言论出版自由作出的贡献。[①] 我们无法做到用新闻思想来完全概括章太炎的报刊实践，因为章太炎所主持的刊物中有较为纯粹的学术期刊，最为典型的就是《华国月刊》和《制言》杂志，毫无疑问，对章太炎报刊实践和这些刊物的研究还有很多未竟的领域，本研究也仅仅是做一个初步的尝试，为将来的研究埋下一个伏笔。

[①] 卢家银《章太炎的出版自由观考察》，载于《华中科技大学学报（社会科学版）》，2010年第24卷第2期，第19页。

结　　论

　　章太炎于 1936 年 6 月 14 日病逝于苏州，民国时期著名出版家张元济先生为章太炎撰写的挽联为："无意求官，问天下英雄，能不入彀者有几辈？以身试法，为我国言论，力争自由之第一人。"① 张元济先生的挽联最能表达章太炎报人的身份，以章太炎的办报历程为视角展开研究，正是笔者肆力以求的目标，章太炎在中国近代言论史上的地位也值得重新检讨。② 学者傅国涌将百年中国的言论史划分为三个时代。第一个时代是"梁启超时代"，"大致界定为从他创办《时务报》到《新民丛报》停刊这 10 年间"。③ 笔者以为，在这言论史的第一个时代，能够与梁启超并驾齐驱的人物大致只有章太炎，在争取言论自由方面，章太炎乃是"行动的自由主义者"，④ 自由主义正是他传播思想中的一个基本底色。章太炎一生与报刊结缘，乃是由其个性、时代背景、区域文化氛围等诸多因素造就而成。章氏的办报历程经由戊戌、辛亥、五四直至晚年最后时刻，围绕"求是"与"致用"这一学术宗旨，进而展开的政治与学术的双向进路，汇入了他的报业人生之中。在傅国涌所提出的"《新青年时代》"和

---

　　① 张元济：《挽章太炎》，载于《张元济全集》（第四卷），商务印书馆 2008 年版，第 61 页。

　　② 学者傅国涌在其所著《文人的底气：百年中国言论史剪影》一书中提出了"言论史"的说法，他认为："言论史所涵盖的面要比新闻史、报刊史、报业史更大、更宽"，"言论是一个民族生命的根系所在，是世界的公法，是文明进步的主要尺度之一。衡量一个社会是不是文明社会有一些基本的尺度，其中，有没有言论自由的空间，有没有言论的自由就是主要的标准之一。"参见氏著《文人的底气：百年中国言论史剪影》，云南人民出版社 2007 年版，第 2—3 页。以"言论史"为视角，章太炎为争取近代中国言论自由所作出的表率已经超越了新闻史的范畴。

　　③ 傅国涌：《文人的底气：百年中国言论史剪影》，云南人民出版社 2007 年版，第 6 页。

　　④ 可参考本文第四章第四节《行动的自由主义者》小节中相关内容。

"《大公报》时代"章太炎在政论方面由于诸多原因要显得黯淡很多，但是他及其同人群体在学术传播中依然势头强劲，值得关注的地方依然有很多。章太炎体大精深的学术和绵密深邃的思想，以及他极富独立特质之性格，铸就了他成为中国近代史上的学问家报人。章太炎身上所具有的自由意志，促使他一生都十分珍视言论自由，经过"苏报案"的洗礼和《民报》对革命道德的宣传，章太炎成为舆论界眼中的"革命圣人"。章太炎办报的历程可以分为三个部分：革命宣传、舆论监督和保存文化，从章氏的思想内核出发，即"恢廓民权"和保存国性，保存国性则体现了章太炎思想底色中的民族主义和多元主义。章太炎及其弟子因为办报进行了三次集结，表现为《民报》《华国月刊》和《制言》杂志，这是章太炎对戊戌遗产"学会—报刊—学堂"三位一体模式的承继和发扬。

章太炎将《国粹学报》的宗旨带入了《民报》，时人多不理解为何章氏在《民报》中宣传国粹和宗教，透过《新民丛报》作为综合杂志的性质，我们看到《民报》与《新民丛报》有诸多的相似因子，传统学界往往关注君宪派和革命派所办报刊的立异之处，却忽略了它们之间的内在理路。章太炎主持《民报》之后，带来的许多变化，不仅丰富了《民报》的内容，而且无阻于革命之传播，章太炎思想的注入，使《民报》所宣传的内容具有了启蒙性和现代性。《民报》的革命宣传有很大的局限性，《新民丛报》对于后世的启蒙效力却深远得多，两报面向国内传播效力竟有如此大的差异，透过比较分析我们对《民报》的认识更加全面了。在近代中西"学战"这一宏观视野之下，报刊是中国近代学术转型的重要载体，经由戊戌—辛亥—五四这三大阶段，《国粹学报》起到承前启后的作用，而《华国月刊》正处于一脉相承的链条之上，章太炎从反对欧化主义者到反对全盘西化论者，都可以视为中西"学战"的延续，同时也是章太炎保存国性思想的反映。"恢廓民权"和保存国性自辛亥时期就已经成为章太炎办报的两大要务，直至晚年，可谓一以贯之。这与章太炎的思想同样是一致的，他在1935年致张季鸾的信中指出：

一、中国今后应永远保存之国粹，即是史书，以民族主义所托在是。

二、为救亡计，应政府与人民各自任之，而皆以提倡民族主义之精神为要。

> 若自人民言之，今日权不在民，固无救亡之道，惟民族主义，日日沦浃胸中，虽积之十百年，终有爆发之一日。
>
> 三、中国文化本无宜舍弃者，但用之则有缓急耳。①

章太炎在办报过程中所坚持的"恢廓民权"和保存国性这两大主旨，以及他在传播思想中体现的爱国情怀和独立立场并不存在前后两期不一致的情况，所以，由章太炎一生之办报历程来看，说他晚年保守、倒退并不成立。1936年章太炎逝世之后，各界人士对章太炎的一生做过诸多评价，部分人士认为章太炎晚年落伍于时代，而很多学界人士在评价章太炎的学术和人生时并未将其截然分为两橛，这就尤其值得我们注意。宋云彬在《章太炎》一文中指出："然而可怜得很，他离开现时代太远了；现代青年大都已经明白造成这种局势的症结所在；要挽救民族危亡，另有其康庄大道；读经不能救国，正和诵《孝经》不能退黄巾贼一样。所以他虽'笃信善道'，以'振挽'为己任，而进步的青年，却不曾舍去自己的信仰，跟他讲什么尊经复古。"② 宋氏显然将章太炎晚年的鼓励读经视为落伍。对章太炎执弟子之礼的曹聚仁1936年撰文称："太炎先生的学问，成熟得很早；二十年前，他已写定他的《章氏丛书》了。这二十年间，似乎没有什么大进步。真的，他要算是清代朴学的最后一个大师，他还不属于我们这个时代的呢。"③ 以上两位的言论代表了那个时代不少人的看法，一个晚年保守的章太炎形象不断地被塑造于舆论之中。但是，经过重新检视章太炎逝世后舆论界的评价，鲁迅所谓"既离民众，渐入颓唐"，④ 在当时不过是众多声音中的一个而已。更多的学者对章太炎的评价并不存在晚年与早年不一致的提法，绪论中已经述及钱穆先生在《对于章太炎学术的一个看法》这篇文章中称章氏的一生乃是"通儒大师"，即是最好的明证。李源澄先生在章太炎逝世后撰文纪念，他认为《菿汉微言》虽然是

---

① 章太炎：《答张季鸾问政书》，载于《制言》1936年9月1日，第24期，广陵书社2009年版，第2431—2432页。
② 宋云彬：《章太炎》，载于《中学生》1936年第67期，第15—16页。
③ 曹聚仁：《章太炎先生》，载于《〈申报〉周刊》1936年第1期，第24版，第575页。
④ 鲁迅：《关于太炎先生二三事》，载于《鲁迅全集》（第六卷），人民文学出版社2005年版，第566页。

章太炎"自述五十以前治学经过，以后实无大变，惟益充实而已"。① 当时，报刊舆论中视章太炎晚年学术思想并无大变的学者还有很多，② 这里不再对他们的言论进行征引，留待未来以便做专门的探讨。

鲁迅对章太炎的评价在民国时期也仅代表部分学人的见解，大致在左翼人士和青年中的影响较大，鲁迅先生在《关于太炎先生二三事》一文开篇中就将章太炎和高尔基两位文豪的逝世作了对比，章太炎去世后颇为寂寞，而青年们对高尔基逝世后的悼念活动表示了很大的热忱。鲁迅称："况且高尔基是战斗的作家，太炎先生虽先前也以革命家现身，后来却退居于宁静的学者，用自己所手造的和别人所帮造的墙，和时代隔绝了。"③鲁迅以战斗和革命作为标准来评价章太炎晚年的人生轨迹，他对章太炎的评价在20世纪30、40年代是产生很大影响的。白河在《章太炎与高尔基的死》一文中对比了章太炎与高尔基对人类作出的贡献之大小，他称高尔基不仅是"新人类文化开拓与保护的战士，而且是无数青年的亲切的教师"；他称赞鲁迅是"东方大众精神的保姆"。他比较章太炎和高尔基后指出：

> 将这新文化的保姆，求人类的解放和光明而斗争的巨人高尔基的死，和仅仅只有点贡献于学术上的章太炎的死来作一个对照，可以明显地看出离开现实的个人主义者是如何渺小。然而，章太炎前一阶段为争取民族生存的革命精神，是值得我们大众全体敬仰取法的，他之不能像高尔基脚踏着现实而投向少数者的怀抱这不能说是他本身的错误，而是现社会铁则下必然的趋向。④

---

① 李源澄：《章太炎先生学术述要》，载于《中心评论》1936年第17期，第21页。

② 具体可参考以下文章，(1) 夏一峰《章太炎先生学术述略》，载于《图书展望》1936年第9期；(2) 一士《关于章太炎》，载于《越风》1936年第16期；(3) 本报编辑《报人章太炎先生传略》，载于《新闻杂志》1936年11月5日，第1卷第13期；(4) 王森然《章太炎先生评传》，载于《中国公论》1943—1944年第10卷第1—5期；(5) 洪焕椿《近代的两个学术大师王静安和章太炎先生》，载于《读书通讯》1948年第157期。

③ 鲁迅：《关于太炎先生二三事》，载于《鲁迅全集》（第六卷），人民文学出版社2005年版，第565页。

④ 白河：《章太炎与高尔基的死》，载于《中华月报》1936年第4卷第8期，第42页。

我们从柳湜所撰写的《从鲁迅先生论章太炎忽而想到》一文更可以感受到他受到鲁迅的深刻影响,柳湜在文中指出,"鲁迅先生又告诉我们,太炎先生与高尔基的不同处是:'太炎先生虽先前以革命家现身,后来却退居于宁静的学者。'高尔基始终是'战斗的作家','他的一身就是大众的一体,喜怒哀乐,无不相通'。而太炎先生却早离开革命的实践,'仅止于高妙的幻想','失却实地,仅垂空文',这就是他们的差别,是极深刻的持论,鲁迅先生可以说是真正的知道太炎先生的人。"作者认为章太炎晚年"退居于宁静的生活",缺乏在血泊中斗争的实践,脱离了"朴素坚实的人们",[①] 作者代表了那个时代左翼人士对章太炎晚年的看法,而鲁迅先生正是他们的导引者。鲁迅政治地位的抬升增强了鲁迅思想在左翼青年和学人中的影响力,正如胡蛮在《鲁迅对于民族的文化和艺术问题底意见》一文中所指出的:"反映在文化和艺术战线上的这些缺点,我认为:首先还缺乏了解鲁迅指着给我们的要有'韧性的斗争',这种'韧性的斗争'就是'持久战'精神。艺术和政治是不能够分离的,艺术工作——理论和创作必须和政治联系起来打成一片才能够发展,艺术工作者必须融会贯通辩证法的唯物论和历史唯物论才能够发挥'韧性的斗争',以建立我国的新艺术。"[②] 由此,我们可以看到鲁迅在左翼文化艺术界的影响力,所以鲁迅对于"斗争"精神的强调势必会影响到学人评价人物是非的标准。章太炎晚年的颓唐和宁静学者的形象自然逐步形成了。

今日看来,鲁迅对章太炎的评价并非完全正确,后世所形成的舆论意见也并非理性讨论的结果。《益世报》于1932年5月21日刊发了一篇题为《讲学救国:章太炎之新主张》的新闻,内中称道:

> 章太炎先生尽力革命,有五十年之历史,现在认为非讲学救国不可,同人因挽留先生留平讲学,以演讲救国资治之学为体,以探讨救时之术为用。并云从前同盟会分二大派,一、孙中山先生,太平天国派,二、章太炎先生,郑成功、黄宗羲、顾炎武之派。今日应湘军将

---

① 柳湜:《从鲁迅先生论章太炎忽而想到》,载于《读书月报》1939年第1期,第2版,第86—87页。

② 胡蛮:《鲁迅对于民族的文化和艺术问题底意见》,载于《中国文化》(创刊号),1940年2月25日,第63页。

帅讲学救国，如曾国藩、左宗棠、罗罗山、姜忠源一辈老学究，竟如赵普以半部论语治天下，先从讲学正人心正风俗，以培厚国家元气起等语。并请到会公推会长，当由满场一致推太炎，太炎表示先就会长职，并演说爱国救国之学，及"修己治人"之义，注重讲爱国之学，以为救国主旨，由讲学以正人心等语。后由王博沙、范熙壬、符定一、溥铜、饶孟任相继演说而散。①

由此，我们看到《益世报》认为章太炎一生都在致力于革命，晚年依然坚持讲学救国，在他们眼中讲学或者学术研究也并非"离开现实的个人主义"，而是讲学可以"正人心正风俗"，很明显，他们的观点与鲁迅先生及其追随者并不一致。所以，我们看到若想追寻历史的真实和人物的原貌，就需要历史研究者汰去芜杂，回归本始，找寻贴近真实的评价人物的标准，正如李源澄先生所言："固然当时之是非，或蔽于感情；后世之是非，或蔽于后世学风之顺逆；但真正之是非，在有识者心中，终不可磨灭。"② 有识之士才能够发现真相，真相亦是不可磨灭的。对章太炎与报刊以及章太炎与民国报刊舆论的关系的研究，仅是一个起点，未来的研究依然有很长的路要走。

---

① 《讲学救国：章太炎之新主张》，载于《益世报》1932 年 5 月 21 日，第 5759 号，第 4 版。

② 李源澄：《章太炎先生学术述要》，载于《中心评论》1936 年第 17 期。

参 考 文 献

一 章太炎文献及相关研究著作

（文献）

钱须弥编：《太炎最近文录》，国学书室，1915年版。

章炳麟：《太炎先生自定年谱》，载于沈云龙主编《近代中国史料丛刊》第六十八辑，文海出版社1966年版。

汤志钧编：《章太炎政论选集》，中华书局1977年版。

汤国梨编：《章太炎先生家书》，上海古籍出版社1985年版。

马勇编：《章太炎书信集》，河北人民出版社2003年版。

马勇编：《章太炎讲演集》，河北人民出版社2004年版。

溥杰编校：《章太炎学术史论集》，云南人民出版社2007年版。

章太炎：《国学概论》，曹聚仁整理，中华书局2009年版。

章太炎：《菿汉微言》，载于虞云国校点《菿汉三言》，上海书店出版社2011年版。

文明国编：《章太炎自述》，人民日报出版社2011年版。

章太炎：《太炎文录初编》，载于《章太炎全集》（第一辑），上海人民出版社2014年版。

章太炎：《太炎文录续编》，载于《章太炎全集》（第一辑），上海人民出版社2014年版。

章太炎：《訄书》（重订本），载于《章太炎全集》（第一辑），上海人民出版社2014年版。

章念驰编订：《章太炎演讲集》，上海人民出版社2011年版。

（著作）

陈平原：《中国现代学术之建立：以章太炎、胡适之为中心》，北京大学出版社 1998 年版。

陈平原、杜玲玲编:《追忆章太炎》,生活·读书·新知三联书店 2009 年版。

陈雪虎:《"文"的再认:章太炎文论初探》,北京大学出版社 2008 年版。

蒋成德:《思想家型的编辑家:章炳麟、梁启超、鲁迅研究》,光明日报出版社 2013 年版。

江湄:《创造"传统":梁启超、章太炎、胡适与中国学术思想史典范的确立》,社会科学文献出版社 2013 年版。

姜义华:《章太炎思想研究》,中国人民大学出版社 2009 年版。

姜义华:《章炳麟评传》,南京大学出版社 2011 年版。

刘克敌、卢建军:《章太炎与章门弟子》,大象出版社 2010 年版。

李润苍:《论章太炎》,四川人民出版社 1985 年版。

马勇:《章太炎邹容》,团结出版社 2011 年版。

庞俊、郭诚永注:《国故论衡疏证》,中华书局 2011 年版。

孙毕:《章太炎〈新方言〉研究》,华东师范大学出版社 2006 年版。

汤志钧编:《章太炎年谱长编》(增订本),中华书局 2013 年版。

王汎森:《章太炎的思想:兼论其对儒学思想的冲击》,上海人民出版社 2012 年版。

汪荣祖:《章太炎散论》,中华书局 2008 年版。

汪荣祖:《康章合论》,载于汪荣祖《从传统中求变:晚清思想史研究》,百花洲文艺出版社 2002 年版。

王玉华:《多元视野与传统的合理化:章太炎思想的阐释》,中国社会科学出版社 2004 年版。

许寿裳:《章太炎传》,百花文艺出版社 2009 年版。

姚奠中、董国炎:《章太炎学术年谱》,山西古籍出版社 1996 年版。

张春香:《章太炎主体性道德哲学研究》,中国社会科学出版社 2007 年版。

章念弛编:《章太炎生平与学术》,生活·读书·新知三联书店 1988 年版。

章念驰编选:《章太炎生平与思想研究文选》,浙江人民出版社 1986 年版。

章念弛：《我的祖父章太炎》，上海人民出版社 2011 年版。

张昭军：《儒学近代之境：章太炎儒学思想研究》，北京师范大学出版社 2011 年版。

二　新闻学大类相关研究著作、资料集

［美］白瑞华：《中国报纸（1800—1912）》，王海译，暨南大学出版社 2011 年版。

崔波：《清末民初媒介空间演化论》，北京大学出版社 2012 年版。

程丽红：《清代报人研究》，社会科学文献出版社 2008 年版。

丁守和主编：《辛亥革命时期期刊介绍》（第一集），人民出版社 1982 年版。

方汉奇主编：《中国新闻事业通史》（第一卷），中国人民大学出版社 1992 年版。

方汉奇主编：《中国新闻传播史》，中国人民大学出版社 2002 年版。

方汉奇：《中国近代报刊史》，山西教育出版社 2012 年版。

方汉奇：《发现与探索：方汉奇自选集》，首都师范大学出版社 2009 年版。

戈公振：《中国报学史》，岳麓书社 2011 年版。

管翼贤：《新闻学集成》（第七辑），载于《民国丛书》（第四编），中华新闻学院，1943 年。

李滨：《中国近代报刊角色观念的发展和演变》，岳麓书社 2011 年版。

李金铨编：《文人论政：知识分子与报刊》，广西师范大学出版社 2008 年版。

林语堂：《中国新闻舆论史》，刘小磊译，上海人民出版社 2008 年版。

李瞻主编：《中国新闻史》，台湾学生书局 1979 年版。

马艺：《中国新闻传播史论》，新华出版社 2007 年版。

倪琳：《近代中国舆论思想变迁》，上海交通大学出版社 2012 年版。

史和、姚福申、叶翠娣：《中国近代报刊名录》，福建人民出版社 1991 年版。

［美］施拉姆、波特：《传播学概论》，何道宽译，中国人民大学出版

社 2010 年版。

汤传福、黄大明：《纸上的火焰：1815—1915 年的报界与国运》，广西师范大学出版社 2013 年版。

唐惠虎、朱英主编：《武汉近代新闻史》，武汉出版社 2012 年版。

王润泽：《北洋政府时期的新闻业及现代化（1916—1928）》，中国人民大学出版社 2010 年版。

王天根：《清末民初报刊与革命舆论的媒介构建》，合肥工业大学出版社 2010 年版。

许静编著：《传播学概论》，北京交通大学出版社、清华大学出版社 2013 年版。

徐松荣：《维新派与近代报刊》，山西古籍出版社 1998 年版。

徐耀魁：《西方新闻理论评析》，新华出版社 1998 年版。

[美] 约斯特：《新闻学原理》，王海译，中国传媒大学出版社 2012 年版。

中国人民大学新闻系编：《中国近代报刊史参考资料》（下册，校内用书），1979 年。

中国新闻年鉴编辑部：《中国新闻年鉴》（1983 年），中国社会科学出版社 1983 年版。

[美] 扎勒：《公共舆论》，陈心想等译，中国人民大学出版社 2013 年版。

张之华编：《中国新闻事业史文选（公元 724 年—1995 年）》，中国人民大学出版社 1999 年版。

三　文集、年谱、论文集及资料汇编

卞孝萱、唐文权编著：《辛亥人物碑传集》，凤凰出版社 2011 年版。

陈夏红编：《辛亥革命实绩史料汇编．舆论卷》，中国大百科全书出版社 2011 年版。

丁文江、赵丰田编：《梁启超年谱长编》，上海人民出版社 2008 年版。

葛懋春编：《无政府主义思想资料选》，北京大学出版社 1984 年版。

高平叔编：《蔡元培全集》（第三卷），中华书局 1988 年版。

高平叔编：《蔡元培全集》（第五卷），中华书局 1988 年版。

高平叔编著：《蔡元培年谱长编》，人民教育出版社1999年版。

高勤丽编：《疑古先生——名人笔下的钱玄同·钱玄同笔下的名人》，东方出版中心1999年版。

高瑞泉编：《中国近代社会思潮》，上海人民出版社2007年版。

耿云志、欧阳哲生编：《胡适书信集》，北京大学出版社1995年版。

郝斌、欧阳哲生主编：《五四运动与二十世纪的中国》（暨"北京大学纪念五四运动80周年国际学术研讨会论文集"），社会科学文献出版社2001年版。

湖南省社会科学院编注：《陶成章信札》（修订本），岳麓书社1980年版。

胡伟希选注：《论世变之亟：严复集》，辽宁人民出版社1994年版。

康有为：《康有为全集》（第六集），姜义华、张荣华编校，中国人民大学出版社2007年版。

康有为：《康有为全集》（第九集），姜义华、张荣华编校，中国人民大学出版社2007年版。

刘俐娜编：《顾颉刚自述》，河南人民出版社2005年版。

梁启超：《饮冰室文集点校》，吴松等点校，云南教育出版社2001年版。

梁启超：《饮冰室合集》（文集之二十五），中华书局1989年版。

梁启超：《饮冰室合集》（专集之七十三），中华书局1989年版。

鲁迅：《鲁迅全集》（第一卷），人民文学出版社2005年版。

鲁迅：《鲁迅全集》（第六卷），人民文学出版社2005年版。

李渊庭、阎秉华编：《梁漱溟先生年谱》，广西师范大学出版社2003年版。

柳亚子：《柳亚子自述续编》，人民日报出版社2011年版。

欧阳哲生编：《胡适文集》（三），北京大学出版社1998年版。

溥杰、邬国义主编：《王国维全集》（第一卷），浙江教育出版社2009年版。

钱玄同：《钱玄同文集》（第六卷），中国人民大学出版社2000年版。

桑兵、张凯、於梅舫编：《近代中国学术思想》，中华书局2008年版。

司马朝君编：《黄侃年谱》，湖北人民出版社2005年版。

商金林编：《叶圣陶年谱长编》，人民教育出版社 2004 年版。

孙尚扬、郭兰芳编：《国故新知论：学衡派文化论著辑要》，中国广播电视出版社 1995 年版。

舒新城编：《中国近代教育史资料》，人民教育出版社 1961 年版。

苏智良主编：《近代新文明的形态》，上海辞书出版社 2004 年版。

谭嗣同：《谭嗣同全集》，生活·读书·新知三联书店 1954 年版。

汤志钧编：《康有为政论集》，中华书局 1981 年版。

汤志钧编：《陶成章集》，中华书局 1986 年版。

汤志钧：《汤志钧史学论文集》，上海社会科学院出版社 2013 年版。

武昌辛亥革命研究中心组编：《辛亥革命史事长编》（第六册），武汉出版社 2011 年版。

王国维：《王国维遗书》（第四集），上海古籍书店 1983 年版。

汪晖：《汪晖自选集》，广西师范大学出版社 1997 年版。

王宏志编：《翻译与创作》，北京大学出版社 2000 年版。

汪精卫：《汪精卫全集》（二集），三民公司 1929 年版。

文明国编：《吕思勉自述》，安徽文艺出版社 2013 年版。

万仕国编著：《刘师培年谱》，广陵书社 2003 年版。

许纪霖编：《20 世纪中国知识分子史论》，新星出版社 2005 年版。

徐珂编撰：《清稗类钞》（第八册），中华书局 1986 年版。

余英时等：《不确定的遗产》（哈佛辛亥百年论坛演讲录），九州出版社 2012 年版。

郑大华、邹小站编：《中国近代史上的自由主义》，社会科学文献出版社 2008 年版。

中国蔡元培研究会编：《蔡元培全集》（第十四卷），浙江教育出版社 1998 年版。

《中国近代史资料丛刊》编委会、中国史学会编：《辛亥革命》（一），上海人民出版社 1957 年版。

《中国近代史资料丛刊》编委会、中国史学会编：《辛亥革命》（二），上海人民出版社 1957 年版。

中国社会科学院近代史研究所、《近代史资料》编译室编：《辛亥革命资料类编》，知识产权出版社 2013 年版。

中国社会科学院近代史研究所、《近代史资料》编辑部编：《近代史

资料》（第 42 册），知识出版社 2006 年

《"中华民国"开国五十年文献》（第一编，第九册），中央文物供应社 1963 年版。

中华民国史事纪要编辑委员会编：《中华民国史事纪要》，中华民国史料研究中心，1971 年。

张君劢、丁文江编：《科学与人生观》，岳麓书社 2012 年版。

章开沅、罗福惠、严昌洪主编：《辛亥革命史资料新编》，湖北人民出版社 2006 年版。

张枬、王忍之主编：《辛亥革命前十年间时论选集》（第二卷），生活·读书·新知三联书店 1977 年版。

邹容：《邹容集》，张梅编注，人民文学出版社 2011 年版。

中山大学历史系孙中山研究室、广东省社会科学院历史研究室、中国社会科学院近代史研究所中华民国史研究室合编：《孙中山全集》（第七卷），中华书局 1985 年版。

章士钊编：《苏报案纪事》，载于罗家伦主编《中华民国史料丛编》，中国国民党中央委员会党史史料编纂委员会，1983 年。

周勇主编：《邹容与苏报案档案史料汇编》，重庆出版社 2013 年版。

张元济：《张元济全集》（第四卷），商务印书馆 2008 年版。

朱宗震、杨光辉编：《民初政争与二次革命》，上海人民出版社 1983 年版。

四　日记、笔记史料、回忆录、地方志

陈布雷：《陈布雷回忆录》，东方出版社 2009 年版。

胡汉民：《胡汉民回忆录》，东方出版社 2013 年版。

胡适：《四十自述》，载于《民国丛书》（第二编），上海书店 1989 年版。

蒋梦麟：《西潮》，辽宁教育出版社 1997 年版。

马叙伦：《马叙伦自述》，中国大百科全书出版社 2012 年版。

全国政协文史资料委员会编：《辛亥革命亲历记》，中国文史出版社 2001 年版。

钱玄同：《钱玄同日记》（整理本），杨天石主编，北京大学出版社 2014 年版。

孙宝瑄：《忘山庐日记》，上海古籍出版社 1984 年版。

宋教仁：《我之历史》，湖南省哲学社会科学研究所古代近代史研究室校注，湖南人民出版社 1980 年版。

中国人民政治协商会议全国委员会文史资料研究委员会编：《辛亥革命回忆录》（第四集），文史资料出版社 1981 年版。

朱希祖：《朱希祖日记》，中华书局 2012 年版。

张一麐：《古红梅阁笔记》，上海书店出版社 1998 年版。

周作人：《知堂回想录》，三育图书有限公司 1980 年版。

周作人《苦茶——周作人回想录》，敦煌文艺出版社 1995 年版。

五　相关著作

（中文著作）

陈建华：《"革命"的现代性：中国革命话语考论》，上海古籍出版社 2000 年版。

陈乐民：《启蒙札记》，生活·读书·新知三联书店 2009 年版。

陈孟坚：《民报与辛亥革命》，正中书局 1986 年版。

陈希：《岭南诗宗：黄节》，广东人民出版社 2008 年版。

陈序经：《中国文化的出路》，岳麓书社 2009 年版。

戴天仇：《政党与民初政治》，中华书局 2007 年版。

丁伟志、陈崧：《中国近代文化思潮》，社会科学文献出版社 2011 年版。

邓晓芒：《人论三题》，重庆大学出版社 2008 年版。

冯天瑜、黄长义：《晚清经世实学》，上海社会科学院出版社 2002 年版。

冯友兰：《中国现代哲学史》，广东人民出版社 1999 年版。

冯自由：《革命逸史》，中华书局 1981 年版。

冯自由：《中华民国开国前革命史》，广西师范大学出版社 2011 年版。

葛剑雄：《人口与中国的现代化（1850 年以来）》，学林出版社 1999 年版。

葛荣晋：《中国实学思想史》，首都师范大学出版社 1994 年版。

顾肃：《自由主义基本理念》（修订本），译林出版社 2013 年版。

郭廷以：《近代中国史纲》，中文大学出版社1980年版。
胡发贵：《江苏百位名人》，江苏教育出版社2012年版。
侯志平：《世界语运动在中国》，中国世界语出版社1985年版。
金冲及、胡绳武：《辛亥革命史稿》（第二卷），上海人民出版社1985年版。
教军章：《中国近代国民性问题研究的理论视阈及其价值》，中国社会科学出版社2009年版。
纪彭：《民国干才：丁文江传》，中国友谊出版公司2012年版。
姜义华：《"理性缺位"的启蒙》，上海三联书店2000年版。
罗福惠：《辛亥时期的精英文化研究》，华中师范大学出版社2001年版。
罗福惠、朱英主编：《辛亥革命的百年记忆与诠释》（第二卷），华中师范大学出版社2011年版。
李剑农：《戊戌以后三十年中国政治史》，中华书局1980年版。
李剑农：《中国近百年政治史：1840—1926年》，复旦大学出版社2002年版。
梁启超：《清代学术概论》，朱维铮校注，中华书局2010年版。
梁启超：《戊戌政变记》，岳麓书社2011年版。
李喜所：《近代中国的留学生》，人民出版社1987年版。
李孝悌：《清末的下层社会启蒙运动：1901—1911》，河北教育出版社2001年版。
罗志田：《裂变中的传承：20世界前期的中国文化与学术》，中华书局2003年版。
罗志田：《国家与学术：清末民初关于"国学"的思想论争》，生活·读书·新知三联书店2003年版。
罗志田：《民族主义与近代中国思想》，东大图书股份有限公司1998年版。
麻天祥：《佛学与人生——近代思想家的佛教文化观》，中州古籍出版社1993年版。
麻天祥：《晚清佛学与近代社会思潮》，河南大学出版社2005年版。
钱基博：《现代中国文学史》（增订本），龙门书店1965年版。
钱穆：《中国近三百年学术史》，九州出版社2011年版。

桑兵：《晚清学堂学生与社会变迁》，广西师范大学出版社 2007 年版。

孙文：《建国方略》，中国长安出版社 2010 年版。

沈卫威：《"学衡派"谱系：历史与叙事》，江西教育出版社 2007 年版。

沈卫威：《回眸"学衡派"：文化保守主义的现代命运》，人民文学出版社 1999 年版。

邵雍：《中国近代会党史》，合肥工业大学出版社 2009 年版。

石元康：《从中国文化到现代性：典范转移?》，生活·读书·新知三联书店 2000 年版。

汤志钧：《戊戌时期的学会与报刊》（初版），台湾商务印书馆 1993 年版。

王尔敏：《中国近代思想史论》，社会科学文献出版社 2003 年版。

王敏：《苏报案研究》，上海人民出版社 2010 年版。

吴其昌：《梁启超传》，百花文艺出版社 2004 年版。

汪涌豪、陈广宏：《侠的人格与世界》，复旦大学出版社 2005 年版。

吴玉章：《辛亥革命》，人民出版社 1961 年版。

谢彬：《民国政党史》，中华书局 2007 年版。

徐复观：《学术与政治之间》，九州出版社 2013 年版。

薛理勇：《旧上海租界史话》，上海社会科学院出版社 2002 年版。

徐中煜：《清末新闻、出版案件研究：1900—1911——以"苏报案"为中心》，上海古籍出版社 2010 年版。

杨国荣：《中国哲学史》，中国人民大学出版社 2012 年版。

殷海光：《中国文化的展望》，商务印书馆 2011 年版。

杨念群：《儒学地域化的近代形态：三大知识群体互动的比较研究》，生活·读书·新知三联书店 1997 年版。

余英时：《中国文化与现代变迁》，三民书局 1995 年版。

余英时：《中国知识分子论》，河南人民出版社 1997 年版。

余英时：《士与中国文化》，上海人民出版社 2003 年版。

余英时：《中国思想传统的现代诠释》，江苏人民出版社 2003 年版。

［美］周策纵：《周策纵作品集》（二），世界图书出版社公司北京公司 2013 年版。

郑大华：《民国思想史论》，社会科学文献出版社 2006 年版。

郑杭生、江立华：《中国社会思想史新编》，中国人民大学出版社 2010 年版。

朱浤源：《同盟会的革命理论：〈民报〉个案研究》，"中研院"近代史研究所，1995 年。

周佳荣：《苏报及苏报案——1903 年上海新闻事件》，上海社会科学院出版社 2004 年版。

章开沅：《辛亥学脉世代绵延：章开沅自选集》，中国社会科学出版社 2011 年版。

郑师渠：《晚清国粹派：文化思想研究》，北京师范大学出版社 1993 年版。

朱维铮：《求索真文明——晚清学术史论》，上海古籍出版社 1996 年版。

朱维铮：《走出中世纪》（增订本），复旦大学出版社 2009 年版。

朱维铮：《音调未定的传统》，浙江大学出版社 2012 年版。

赵益：《古典研究方法导论》，华东师范大学出版社 2011 年版。

张玉法：《清季的革命团体》，"中研院"近代史研究所，1982 年。

张玉法：《戊戌时期的学会（1895—1898）》，社会科学文献出版社 2000 年版。

张玉法：《民国初年的政党》，岳麓书社 2004 年版。

左玉河：《中国近代学术体制之创建》，四川人民出版社 2008 年版。

张育仁：《自由的历险：中国自由主义新闻思想史》，云南出版社 2002 年版。

（海外译著）

［古罗马］奥古斯丁：《论自由意志：奥古斯丁对话录二篇》，成官泯译，上海人民出版社 2010 年版。

［英］彼得斯：《道德发展与道德教育》，邬冬星译，浙江教育出版社 2000 年版。

［美］布兰察德：《革命道德：关于革命者的精神分析》，戴长征译，中央编译出版社 2004 年版。

冯友兰：《中国哲学简史》，涂又光译，北京大学出版社 2010 年版。

［美］费正清等编：《剑桥中国晚清史（1800—1911）》，中国社会科

学院历史研究所编译室译，中国社会科学出版社 1985 年版。

［美］费正清编：《剑桥中华民国史（1912—1949）》，杨品泉等译，中国社会科学出版社 1994 年版。

［日］沟口雄三：《中国的思想》，赵士林译，中国社会科学出版社 1995 年版。

［日］沟口雄三：《中国的冲击》，王瑞根译，生活·读书·新知三联书店 2011 年版。

［美］格里德：《胡适与中国的文艺复兴——中国革命中的自由主义（1917—1937）》，鲁奇译，江苏人民出版社 2005 年版。

［法］古斯塔夫·勒庞：《革命心理学》，佟德志、刘训练译，吉林人民出版社 2010 年版。

［日］近藤邦康：《救亡与传统——五四思想形成之内在逻辑》，丁晓强等译，山西人民出版社 1988 年版。

［德］康德：《历史理性批判文集》，何兆武译，商务印书馆 1991 年版。

［奥地利］康拉德·洛伦茨：《文明人类的八大罪孽》，徐筱春译，安徽文艺出版社 2000 年版。

［美］柯文：《在传统与现代性之间：王韬与晚清改革》，雷颐、罗检秋译，江苏人民出版社 2003 年版。

［美］林毓生：《中国意识的危机》，穆善培译，贵州人民出版社 1986 年版。

［德］马克斯·韦伯：《儒教与道教》，洪天富译，江苏人民出版社 2003 年版。

［德］马克斯·韦伯：《学术与政治：韦伯的两篇演说》，冯克利译，生活·读书·新知三联书店 2005 年版。

［美］任达：《新政革命与日本：中国，1898—1912》，李仲贤译，江苏人民出版社 2006 年版。

［英］约翰·格雷：《自由主义》，曹海军等译，吉林人民出版社 2005 年版。

［日］宗方小太郎：《辛壬日记·一九一二年中国之政党结社》，冯正宝译，中华书局 2007 年版。

六　近代报刊

《大公报》
《大共和日报》
《读书月报》
《二十世纪之支那》
《复报》
《国粹学报》
《国民报》
《湖北学生界》（《汉声》）
《华国月刊》
《江苏》
《经世报》
《甲寅》
《教育今语杂志》
《民报》
《南京临时政府公报》
《清议报》
《苏报》
《申报》
《〈申报〉周刊》
《时务报》
《实学报》
《史学消息》
《五洲时事汇报》
《学林》
《新民丛报》
《新青年》
《新声》
《新世纪》
《亚东时报》
《逸经》

《益世报》

《译书公会报》

《译书汇编》

《中华月报》

《中国文化》

《浙江潮》

《中心评论》

《中学生》

《制言》

《国民日日报汇编》（全三集），载于罗家伦主编《中华民国史料丛编》，中国国民党中央委员会党史史料编纂委员会，1983年。

《国民报（汇编）》，中国国民党中央委员会党史史料编纂委员会，1968年。

《清议报全编》（第二卷），载于沈云龙主编《近代中国史料丛刊三编》（第十五辑），文海出版社1988年版。

七 相关论文及期刊

（报纸与期刊）

蔡志栋：《章太炎自由观新探——以其与中国传统思想的对话为中心》，载于《深圳大学学报》（人文社会科学版）2011年第16期。

方汉奇：《章太炎与近代中国报业》，《社会科学战线》2010年第9期。

黄兴涛、胡文生：《论戊戌维新时期中国学术现代转型的整体萌发——兼谈清末民初学术转型的内涵和动力问题》，《清史研究》2005年第11期。

李德霞：《章太炎在台湾的新闻活动考述》，《台湾研究》2009年第3期。

刘虹、刘在山：《试论章太炎的教育思想》，《河北学刊》1996年第2期。

卢家银：《章太炎的出版自由观考察》，载于《华中科技大学学报》（社会科学版）2010年第24卷第2期。

刘泱育：《"苏报案"到底结束于何时？》，《国际新闻界》2011年。

李振声：《作为新文学思想资源的章太炎》，《书屋》2001 年第 8 期。

罗志田：《清季保存国粹的朝野努力及其观念异同》，《近代史研究》2001 年第 2 期。

潘建伟：《章太炎眼中的白话文运动》，《鲁迅研究月刊》2011 年第 10 期。

容谷：《章太炎旅台事迹考略》，《复旦学报（社会科学版）》1980 年第 5 期。

桑兵：《清末民初传播业的民间化与社会变迁》，《近代史研究》1991 年第 6 期。

沈卫威：《我所界定的"学衡派"》，《文艺争鸣》2007 年第 5 期。

谭人凤：《石叟牌词叙录》，载于《近代史资料》1965 年第 3 期。

田彤：《复返先秦：章氏国学讲习会》，《广东社会科学》2007 年第 2 期。

汤志钧：《章太炎在台湾》，《社会科学战线》1982 年第 4 期。

田正平、霍益萍：《游学日本热潮与清末教育》，《文史》中华书局 1988 年第 30 期。

王尔敏：《晚清实学所表现的学术转型之过渡》，《"中研院"近代史研究所集刊》2006 年 6 月第 52 期。

王劲：《章太炎主编〈民报〉始自第七号》，《兰州大学学报》（社会科学版）1984 年第 1 期。

汪荣祖：《章太炎对现代性的迎拒与文化多元思想的表述》，《中国文化》2004 年 5 月第 21 期。

薛玉坤：《汪东：在政治与学术间徘徊》，《中国社会科学报》2011 年 8 月 4 日第 17 版。

曾永玲：《〈民报〉的两个思想流派》，《学术研究》1986 年第 2 期。

张志扬：《启蒙：落日前的凭吊——为"五四"九十周年而作》，杨国良主编《古典与现代》第 1 卷，广西师范大学出版社 2010 年版。

（学位论文）

郭军：《章太炎"国粹"教育思想探析》，硕士学位论文，西北师范大学，2006 年。

罗钱：《章太炎新闻思想研究》，硕士学位论文，湘潭大学，2012 年。

李新丽：《中国近代报刊与人的现代化——以梁启超的报刊活动为考

察对象（1896—1907）》，博士学位论文，复旦大学，2009 年。

张瑞庆：《章太炎教育思想研究》，硕士学位论文，河北大学，2006 年。

八　工具书及其他

（工具书）

《汉语大词典》编辑委员会编：《汉语大词典》，上海辞书出版社 1986 年版。

荣孟源编：《中国近代史历表》，中华书局 1953 年版。

（其他）

《论语》，张燕婴译注，中华书局 2006 年版。

《庄子》，方勇译注，中华书局 2010 年版。

<The Sage as Rebel：The Inner World of Chang Ping-lin>（<Essays on Conservative Alternatives in Republican China> Harvard University Press，1976）.

后　　记

　　2007年7月本科毕业之后,我参加了国家基层项目前往陕西省咸阳市长武县支教,在那三年的支教生活中,我切身感触到了农村和农民的生活,在渭北的黄土塬上,我身在校园之中,心在田野之上。泾河水缓缓地向东方奔流,岸边的苹果花开了又谢,穿着红布鞋的姑娘总是咯咯地笑,笑声伴着秦腔回荡在空旷的原野上。2008年的暑假初步萌生了考博的念头,虽然那时我还没有读研,但我非常渴望感受到太平洋的风。

　　硕士阶段,因为学习重心放在历史教育学上,所以并没有系统学习中国近现代史,硕士论文较浅显地关注了晚清时期陕西书院改学堂方面的问题,与章太炎的机缘是在旁听王玉华教授所开设的"《訄书》研究"这门课上,我开始思考一些有关中国近现代学术史、思想史的问题。后来,博士论文选择"章太炎与近代报刊"这一选题,完全是受到了导师王玉华教授的影响,在阅读导师、姜义华先生、汪荣祖先生和王汎森先生等学者的著作时,逐步产生了一些想法,于是想从新闻传播学和历史学综合的角度来考查一下章太炎在中国近代历史上的报刊实践以及报人角色问题。伴随着《章太炎全集》的陆续出版,为研究章太炎奠定了资料基础。在写作的过程中,我将博士论文的题目定为《政治与学术的双向展开——章太炎与近代报刊》,最终完成并顺利通过答辩。其实,这份论文是一个未完成的命题,对于章太炎晚年所创办的《华国月刊》未能系统深入地研究,对于《制言》杂志仅仅做了粗浅的介绍,研究之路显然是道阻且长。

　　博士毕业之后参加工作,2017年以博士论文为基础申请了2018年浙江省规划课题后期资助项目并获得通过,当时已将书稿改名为《章太炎报刊实践与传播思想研究》,并对博士论文进行了删改与补充。为解决《民报》《国粹学报》部分篇幅过大的问题,删除了"章太炎对君宪派国家主义的否定"和"《国粹学报》所构建的孔子形象"两部分内容,缩减了

"太炎弟子的首次集结"部分的内容；另外，将书稿最后的四份附表删除，它们分别是《台湾日日新报》《国粹学报》《申报》《制言》杂志上所刊发的章太炎相关文章篇目一览表。在 20 世纪初的报刊思想交锋中，章太炎与梁启超关于国家和个体价值的争论以及章太炎与严复关于中国所处社会阶段性质的争论皆具有重要影响力。章太炎针对梁启超所宣扬的国家主义提出了"个体为真，团体为幻"的国家认识论（《国家论》），并批判英国学者《政治史》中所提出的社会普遍进阶之理"不足以悬断齐州之事"[1]，20 世纪中国学界围绕个人权利与国家权力孰轻孰重的问题一直存在争议，章太炎与梁启超、严复的论争可谓开启了先河，至今，他们的思想对后世学者还具有重要的启发意义。本书的最后一章论述了章太炎的传播思想，其中的想法还不太成熟，这也是我在工作之后的一点补充。

长期以来，学术界研究章太炎对于其思想和学术关注最多、用力最深，但像章太炎和梁启超这样的学者，他们的人生中不仅仅只有思想和学术，更多的还有"行动的人生"，今日之学者在书斋中研究思想则可，把握其行动则只能依靠文字展开想象，只有把思想和行动结合起来，或许才能够窥探到历史人物的真正心迹。章太炎的报刊实践正是属于"行动的人生"，而他的思想和学术的传播也是动态的过程，综合分析后才能归纳出他的传播思想，章太炎在《訄书》和《检论》中皆较为首肯清初大儒颜元的"主动"思想，颜元曾就此说论述道："但以人之岁月精神有限，诵说中度一日，便习行中错一日；纸墨上多一分，便身世上少一分。"[2] 这种不耽于书斋的行动的人生观，正是章太炎的真实写照，所以，他致力于办报并宣传革命、传播国学以及进行舆论监督是如此；1927 年之前，他纵横南北为国事奔走是如此；在国内外发表演说传播政治、学术理念亦是如此，章太炎也是一位实践家，这与今日之学者概念已经大相径庭了。本书对章太炎报刊实践的关注正是基于这种考虑，未来的研究方向也会继续围绕这一方面而展开。

近来之"章学"研究，学者们比较关注章太炎在新文化运动前后学术思想之新旧问题，其实学本无新旧，不过傺古和谑新而已。章太炎晚年

---

[1] 太炎：《〈社会通诠〉商兑》，载于《民报》1907 年 3 月 6 日，第 12 号，第 13 页，科学出版社 1957 年版。

[2] 颜元：《存学编》，载于《颜元集》，中华书局 1987 年版，第 42 页。

所创办的《华国月刊》和《制言》杂志，作为民间性质的学术期刊，回应当时学界之风气是它们的主要目的。章太炎的弟子但焘在《周礼政铨》一文中指出："夫近世以新学名家者，鄙夷国故，等诸尘芥，甚至不识郡国风俗官府程式，其新学非由耳食，即属目耕，一贯之恉，殊所未喻。"①章太炎在《汉学论》中针对公羊学对后世学风产生的消极影响而批判道："今公羊之学虽废，其余毒遗蠹犹在，人人以旧史为不足信，而国之本实蹶矣。……其极足以覆国。"②章太炎的这种认知与《国粹学报》时期是一致的，即视国学和国家命运息息相关。汪辟疆在《制言》第7期上刊发了《〈国粹学报〉汇编序》，指出当时学界存在的四种病状：妄、诬、凿、剽，他重申了国学存续的要旨，"夫国于天地，必有于立，所立为何，是曰种性。自仓沮以还，书契迺作，周孔而后，经典斯崇，礼经二千，定尊卑之分，春秋十二，严夷夏之防。风雅不亡，民俗斯得，离骚有作，忠爱可规。党论激发于东京，名节恢宏于闽洛，涵濡即久，功效斯呈"。③学界既然存在这么多病状，就得像医治人的身体一样进行救治，太炎弟子孙世扬在《国学通论》中指出："唯学术出于风俗，乃亦有转移风俗之力。"④唐大圆在与章太炎的谈话中称当时正处于"道衰学绝之际"⑤，在《答欧阳竟无书》中，章太炎认为振起风气还得依靠传统学术的教育，"若言教育，文行忠信四字可了"，"今兹所患，但恐人类夷于禽兽，皇论其他，然则可以遍教群生者，不过《孝经》《大学》《儒行》三书而已"。章太炎还言明："今日不患不能著书，而患不能力行，但求力行以成人，不在空言于作圣。"鉴于历史，他对未来还是充满希冀的，"前代学术衰废之世，有一人笃信善道，自能振挽"。章太炎创办期刊是为了"宣示大众"，而前提首先在于自己可以"力行以成人"。⑥章太炎的传播思想一直在"求是"与"致用"之间、"平民"与"精英"之间寻求双向的进路，他努力改造并影响学风和人心的态度未曾改变过，晚年的章太炎并未减弱对"行动的人生"的追求，他一直在知与行中寻求平衡。

---

① 但焘：《周礼政铨》，载于《华国月刊》1923年10月15日，第1卷第2期。
② 太炎：《汉学论上》，载于《制言》1935年9月16日，第1期。
③ 汪辟疆：《〈国粹学报〉汇编序》，载于《制言》1935年12月16日，第7期。
④ 孙世扬：《国学通论》，载于《华国月刊》1923年9月15日，第1卷第1期。
⑤ 唐大圆：《记与章太炎先生谈话》，载于《制言》1936年1月1日，第8期。
⑥ 太炎：《答欧阳竟无书》，载于《制言》1936年1月16日，第9期。

在著名的《革命之道德》一文中,章太炎曾经针对学界通人批判道:"朴学之士多贪,理学之士多诈,文学之士多淫,至外学则并包而有之。"章太炎渴望出现"笃信好学、志在生民"的狂狷之材[①],即使在今天,章太炎曾经所提出的命题依然值得我们反思。

在本书即将出版之际,我要特别感谢一直以来支持我的父母及亲人,没有他们的付出,我的读书与求学之路是不可能实现的,本书也是我献给他们的一份礼物。学术生涯之中,难忘各位良师的教诲和诸多益友、同学的砥砺、交流和帮助,一并致谢。工作之后,嘉兴学院的各级领导及同事对我的关怀也倍感温馨,他们为本书的出版也提供了大力支持,在此表示谢意。最后,还要感谢中国社会科学出版社责编宫京蕾女士为本书出版付出的艰辛劳动。

2018 年秋于嘉兴学院金庸图书馆

[①] 太炎:《革命之道德》,载于《民报》1906 年 10 月 8 日,第 8 号,第 9 页,科学出版社 1957 年版。